国家社科基金
GUOJIA SHEKE JIJIN HOUQI ZIZHU XIANGMU
后期资助项目

国家社科基金后期资助项目（20FYYB015）研究成果

动机视角下大学生英语学习的品行研究

周小兰　著

山东大学出版社
SHANDONG UNIVERSITY PRESS
·济南·

图书在版编目（CIP）数据

动机视角下大学生英语学习的品行研究 / 周小兰著
. —济南：山东大学出版社，2022.8
ISBN 978-7-5607-7573-9

Ⅰ. ①动… Ⅱ. ①周… Ⅲ. ①大学生—英语—语言学习—研究 Ⅳ. ①H319.3

中国版本图书馆 CIP 数据核字（2022）第 147362 号

责任编辑 李 璐
封面设计 王秋忆

动机视角下大学生英语学习的品行研究
DONGJI SHIJIAOXIA DAXUESHENG YINGYU XUEXI DE PINXING YANJIU

出版发行 山东大学出版社
社　　址 山东省济南市山大南路 20 号
邮政编码 250100
发行热线 （0531）88363008
经　　销 新华书店
印　　刷 济南乾丰云印刷科技有限公司
规　　格 720 毫米×1000 毫米 1/16
13.75 印张 239 千字
版　　次 2022 年 8 月第 1 版
印　　次 2022 年 8 月第 1 次印刷
定　　价 58.00 元

国家社科基金后期资助项目
出版说明

后期资助项目是国家社科基金设立的一类重要项目，旨在鼓励广大社科研究者潜心治学，支持基础研究多出优秀成果。它是经过严格评审，从接近完成的科研成果中遴选立项的。为扩大后期资助项目的影响，更好地推动学术发展，促进成果转化，全国哲学社会科学工作办公室按照“统一设计、统一标识、统一版式、形成系列”的总体要求，组织出版国家社科基金后期资助项目成果。

全国哲学社会科学工作办公室

前　言

大学生学习品行是我国教育部重点关注的问题。现实中，作弊、剽窃和执行性求助等不良学习品行仍存在于中国大学生群体中，在大学英语学习中尤为常见。此类问题是导致高等教育质量下滑的重要因素，直视并解决该问题对我国高等教育的学术规范管理十分关键。相关议题一直是教育学的研究热点，但尚未引起外语学界重视。以往对该议题的研究多局限于宏观与定性，仅通过自上而下的政策预防、以罚代管等方式并不能从根本上解决问题。本书突破了单一学科界限，融合了语言学、管理学与教育心理学等，将大学生英语学习品行视为个体追求成就的动机行为，基于成就目标理论提出内在动机与条件情境相依的理论模型，从内因与外因、心理与情境、个人与组织等方面综合构建动机行为的干预模式。

鉴于选题的敏感性，为获取真实数据，本书采用纵向追踪、问卷调查、数理统计等方法验证理论模型与情境干预思路的科学性与可行性，对干预效果进行评估与择优，以此确保全过程的严谨与规范，旨在为我国高校外语教学管理与实践者高效应对大学生英语学习不良品行、培养其良好品行提供全新的研究范式、研究框架及操作启示。

基于上述背景，本书主要从以下三方面开展研究。

(1) 将研究聚焦于与教育理念相违背的学习品行，挖掘大学生英语学习不良品行的产生根源及其动机行为规律，明晰何种性格特质的大学生更容易产生此类行为，探究动机视角下大学生英语学习不良品行的心理发生机制。

(2) 将管理学和心理学原理运用于外语教学研究，将学习主体的动机认知与情境外因结合起来，通过追踪与实验方式采集纵向数据和截面数据，探究如何通过外语教学情境对不良品行施加主动干预，对良好品行开展正向引导，以此明确通过外在情境积极干预语言学习品行的可行性。

(3) 借助数理统计工具对语言学习品行的动机行为干预模式进行实证检验、评估、择优与讨论，为我国高校外语教学管理与实践者行之有效地减少大学生英语学习不良品行、促进良好品行养成，提供参考依据和操作策略。

针对上述议题，本书在某“双一流”建设大学开展长达三年的系列调查，后续将相关研究扩散到全国范围内的二十余家高校，将定量与定性相结合的研究方法共同纳入横向与纵向研究。系列研究的累积总样本高达1万余人次，涵括近万人的横截面数据以及300余人的实验数据。通过三个子课题的八个子研究，本书最终得出以下八个方面的重要结论。

第一，大学生英语学习的动机行为有规律可循，掌握该规律能够切实服务于大学外语教学实践。在性格特质上，持有成绩趋近目标导向的大学生在英语学习中具有较强的信息开放性，愿意主动与他人分享外语学习信息，而持有成绩回避目标导向的个体十分抗拒信息共享。在团队层面，持有成绩趋近目标导向的团队同样具有较强的信息开放性；然而，持有成绩回避目标导向的团队对信息开放性的负向影响较微弱，换言之，这类学生性格特质有所变化，即在团队中他们更愿与他人分享学习信息。通过样本数据可知，成绩趋近与成绩回避两个面向在中国情境与西方情境中存在较大反差，两者在大学英语学习中的信息行为与信息态度上具有明显分化。因此，中国高等教育情境下的成绩目标具有剥离分析与分层研究的必要性，应在外语教学研究中将其剥离并利用相关规律服务教学实践。

第二，大学英语评估情境对个体信息行为存在重要影响，形成性评估能够高效抑制总结性评估对信息行为的负面影响。大学英语总结性评估取向与个体信息开放性之间呈现倒U形的非线性关系，换言之，随着总结性评估占比的提升，其对个体信息开放性的积极影响将逐渐转向消极；然而，形成性评估对个体信息开放性存在积极的正向作用。与此同时，大学英语形成性评估取向在总结性评估取向与个体信息开放性的路径关系中存在干预作用；随着形成性评估占比的提升，两者倒U形关系的正相关路径中，原本的正向影响得到显著加强，而两者倒U形关系的负相关路径中，原本的负向影响则显著弱化，甚至几近消失，反之亦然。两类评估取向和个体信息开放性均对个体信息运用能力存在显著正向预测作用，个体信息开放性在两类评估取向对个体信息运用能力的作用中均存在部分中介效应；相对于总结性评估，形成性评估更能够提升大学生英语学习的信息运用能力。

第三，大学生在英语学习中存在“利弊权衡—心理安全感—外语学习压力—作弊倾向”这一链式作用的心理机制，教学实践者可通过三个预测变量良性干预并高效减弱大学生英语考试的作弊倾向。首先，大学生对大学英语学业的利弊权衡对其心理不安全感与学习压力均存在正向刺激作用，但其对英语考试作弊倾向的影响并未达到显著。其次，心理不安全感正向激发外语学习压力，心理不安全感与学习压力均正向刺激外语考试作弊倾向；与此同时，大学生心理不安全感与学习压力作为中间变量，同时增强了利弊权衡对考试作弊倾向的影响。最后，大学英语学业的利弊感知、心理不安全感、学习压力和考试作弊倾向存在递进顺序的链式中介效应。

第四，大学生的动机认知结构对其英语学习作弊倾向存在重要的驱力作用，不同动机类型的学习主体具有截然不同的作弊倾向。在大学英语学习中，掌握目标个体最抗拒作弊行为且最不在乎学业成就的利益得失，成绩趋近目标个体居中，而成绩回避目标个体对作弊行为的排斥程度最弱且对相关利益的感知最强；大学生的成绩趋近目标导向与成绩回避目标导向均通过学业成就利益感知对作弊倾向产生加强作用，利益感知对成绩回避目标个体作弊倾向的正向影响尤其显著，但它并未在掌握目标导向与作弊倾向的关系中产生中介作用。

第五，大学英语评估手段对英语学习的执行性求助具有重要预测力，不同类型的评估方法对大学生不择手段的学习行为产生迥异的刺激作用。大学英语形成性评估可作为一种干预手段有效抑制个体的执行性求助，使大学生更加聚焦于英语学习问题，避免其在功利性需求的驱使下一味追求英语成绩，降低此类人产生不良品行的可能性。大学英语总结性评估虽然激发了大学生的执行性求助行为，但其消极性并不如设想中那般严重。在认知上持有成绩趋近目标与掌握目标导向的大学生在英语学习中均不易采取执行性求助，但前者的抗拒程度显然较弱，而成绩回避目标个体却偏好通过执行性求助获取英语学业成就；不同于前两者，成绩趋近目标个体更多地呈现两面性，即有条件地拒绝不端学习品行。此外，大学英语形成性评估完全通过成绩趋近目标导向与掌握目标导向影响执行性求助，但只是在一定程度上通过成绩回避目标导向影响执行性求助。

第六，以需求为导向的教学任务设计能够显著改善各类动机主体的英语学习态度、认知与行为，有助于促成大学生的良好学习品行。在英语学习中，三类性格特质均正向预测任务感知水平，但掌握目标个体的任务感知水平最高，成绩趋近目标个体居中，成绩回避目标个体最低；三类个体的学业成就迥异，掌握目标个体的学业成就最为优异，成绩趋近目标个体表现一般，成绩回避目标个体则表现较差；中介检验中，掌握目标导向并未通过任务感知作用于学业成就，而另外两种成绩目标导向则反之。随着以需求为导向的课程价值感知提升，各类动机主体的任务感知水平也随之提升；其中，成绩回避目标个体受影响最大，成绩趋近目标个体居中，掌握目标个体最低；此外，课程价值感知仅提升了掌握目标个体的任务感知水平，却同时提升了另外两类成绩目标个体的任务感知水平与大学英语学业成就。

第七，大学英语教师通过优秀模板展示进行教学导入，以此促成集体学习的同侪压力，这能够有力改善大学生的英语学习态度。同侪压力导入使群体感知的变化趋近一致，且个体原本负面的行为态度逐渐往积极方向转化。同侪压力作为一种外语学习情境，切实能够以一种良性的外界刺激服务于我国大学英语教学实践。经过模板导入后，被试群体的学习兴趣、目标清晰度、适应性方法、知识面、话语能力、知识储备以及学习动机强度等均获得显著改善。相关研究证实了同侪压力在我国大学生身上主要表现为积极压力，为我国外语教学管理与实践者如何利用压力情境良性干预大学生英语学习提供了重要的实践启示。

第八，课堂目标结构作为人为可控的大学英语教学情境，能够高效干预评估情境对有效教学的影响，驱使大学生对外呈现良好的学习品行。首先，大学英语教学评估作为一种不可避免的教学情境，教学评估取向与有效教学存在重要关联；竞争评估取向与发展评估取向均正向预测有效教学水平，但前者的预测力较弱，后者则较强。这意味着，当外语教学评估模式偏向于竞争性目标时，大学生对有效教学的感知无法得到保障，总体处于较低水平；而当评估模式以学生发展为目的时，大学生对英语有效教学的感知水平普遍较高。与此同时，在竞争评估取向对有效教学的消极作用中，教师的课堂掌握目标导向对主效应起到反转作用，显著提升了有效教学水平；不同的是，在发展评估取向对有效教学的积极作用中，课堂成绩目标导向却起到消极干预影响，使有效教学水平显著降低。这意味着，课堂成绩目标导向极大地干扰了大学英语的有效教学水平，直接强化了竞争评估取向与有效教学的负相关，弱化了发展评估取向与有效教学的正相关。据此，大学英语教师应深入了解和掌握课堂目标结构的教学行为规律，以此积极调控大学生英语学习行为，使其往预期方向发展，切实保障教学有效性。

根据本书的相关结论，基于动机认知视角，针对大学生英语学习的动机行为规律与情境影响、不良品行应对以及良好行为养成三个子课题，本书为我国高等教育管理与实践者如何遏制外语学习不良品行、培养良好学习品行，提出一系列具有现实意义的操作策略与管理建议。整体研究的创新点主要体现于以下三方面。

（1）基于动机认知对行为的影响模式，证实大学生英语学习品行是个体追求成就的一种动机行为，在语言学习品行与性格特质之间建立衔接具有首创性。将外语教学研究引申至动机层面，能够基于最根本层面挖掘大学生滋生外语学习不良品行的动因，为大学外语教学管理与实践者如何行之有效地遏制此类行为提供参照依据与操作建议。

（2）在理论研究中，基于成就目标理论提出了大学英语学习品行的动机内因与条件情境相依的交互范式，使语言学习品行研究发展成一个可待拓展的研究框架，纵深发展的理论研究思路具有开拓性。通过这种新的理论模型构建方法，本书从内外因、心理与情境以及个体与组织层面等综合考量大学英语学习行为的影响模式，为外语教学理论与实践研究提供全新的研究范式。

（3）在研究方法上，打破语言学界定性研究的主流模式，科学严谨的动机干预设计及其实证手段具有前沿性。在学科交叉思维的贯穿下，借助多种数理统计工具开展纵横向追踪，严谨的实验研究与实证设计既明确了研究结论的科学性与可行性，又有力保障了情境干预思路的可推广性。

周小兰

2022 年 7 月

目录

第一章　导论 ………………………………………………………… 1

第一节　研究背景与问题的提出 ………………………………… 1

第二节　研究价值 ……………………………………………… 6

第三节　关键概念界定及其逻辑关系 …………………………… 6

第四节　研究内容和研究方法 ………………………………… 18

第五节　研究目标 ……………………………………………… 21

第六节　主要创新点 …………………………………………… 22

第二章　相关理论基础与文献述评 …………………………… 24

第一节　相关理论基础 ………………………………………… 24

第二节　成就目标导向对个体学习的影响研究及述评 ………… 29

第三章　大学英语学习的动机行为规律及其情境干扰 ……… 48

第一节　本章研究思路 ………………………………………… 48

第二节　子研究一：动机认知结构对大学英语学习信息行为的影响 … 49

第三节　子研究二：教学情境对大学英语学习信息行为的干扰
——以教学评估情境为例 ……………………………… 65

第四节　本章小结 ……………………………………………… 84

第四章　大学英语学习不良品行的应对研究 ………………… 86

第一节　本章研究思路 ………………………………………… 86

第二节　子研究三：大学英语学习不良品行的心理机制
——以大学英语考试作弊为例 ………………………… 87

第三节　子研究四：动机认知结构对大学英语考试作弊倾向的驱力影响 …… 96
第四节　子研究五：大学英语教学评估情境对不良品行的干预影响——以执行性求助为例 …… 109
第五节　本章小结 …… 119

第五章　大学英语学习良好品行养成研究 …… 121

第一节　本章研究思路 …… 121
第二节　子研究六：外语教学任务设计——以需求为导向 …… 122
第三节　子研究七：外语教学情境设计——以同侪压力为例 …… 135
第四节　子研究八：外语教学目标设计——以课堂目标结构为例 …… 147
第五节　本章小结 …… 160

第六章　高教管理与教学实践启示 …… 162

第一节　大学英语学习品行的动机行为规律及其实践启示 …… 162
第二节　大学英语学习不良品行的应对建议 …… 163
第三节　大学英语学习良好品行的培养建议 …… 166

第七章　研究贡献、局限与展望 …… 170

第一节　研究贡献 …… 170
第二节　研究局限与展望 …… 171

附录　本书的相关测量量表 …… 172

参考文献 …… 183

后　记 …… 205

第一章 导论

第一节 研究背景与问题的提出

一、研究背景

（一）现实背景

2016年6月，教育部颁布《高等学校预防与处理学术不端行为办法》并在全国各大高校正式推行，这是中国政府首次将坚守学术诚信作为法律法规推向高等教育学府。由此可见，学术品行已成为当前高等教育管理者重点关注的问题。然而，现实情况是，由于个体自视能力不足、害怕尴尬、丧失自尊、惧怕失败、追求完美以及过于在乎成绩等多种心理顾虑，类似作弊、剽窃、抄袭和执行性求助（executive help seeking）等学习品行问题仍广泛存在于中国大学生群体中①，在大学英语学习中尤为普遍②。显然，此类行为对我国大学生英语学习十分不利，也是导致教学质量严重下滑的重要因素。③ 近年来，已有学者意识到中国大学生的英语写作剽窃问题④，

① 参见Y. Chen and C. Chou，"Are We on the Same Page?：College Students' and Faculty's Perception of Student Plagiarism in Taiwan"，*Ethics & Behavior*，2017，27（1）：53-73；周小兰、马文：《动机视角下大学英语评估模式对执行性求助的影响》，《现代外语》2019年第5期。

② See G. Hu and J. Lei，"Chinese University Students' Perceptions of Plagiarism"，*Ethics & Behavior*，2015，25（3）：233-255.

③ S. Shih，"The Role of Motivational Characteristics in Taiwanese Sixth Graders' Avoidance of Help Seeking in the Classroom"，*The Elementary School Journal*，2007，107（5）：473-495.

④ See G. Hu and J. Lei，"Chinese University Students' Perceptions of Plagiarism"，*Ethics & Behavior*，2015，25（3）：233-255；M. X. James，G. J. Miller，and T. W. Wyckoff，"Comprehending the Cultural Causes of English Writing Plagiarism in Chinese Students at a Western-Style University"，*Journal of Business Ethics*，2019，154（3）：631-642.

越来越多的学者开始强调学术诚信的重要性及其相关研究的必要性。① 目前，该议题在外语学界仍处于起步阶段，相关研究十分匮乏，如何识别和干预外语学习品行问题尚不明确，而这恰恰是本书的聚焦所在。

谈及学术品行，往往由动机使然。“大学英语”作为中国高校的必修课，学生对“大学英语”的学习行为往往受到动机驱使。② 个体由于追求不同的成就，在认知上会形成不一样的动机倾向并发展成稳定性格，心理学称之为“成就目标导向”。③ 动机认知结构的差异会刺激个体采取不同性质的学习行为以满足其功利性需求。已有系列研究证实，在性格特质上，持有不同类型的成就目标个体在妒忌④、欺骗⑤和信息篡改⑥等消极情绪和行为上具有较大差异。为了追求成就，个体会在认知上产生不加选择的竞争需求，甚至通过捷径实现成就目标。⑦ 然而，由于动机认知结构的差异，有的动机主体偏好挑战，在困难目标的工作情境下表现出更强的适应力和学习力；有的动机主体则害怕挑战，规避任何可能导致失败的任务情境。⑧ 由此可见，大学生的英语学习品行很可能由于动机认知衍化的

---

① See A. M. Imran and M. S. Nordin, “Predicting the Underlying Factors of Academic Dishonesty among Undergraduates in Public Universities: A Path Analysis Approach”, *Journal of Academic Ethics*, 2013, 11 (2): 103-120; A. Stuhmcke, T. Booth, and J. Wangmann, “The Illusory Dichotomy of Plagiarism”, *Social Science Electronic Publishing*, 2015, 41 (7): 1-14; Y. Zhang, H. Yin, and L. Zheng, “Investigating Academic Dishonesty among Chinese Undergraduate Students: Does Gender Matter?”, *Assessment & Evaluation in Higher Education*, 2018, 43 (5): 812-826.

② 参见田瑾、王芳妮:《成就目标理论与大学英语学习之相关性》,《外语教学》2014 年第 2 期。

③ See E. S. Elliott and C. S. Dweck, “Goals: An Approach to Motivation and Achievement”, *Journal of Personality & Social Psychology*, 1988, 54 (1): 5-12.

④ See A. J. Elliot and A. C. Moller, “Performance-Approach Goals: Good or Bad Forms of Regulation?”, *International Journal of Educational Research*, 2003, 39 (4-5): 339-356.

⑤ See E. M. Anderman, T. Griesinger, and G. Westerfield, “Motivation and Cheating during Early Adolescence”, *Journal of Educational Psychology*, 1998, 90 (1): 84-93; P. M. Poortvliet, F. Anseel, O. Janssen, et al., “Perverse Effects of Other-Referenced Performance Goals in an Information Exchange Context”, *Journal of Business Ethics*, 2012, 106 (4): 401-414.

⑥ See P. M. Poortvliet, O. Janssen, N. W. Van Yperen, et al., “The Joint Impact of Achievement Goals and Performance Feedback on Information Giving”, *Basic & Applied Social Psychology*, 2009, 31 (3): 197-209.

⑦ See R. M. Ryckman, B. Thornton, J. A. Gold, and M. A. Burckle, “Romantic Relationships of Hypercompetitive Individuals”, *Journal of Social & Clinical Psychology*, 2015, 21 (5): 517-530.

⑧ See J. A. LePine, “Adaptation of Teams in Response to Unforeseen Change: Effects of Goal Difficulty and Team Composition in Terms of Cognitive Ability and Goal Orientation”, *Journal of Applied Psychology*, 2005, 90 (6): 1153-1167.

性格差异产生迥异的行为表现。探索并掌握我国大学生在英语学习中的动机行为规律，挖掘其呈现各类学术品行的动机内因是值得进一步探究的研究议题，相关研究对我国高等教育具有十分现实的意义。

（二）理论背景

根据成就目标理论，通过动机视角研究学业行为能够基于最根本层面剖析行为动因。众多研究明确指出，学习主体采取何种学习行为与个体在学业上有何种成就目标导向存在紧密关联。① 近年来，成就目标理论对外语学习的影响开始逐渐引起外语学界关注。相关研究证实，成就目标与大学生外语学习行为存在重要关联。② 在现实的外语学习中，成就目标会形成一种稳定的动机认知倾向，对大学生英语学习态度和行为起到重要引导作用，它是大学生英语学习结果的重要预测变量③，更是负面英语学习行为的驱力因素，直接刺激了大学生在英语学习中的“不择手段”倾向。④ 学者们呼吁将该理论引入外语学界，从动机认知视角深度挖掘外语学习行为的深层内因。

然而，经过进一步文献梳理发现，如果忽视情境作用，动机视角下的学习行为研究则存在一定争议性与不稳定性。这是由于多数研究只关注动机作为性格特质的稳定性，却忽略了它的情境特质。基于成就目标理论的情境特质说，在一定条件下，个体的情境性目标会掩盖特质性目标的作用。⑤ 忽略情境的动机行为研究使结果呈现多样性，难以平行比较，结论

---

① See A. M. Ryan and H. Shin, “Help-Seeking Tendencies during Early Adolescence: An Examination of Motivational Correlates and Consequences for Achievement”, *Learning & Instruction*, 2011, 21 (2): 247-256; E. M. Skaalvik and S. Skaalvik, “School Goal Structure: Associations with Students' Perceptions of Their Teachers as Emotionally Supportive, Academic Self-Concept, Intrinsic Motivation, Effort, and Help Seeking Behavior”, *International Journal of Educational Research*, 2013, 61 (5): 5-14; K. Schenke, A. C. Lam, A. M. M. Conley, et al., “Adolescents' Help Seeking in Mathematics Classrooms: Relations between Achievement and Perceived Classroom Environmental Influences over One School Year”, *Contemporary Educational Psychology*, 2015, 41 (1): 133-146.

② 参见田瑾、王芳妮:《成就目标理论与大学英语学习之相关性》,《外语教学》2014年第2期；李斑斑、徐锦芬:《成就目标定向对英语自主学习能力的影响及自我效能感的中介作用》,《中国外语》2014年第3期。

③ 参见周小兰、马文:《大学英语评估取向对学业成就的影响——基于成就目标导向的中介作用研究》,《外语教学理论与实践》2019年第2期。

④ 参见周小兰、马文:《动机视角下大学英语评估模式对执行性求助的影响》,《现代外语》2019年5期。

⑤ 参见高钦、刘儒德、贾玲等:《特质性与情境性成就目标定向对目标调节的影响》,《应用心理学》2010年第3期。

的推广性与普适性也因此存在局限性。据此，有必要把情境的干扰作用纳入外语学习行为的理论研究，这能够从学习主体的主客观方面同时着手，以明晰外语学习不良品行的驱力因素及良性学习品行的障碍因素。综合上述分析，本书以情境为切入点在理论上加强外语学习品行的动机行为研究，使学术视野聚焦于与传统理念相悖却缺乏关注的行为，构建内在动机与外在情境相结合的交互范式，以拓展应用语言学的研究范畴。

二、问题的提出

当前，针对大学外语学习品行议题，我国高等教育管理者主要通过预防进行避免，通过惩戒进行威慑，尚未意识到通过外语教学情境进行主动干预。任何学习行为的产生通常源于内外因的交互影响。成就目标导向作为一种动机认知倾向，其稳定性是有条件的，其对行为的影响会随着外界刺激而产生变化。[①] 换言之，大学生原本在英语学习中的不良品行，在足够的外在干预下，此类行为会有所减少甚至消失。这个发现为笔者带来一个重要启发，即外语教学情境对大学生的动机行为存在何种影响，能否通过外在情境减少大学生不良品行，并促进其良好品行的养成，这个议题关系到我国高校外语教学质量的发展，具有较强的操作性与应用价值，值得进一步深度探究。

结合上述分析，本书拟将管理学和教育心理学运用于高校外语教学研究，以非英语专业大学生为研究对象，将学习主体的动机认知与情境外因结合起来，以探索外语学习不良品行应对及良好品行养成的影响因素与干预策略。本书的主要研究问题可被简要梳理如下：

第一，大学生英语学习的动机行为规律是什么，何种性格类型的大学生更容易在英语学习中产生不良学习品行（子研究一）；

第二，以教学评估情境为例，探究大学生的英语学习行为是否受外在情境干扰，以此明晰学习情境对大学英语学习信息行为的影响模式（子研究二）；

第三，以考试作弊倾向为例，尝试基于动机视角探究大学生英语学习品行的心理机制，以此明确考试作弊这一不良学习品行如何受动机认知衍化而成的性格影响（子研究三和子研究四）；

第四，以英语学习的执行性求助行为为例，探究大学英语教学评估情境如何对不同动机类型的不良学习品行产生影响（子研究五）；

第五，以任务情境、压力情境以及目标情境为例，探究大学英语教学

① 参见周小兰、李贞、张体勤：《绩效考核干预下个体成就目标导向对知识共享意愿的影响研究》，《科研管理》2018 年第 3 期。

情境能否对不同动机主体的积极学习认知与学习行为产生影响（子研究六、子研究七和子研究八）；

第六，系列研究发现能够为我国高校外语教学管理政策制定、教育与教学改革及一线外语教学实践提供哪些重要启示？

由于本书提出的研究问题众多，涉及多个理论模型，笔者尝试将众多研究问题糅合在一起进行思路整合，再根据研究需求将整个大框架进行理论分割，通过八个子研究进行逐层递进的理论诠释与实证研究，以此验证系列研究的理论设想及可行性，旨在逐一破解上述系列研究议题。本书具体的研究思路如图 1-1 所示。

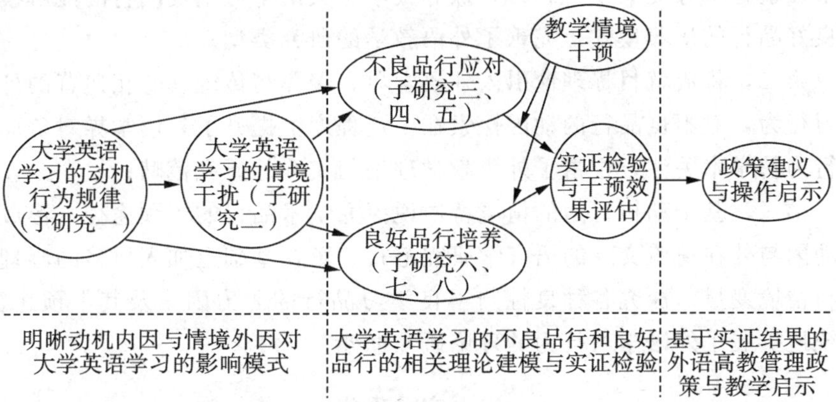

图 1-1　本书的研究思路

首先，笔者尝试基于成就目标理论提出大学生英语学习的动机行为模式；其次，以语言学习中的信息行为为例，通过子研究一与子研究二厘清个体英语学习品行的心理机制，以此从整体上指出大学生动机行为规律；再次，以英语考试作弊倾向及执行性求助为例，通过子研究三、四、五探究大学生的成就目标导向如何作为性格特质引导其英语学习不良品行，进而证实如何采取针对性措施减少负面学习行为；最后，以任务情境、压力情境以及目标情境为例，通过子研究六、子研究七以及子研究八，探究如何借助不同的英语教学情境激发学习主体的良好学习品行，旨在切实提升大学英语教学有效性，优化我国高校英语教学质量。

笔者在应用语言学、管理学、心理学及统计学多学科交融的思路引领下，借助数理工具采集大量横截面数据，通过实验研究获得纵向追踪数据，采用实证手段逐一开展各项子研究并检验相关理论模型，不仅获得了系列重要发现，更针对大学生英语学习的不良品行应对及其良好品行养成等议题提供了一系列政策建议与操作启示。

第二节 研究价值

一、理论价值

本书的理论价值主要体现于以下三方面：

第一，有别于主流的高等教育学界在学习品行议题上对宏观层面与定性研究的偏好，在宏观架构下开展微观行为的定量研究，融合管理学、心理学和教育学等交叉学科思维，探寻大学生英语学习不良品行的破解模式与良好品行的培养模式，完善了外语教学的研究类型；

第二，将成就目标理论引入外语学界，聚焦与传统理念相违背的外语学习行为，对不良品行的动因探索在一定程度上提升了外语学界对负面学习行为的学术关注，丰富了外语教学理论与实践的研究范畴；

第三，基于动机行为的情境特质说探究学术品行的干预途径，形成内在动因与外在情境交互的语言学研究范式，可在基础上加入更多的心理变量与情境变量，探究各种良性与不良学习品行的驱力因素及其干预途径，系统地扩展了外语学习行为的理论研究框架。

二、实践价值

本书的实践价值体现于以下三方面：

第一，使学习品行议题不再停留于高校管理层，从一线提升高校英语教师对大学生英语学习不良品行的警惕意识，为其从根本上洞察和挖掘类似作弊、欺骗和执行性求助等不良品行的主客观原因提供研究依据；

第二，有助于高校外语教师掌握大学生群体在英语学习中的动机行为规律，了解哪类学生更易滋生不良品行，为其通过教学情境人为预防与干预学习主体的不良品行、培养其良好品行提供现实的操作思路；

第三，针对大学生英语学习品行问题，向高校管理层传达情境干预的必要性和可行性，为其从根本上提升我国高校外语教育质量、建立良性循环的高等教育生态提供研究依据与政策建议。

第三节 关键概念界定及其逻辑关系

本节拟针对全书的关键概念进行界定，旨在提升各术语的清晰度，从而保障后续系列实证研究的可读性。由于术语繁多，所以笔者借助以下逻辑路线展示各关键变量的逻辑（见图 1-2），以厘清本节的结构安排。需要特别指出的是，笔者对“成就目标导向”与“课堂目标结构”进行共同诠释的原因在于，两个概念均基于成就目标理论提出，但两者的主要差别在于，成就目标导向是基于学习主体而提出的动机认知结构，而课堂目标结构是基于教学主体而提出的动机认知结构，后者对于学习主体而言是外在的教学情境感知。此外，笔者将“信息开放性”与“信息运用能力”纳入一个部分进行共同分析，原因在于两个概念均从管理学界引进，且均根据 Wilson 的信息重获理论而提出，故置入同一部分共同分析以提升其在理论上的连贯性。[①]

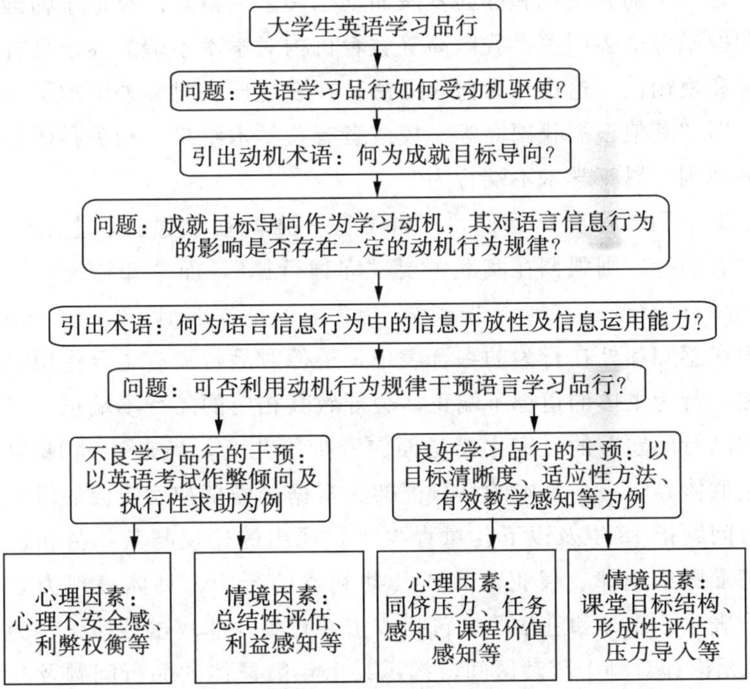

图 1-2　关键概念的逻辑路线

一、学习品行

“学习品行”作为本书的研究焦点，是笔者融合“学术不端”与“道德品行”，并基于大学生学习群体而提出的概念，也是本书的创新之处。在

① See J. M. Wilson and M. A. Cronin, “Group Learning”, *Academy of Management Review*, 2007, 32 (4): 1041-1059.

对学习品行进行界定之前，有必要清晰地诠释“学术不端”与“道德品行”。

《高等学校预防与处理学术不端行为办法》（以下简称《办法》）经教育部 2016 年第 14 次部长办公会议审议通过，自 2016 年 9 月 1 日起施行。根据《办法》，学术不端行为是指高等学校及其教学科研人员、管理人员和学生，在科学研究及相关活动中发生的违反公认的学术准则、违背学术诚信的行为，主要包括：剽窃、抄袭、侵占他人学术成果、篡改他人研究成果、伪造科研数据（资料、文献、注释）、捏造事实、编造虚假研究成果、买卖论文、由他人代写或者为他人代写论文等形式。根据上述定义及其形式，可以发现，学术不端泛指学术领域的不诚实、不道德、不规范、不合法的行为与现象①，其定义尚未存在一个普遍与通用的标准，其形式多变，是一个随着时代和社会发展而动态调整的概念。类似于韩国、澳大利亚和挪威等诸多国家，我国高等教育机构对学术不端的界定具有一定的宽泛性和模糊性，这也是为何《办法》在表述形式时额外附加了一个重要条款，即“其他根据我国高等学校或者有关学术组织、相关科研管理机构制定的规则，属于学术不端行为”。

根据中国共产党新闻网，“讲道德”强调在思想认识上要“知德明德”，“有品行”则强调在实践中要“守德行德”，而“知行统一”表征了道德和品行的统一。据此，“道德”指为人的基本准则，“品行”则指行为主体内在感知和外在行为的综合表现，道德对品行具有主导作用，两者紧密相连，行为主体的道德不端正，会导致其相应的品行不端正。当下国际上对“品行问题”的界定主要是面向青少年儿童，尚未针对 18 岁以上的大学生群体界定一个基本的品行框架。根据美国精神病协会的研究，青少年品行问题指 18 岁及以下儿童青少年表现出的违反与其年龄相适应的社会道德准则或纪律、侵犯他人或公共利益的行为，具体表现为攻击、说谎、不服从、作弊和逃学等，包括攻击性行为与非攻击性违纪行为两种类型。② 无论针对哪个年龄区间，揭示某个年龄群体的品行问题及其发展轨迹，对其品行问题的预防与干预均具有十分现实的意义③，而大学生迄今仍是一个缺乏关注的群体。

---

① 参见张英丽、戎华刚：《2006—2020 年国内学术不端研究进展与文献述评》，《中国科技期刊研究》2021 年第 7 期。

② See S. A. Burt, “How Do We Optimally Conceptualize the Heterogeneity within Antisocial Behavior?: An Argument for Aggressive Versus Non-Aggressive Behavioral Dimensions”, *Clinical Psychology Review*, 2012, 32 (4): 263-279.

③ 参见纪林芹：《初中学生品行问题的发展轨迹、影响因素与干预》，《教育科学研究》2019 年第 12 期。

本书聚焦我国当下的大学生群体，融合了上述“学术不端”与“道德品行”，创新性地提出“学习品行”这一概念。大学生的学习品行指在社会公认的道德准则、学校行为规范及诚信原则指导下，大学生通过学习呈现的内在素质及外在综合表现。需要特别诠释的是，对于大学生群体而言，大学生涯是认识专业的一个基础学习阶段，尚未进行实质性的学术研究，因而无法直接采用“学术不端”或者“学术品行”等概念来界定其品行。该群体在此阶段的目标是通过学习认识专业、了解专业和掌握专业基础知识，整个过程反映出的品行是与学习相关的品行，而非学术品行，这也是大学生与研究生群体的差别所在。从行为范畴上理解，大学生的学习品行问题有别于通常的道德品行问题，并不包括诸如打架、斗殴等攻击性行为，仅指代与学习相关且违背道德行为规范的违法、违纪行为，如大学英语四、六级考试作弊等。

综合上述分析，落脚于大学英语学习（EFL），英语学习品行指在社会公认的道德准则、学校行为规范及诚信原则指导下，大学生通过英语学习呈现的内在感知及外在综合表现，包括不良学习品行与良好学习品行。顾名思义，不良学习品行指个体违背社会公认的道德准则、学校行为规范及诚信原则，在大学英语学习中呈现的负面学习感知与行为，旨在满足个人或他人的利益，如抄袭、作弊、剽窃、破坏信息、提供低质量信息、欺骗、执行性求助等行为倾向或学习行为；而良好学习品行指在社会公认的道德准则、学校行为规范及诚信原则的指导下，大学生在英语学习行为中呈现的积极感知与学习行为，如合作学习、信息共享、学习愉悦、积极压力、提供高质量信息、工具性求助等。

二、成就目标导向与课堂目标结构

通过对已有研究进行文献梳理可以发现，众多学者主要从以下三个视角对成就目标进行定义：第一，特质性视角，认为成就目标是由于个体追求成就的需要而在认知上形成一种稳定的性格特质，持有不同成就目标的个体具有不同的目标实现方式，在追求成就行为时成就目标对个体产生重要影响①；第二，情境性视角，认为成就目标是在追求成就行为的情境中

① See E. S. Elliot and C. S. Dweck, “Goals: An Approach to Motivation and Achievement”, *Journal of Personality & Social Psychology*, 1988, 54 (1): 5-12; C. Ames, “Classrooms: Goals, Structures, and Student Motivation”, *Journal of Educational Psychology*, 1992, 84 (3): 261-271; P. R. Pintrich, “Multiple Goals, Multiple Pathways: The Role of Goal Orientation in Learning and Achievement”, *Journal of Educational Psychology*, 2000, 92 (3): 544-555.

形成的目标，这种目标受到环境影响，不同的环境条件刺激使个体呈现不同的目标，进而执行不同的成就行为①；第三，综合性视角，结合了特质性和情境性的双重特征来理解成就目标，既强调成就目标作为性格特质的稳定性一面，又指出它受环境干扰的不稳定性一面，该视角获得广泛认可。②

本书采纳综合性视角，认为成就目标是个体在追求成就的情境中对所持有行为目的的认知，而成就目标导向（achievement goal orientation）是基于成就目标的稳定性特征引用的概念，是个体在追求成就的过程中在大脑中形成的一种愿望状态。根据唐·范德瓦尔（Don VandeWalle）和 A. J. 埃利奥特（A. J. Elliot）与丘奇（M. A. Church）的研究，成就目标导向包括掌握目标导向（mastery goal orientation）、成绩趋近目标导向（performance approach goal orientation）和成绩回避目标导向（performance avoidance goal orientation）三种。③ 个体性格通常同时具有这三种导向，但其中一个导向会表现得相对显著。掌握目标导向的个体持有能力增长观，认为能力可以通过后天努力得到提升，在学习中以获得新技能、新经验和发展胜任力为目标，通过对比自身以往表现判断进步的程度，喜欢挑战和学习。成绩趋

① See A. J. Elliot and J. M. Harackiewicz, "Approach and Avoidance Achievement Goals and Intrinsic Motivation: A Mediational Analysis", *Journal of Personality & Social Psychology*, 1996, 70 (3): 461-475; C. Midgley, A. Kaplan, and M. Middleton, "Performance-Approach Goals: Good for What, for Whom, under What Circumstances, and at What Cost?", *Journal of Educational Psychology*, 2001, 93 (1): 77-86; C. Senko and J. M. Harackiewicz, "Performance Goals: The Moderating Roles of Context and Achievement Orientation", *Journal of Experimental Social Psychology*, 2002, 38 (6): 603-610; A. J. Elliot, M. Jury, and K. Murayama, "Trait and Perceived Environmental Competitiveness in Achievement Situations", *Journal of Personality*, 2018, 86 (3): 353-367.

② 参见 A. J. Elliot and H. A. Mcgregor, "A 2 X 2 Achievement Goal Framework", *Journal of Personality & Social Psychology*, 2001, 80 (3): 501-519; J. A. Lepine, "Adaptation of Teams in Response to Unforeseen Change: Effects of Goal Difficulty and Team Composition in Terms of Cognitive Ability and Goal Orientation", *Journal of Applied Psychology*, 2005, 90 (6): 1153-1167; K. Murayama, and A. J. Elliot, "The Joint Influence of Personal Achievement Goals and Classroom Goal Structures on Achievement-Relevant Outcomes", *Journal of Educational Psychology*, 2009, 101 (2): 432-447;高钦、刘儒德、贾玲等:《特质性与情境性成就目标定向对目标调节的影响》,《应用心理学》2010 年第 3 期。

③ See D. VandeWalle, "Development and Validation of a Work Domain Goal Orientation Instrument", *Educational & Psychological Measurement*, 1997, 57 (6): 995-1015; A. J. Elliot and M. A. Church, "A Hierarchical Model of Approach and Avoidance Achievement Motivation", *Journal of Personality & Social Psychology*, 1997, 72 (1): 218-232.

近目标导向与成绩回避目标导向在早期研究中被归于一类[1]，统称为“成绩目标导向”，因此具有较多共性；两种导向显著的个体均持有能力固定观，认为能力无法改变，十分在意他人对自身胜任力的看法；然而，成绩趋近目标导向显著的个体希望得到他人积极的评价，通过与他人对比体现自身的优秀和较强的能力，成绩回避目标导向显著的个体则表现为回避他人对自身的弱能力评价，在学习上只追求不比他人差。

根据成就目标理论，课堂目标结构（classroom goal structure），亦称为“教师成就目标导向”[2]，反映了学生从整个课堂上感受到的与学习目标相关的信息，对大学生的学习态度与学习行为具有重要引导作用[3]，比如适应性学习行为[4]、应对任务的价值观[5]、学习策略[6]、学习情绪[7]等。它包括学习目标导向与成绩目标导向两种类型。以学习目标为导向的教师在教学中传递能力发展观，认为学生可以通过不断学习提升能力，鼓励通过合作学习的方式促进共同进步[8]，驱使学生以自身为能力参照标准并通过挑战自我达到突破，重视问题反馈。不同的是，以成绩目标为导向的教师在课堂上传递能力固定观，认为能力是不变的，关键在于努力，主张通

---

① See C. Ames, “Classrooms: Goals, Structures, and Student Motivation”, *Journal of Educational Psychology*, 1992, 84 (3): 261-271.

② See H. Patrick, A. Kaplan, and A. M. Ryan, “Positive Classroom Motivational Environments: Convergence between Mastery Goal Structure and Classroom Social Climate”, *Journal of Educational Psychology*, 2011, 103 (2): 367-382.

③ 参见韦晓保:《大学生外语学习目标定向、学习焦虑和自主学习行为的结构分析》,《外语界》2014 年第 4 期; E. M. Skaalvik, R. A. Federici, A. Wigfield, et al., “Students' Perceptions of Mathematics Classroom Goal Structures: Implications for Perceived Task Values and Study Behavior”, *Social Psychology of Education*, 2017, 20 (1): 1-21。

④ See T. Urdan and C. Midgley, “Changes in the Perceived Classroom Goal Structure and Pattern of Adaptive Learning during Early Adolescence”, *Contemporary Educational Psychology*, 2003, 28 (4): 524-551.

⑤ See M. A. R. Townsend and L. Hicks, “Classroom Goal Structures, Social Satisfaction and the Perceived Value of Academic Tasks”, *British Journal of Educational Psychology*, 2011, 67 (1): 1-12.

⑥ See Y. Y. Lin, B. L. Cherng, H. C. Chen, et al., “The Moderating Effects of Goal Orientations and Goal Structures on Test-Preparation Strategies for Taiwanese Students”, *Learning & Individual Differences*, 2017, (56): 68-75.

⑦ See N. Baudoin and B. Galand, “Effects of Classroom Goal Structures on Student Emotions at School”, *International Journal of Educational Research*, 2017, (86): 13-22.

⑧ See D. Shannon, J. Salisbury-Glennon, and M. Shores, “Examining the Relationships among Classroom Goal Structure, Achievement Goal Orientation, Motivation and Self-Regulated Learning for Ethnically Diverse Learners”, *Journal of Research in Education*, 2012, 22 (2): 136-168.

过学业成绩考查学生能力，要求学生以他人为能力参照标准①，通过不断对比来证明自身的努力与优秀。这两种导向通过外语教学向学生传达不一样的价值观与学习观，作为一种动态情境影响个体的学习行为和效果。

三、总结性评估与形成性评估

基于教学目的差异，大学英语的教学评估模式主要有“形成性评估”（formative assessment）与“总结性评估”（summative assessment）两种类型。② 当前的中国大学英语教学管理偏好于在评估模式上同时采用两种手段，以两者互补为主要形式，根据高校的课程设置及语言基础差异等因素，将两种评价方法的不同配比模式广泛运用于大学英语教学中。

形成性评估，也称为“过程评价”，指教育者根据受教育者在大学英语教学过程中出现的各种问题及时提供评价信息，这种模式不注重实际的学业成就，其目的不在于判断优劣，而旨在通过反馈、纠正、引导等方法不断挖掘学习者的潜力，提升大学生英语运用的综合能力，以此改进教与学的效果。总结性评估是一种传统评价方法，也称为“事后评价”，指通过学习结果的诊断形成优劣对比或等级区别，不注重个体的学习过程，并以此服务于各种教育目的，例如英语分级与分班、教学策略的设计、教学规划的制定乃至教材的选用等。

当前的中国高校大学英语教育管理者通常在英语评估设计中采用两种评估模式相结合的方式以综合判断大学生的英语学习效果，其关键差异在于两种模式的结合比例。③ 最新研究证实：大学英语评估取向是大学生感知到的教育管理者使用评估手段的最终目的；当感知偏向形成性评估时，个体即持有发展评估取向；当感知偏向总结性评估时，个体则持有竞争评估取向。④

---

① See H. Patrick, A. Kaplan, and A. M. Ryan, “Positive Classroom Motivational Environments: Convergence between Mastery Goal Structure and Classroom Social Climate”, *Journal of Educational Psychology*, 2011, 103 (2): 367-382.

② See M. Scriven, “The Methodology of Evaluation”, in R. Tyler, R. Gagne, and M. Scriven, eds., *Perspectives of Curriculum Evaluation*, Chicago: Rand McNally, 1967, pp. 39-83; C. Leung and B. Mohan, “Teacher Formative Assessment and Talk in Classroom Contexts: Assessment as Discourse and Assessment of Discourse”, *Language Testing*, 2004, 21 (3): 335-359.

③ 参见李清华、曾用强：《外语形成性评估的效度理论》，《外语界》2008 年第 3 期。

④ 参见周小兰、马文：《大学英语评估取向对学业成就的影响——基于成就目标导向的中介作用研究》，《外语教学理论与实践》2019 年第 2 期。

四、信息开放性与信息运用能力

“信息开放性”源于管理学界的知识管理研究，也被称为“知识共享意愿”，管理学界主要从以下四个不同的视角对信息开放性进行定义：第一，基于价值创造的视角，强调信息是一种具备经济价值的商品，个人拥有的信息是个体价值的体现，代表个人财富，组织促进信息开放的目的是将个人财富转化为组织财富①；第二，基于信息主体的视角，强调信息开放是不同的信息主体基于信息需求进行的信息转移活动②；第三，基于行为过程的视角，强调信息开放是一系列知识活动的组合，个人信息通过这些活动进行信息转移并实现分享③；第四，基于信息特性的视角，通过信息存在的形式和特点去理解信息共享过程④。

由于不同的研究着眼点，研究者对信息开放性的定义存在多元化视角。本书将管理学界的概念引入语言学界，有必要根据研究需求来选择视角。据此，笔者综合了信息特质以及行为过程的双元视角，认为信息开放是个人通过各种交流方式将自身知识贡献出来并被他人理解和使用的过程；而信息开放性，是个体将自身持有的与学习相关的知识、方法、领悟

---

① 参见 M. A. Musen, “Dimensions of Knowledge Sharing and Reuse”, *Computers & Biomedical Research*, 1992, 25 (5): 435-467; T. H. Davenport and L. Prusak, “Working Knowledge: How Organizations Manage What They Know”, *Human Resource Planning*, 2000 (8): 396-397;张可军、廖建桥、文鹏:《学习型组织中知识共享的智障及治理策略研究》,《管理学报》2009 年第 5 期。

② 参见 K. E. Sveiby, “The New Organizational Wealth”, in *8 Practices of Exceptional Companies—Business Book Summaries*, San Francisco: Berrett-Koehler Publishers, 1997; K. M. Bartol and A. Srivastava, “Encouraging Knowledge Sharing: The Role of Organizational Reward Systems”, *Journal of Leadership & Organizational Studies*, 2002, 9 (1): 64-76;徐扬:《虚拟科研组织中的知识共享管理》,《科技进步与对策》2010 年第 5 期。

③ 参见 M. Ipe, “Knowledge Sharing in Organizations: A Conceptual Framework”, *Human Resource Development Review*, 2003, 2 (4): 337-359; C. E. Connelly and E. K. Kelloway, “Predictors of Employees' Perceptions of Knowledge Sharing Cultures”, *Leadership & Organization Development Journal*, 2003, 24 (3): 294-301;路琳、陈晓荣:《人际和谐取向对知识共享行为的影响研究》,《管理评论》2011 年第 1 期。

④ 参见 B. van de Hooff and J. A. de Ridder, “Knowledge Sharing in Context: The Influence of Organizational Commitment, Communication Climate and CMC Use on Knowledge Sharing”, *Journal of Knowledge Management*, 2004, 8 (6): 117-130;赵慧军:《员工的信任结构与知识共享》,《经济管理》2006 年第 24 期;杜占河、张新元、朱晓明等:《基于共享途径分析的知识共享机制研究》,《科技进步与对策》2009 年第 14 期;周小兰:《认知视角下团队成就目标导向对团队学习的影响研究》,《软科学》2017 年第 1 期;周小兰、李贞、张体勤:《绩效考核干预下个体成就目标导向对知识共享意愿的影响研究》,《科研管理》2018 年第 3 期。

和建议等有价值的信息贡献出来给他人掌握和使用的意愿程度。信息通常以外显和内隐两种形式存在①；前者是可编码与传播的信息，类似文字、图片和视频等；后者是不可编码与传播的信息，类似语感、悟性和诀窍等。测度大学生英语学习的信息开放性时，有必要综合考量外显信息与内隐信息的开放性。

在现实的语言学习中，具有信息开放性是进行语言活动的前提条件，也是外语教学实践者开展外语教育与学习主体掌握技能的要素之一，但它有别于信息运用能力。根据信息重获理论，个体信息运用能力(information application)是个人根据学习需求与变化，对学习行为的改进与学习方法的创新程度，它体现了个体对语言情境的应变能力及对语言问题的处理水平。② 需要指出的是，大学生在英语学习中持较高信息运用能力，并非指个体完全通过自身解决问题，而是个人对自身所处的团队和学习组织等多层交错的信息系统具有清晰定位，能够根据现实的情境与需求随时进行信息提取或锁定信息持有者。③ 从本质上理解，它是通过运用自身知识库与其他信息持有者高效解决语言问题并掌握语言技能的一种能力。总体而言，提升个体信息运用能力对提升大学生外语综合运用能力具有十分现实的意义。

五、执行性求助

学业求助 (academic help seeking) 是当个体无法自主解决学习问题时通过向他人寻求帮助以获取成功或改变自身技能和知识库存的一种自我调节策略。④ 从学习主体的视角理解，它是个体通过寻求意见、获取和使

① See G. W. Bock, R. W. Zmud, Y. G. Kim, et al., "Behavioral Intention Formation in Knowledge Sharing: Examining the Roles of Extrinsic Motivators, Social-Psychological Forces, and Organizational Climate", *MIS Quarterly*, 2005, 29 (1): 87-111.

② See J. M. Wilson and M. A. Cronin, "Group Learning", *Academy of Management Review*, 2007, 32 (4): 1041-1059.

③ 参见周小兰、张体勤：《基于知识分流模型的团队学习三维结构测量与影响因素》,《科技进步与对策》2015 年第 24 期。

④ See A. M. Ryan, H. Patrick, and S. O. Shim, "Differential Profiles of Students Identified by Their Teacher as Having Avoidant, Appropriate, or Dependent Help-Seeking Tendencies in the Classroom", *Journal of Educational Psychology*, 2005, 97 (2): 275-285; S. A. Karabenick and J. Berger, *Applications of Self-regulated Learning Across Diverse Disciplines: A Tribute to Barry J. Zimmerman*, Bembenutty: Information Age Publishing, 2013, pp. 237-261.

用帮助以解决学习问题的一种元认知能力。① 正确运用学业求助手段是当前大学生在外语学习中应掌握的一种学习能力。通过良性求助手段，个体的语言技能与学业成就能够得到有力提升。② 根据前人研究，当前的学业求助主要有以下三种类型。③

第一，工具性求助（instrumental help seeking），这是一种简洁求助方式，以掌握知识和技能为目的，指学习者通过教师或者同伴获取类似提示、暗示和思路等间接帮助，以自主掌握问题解决途径并实现学习目标的行为。④ 可以说，这是理想的良性学习行为。

第二，回避求助（help seeking avoidance），是学习主体碰到困难且无法自主完成学业任务时，拒绝向他人寻求信息协助的表现。⑤ 学业求助是建立在自愿性和主动性基础上的信息咨询行为，并非所有人都愿意向他人求助。在现实的学习中，自尊心以及威胁感知是造成回避求助的重要原因。⑥ 学习主体因为惧怕被人嘲笑而放弃信息求助与信息互动，这显然会对学业成就产生不利影响。

第三，执行性求助（executive help seeking），此类求助行为是本书的关注焦点之一，表征为典型的不良学习行为，指学习者面对自身无法解决

---

① See N. L. Gall, "Help-Seeking Behavior in Learning", *Review of Research in Education*, 1985, 12 (3): 55-90.

② See R. S. Newman, "Adaptive Help Seeking: A Role of Social Interaction in Self-regulated Learning", *Strategic Help Seeking: Implications for Learning and Teaching*, 1998, (9): 13-37.

③ See N. L. Gall, "Help-Seeking Behavior in Learning", *Review of Research in Education*, 1985, 12 (3): 55-90; S. A. Arabenick and J. R. Knapp, "Relationship of Academic Help Seeking to the Use of Learning Strategies and other Instrumental Achievement Behavior in College Students", *Journal of Educational Psychology*, 1991, 83 (2): 221-230; A. M. Ryan and P. R. Pintrich, "'Should I Ask for Help?': The Role of Motivation and Attitudes in Adolescents' Help Seeking in Math Class", *Journal of Educational Psychology*, 1997, 89 (2): 329-341; S. Shih, "The Role of Motivational Characteristics in Taiwanese Sixth Graders' Avoidance of Help Seeking in the Classroom", *The Elementary School Journal*, 2007, 107 (5): 473-495.

④ S. Shih, "The Role of Motivational Characteristics in Taiwanese Sixth Graders' Avoidance of Help Seeking in the Classroom", *The Elementary School Journal*, 2007, 107 (5): 473-495.

⑤ See A. M. Ryan and S. S. Shim, "Changes in Help Seeking from Peers during Early Adolescence: Associations with Changes in Achievement and Perceptions of Teachers", *Journal of Educational Psychology*, 2012, 104 (4): 1122-1134.

⑥ See K. Schenke, A. C. Lam, A. M. M. Conley, et al., "Adolescents' Help Seeking in Mathematics Classrooms: Relations between Achievement and Perceived Classroom Environmental Influences over One School Year", *Contemporary Educational Psychology*, 2015, 41 (1): 133-146.

的难题，依赖他人获取现成或直接帮助以实现学业目标的行为，例如，抄袭答案、索取现成的问题解决途径或让他人替代完成学业任务等。[①] 在现实的英语学习中，学习主体存在以“不择手段”为特征的求助手段，优等生也不例外。[②] 显然，执行性求助作为一种典型的问题品行，对大学生英语学习、外语技能掌握乃至我国高校的外语教学质量等方面均存在消极影响。

六、心理不安全感

根据前人研究，对行为后果的考量并不一定直接滋生某一行为，它还会使个体因为担心潜在后果或受到威胁而产生焦虑情绪，这种情绪被心理学家称为“心理不安全感”（psychological insecurity）。[③] 大学英语是一门囊括听、说、读、写、译五种技能的综合学科，中国大学生对五种技能的掌握程度参差不齐，而该科目与大学生多种利弊紧密相关是不争的事实，在英语基础不一、学习难度较大、学习目标各异与学习自主性不同等多重因素影响下，大学生的英语学习过程存在一定程度的心理不安全感。近年研究证实，当面临不利的结果时，个体会产生心理不安全感[④]；不难理解，当个体越意识到大学英语学习不佳对自身不利，相应的心理不安全感将越发强烈。这将在一定程度上激发个体在学习中的冒险倾向[⑤]，从而滋

① See R. S. Newman, “Adaptive Help Seeking: A Role of Social Interaction in Self-Regulated Learning”, *Strategic Help Seeking: Implications for Learning and Teaching*, 1998 (9): 13-37; S. A. Karabenick and J. R. Knapp, “Relationship of Academic Help Seeking to the Use of Learning Strategies and Other Instrumental Achievement Behavior in College Students”, *Journal of Educational Psychology*, 1991, 83 (2): 221-230; S. Shih, “The Role of Motivational Characteristics in Taiwanese Sixth Graders' Avoidance of Help Seeking in the Classroom”, *The Elementary School Journal*, 2007, 107 (5): 473-495.

② See A. M. Ryan, H. Patrick, and S. O. Shim, “Differential Profiles of Students Identified by Their Teacher as Having Avoidant, Appropriate, or Dependent Help-Seeking Tendencies in the Classroom”, *Journal of Educational Psychology*, 2005, 97 (2): 275-285.

③ See J. Hart, “Toward an Integrative Theory of Psychological Defense”, *Perspectives on Psychological Science*, 2014, 9 (1): 19-39; J. Hart, P. R. Shaver, and J. L. Goldenberg, “Attachment, Self-Esteem, Worldviews, and Terror Management: Evidence for a Tripartite Security System”, *Journal of Personality and Social Psychology*, 2005, 88 (6): 999-1013.

④ 参见 J. Lu, X. Xie, M. Wang, et al., “Double Reference Points: The Effects of Social and Financial Reference Points on Decisions under Risk”, *Journal of Behavioral Decision Making*, 2015, 28 (5): 451-463；谢晓非、陆静怡：《风险决策中的双参照点效应》，《心理科学进展》2014 年第 4 期。

⑤ 参见陆静怡、王越：《心理不安全状态下决策者的风险偏好》，《心理科学进展》2016 年第 5 期。

生不道德行为①。

七、同侪压力

学习压力，在心理学上也称为应激，是学习需求与反应能力之间的失衡造成的一种个体生理和心理反应，并且经常表现为忧虑、焦虑和情绪耗竭等消极反应。它损害个体认知功能②，不利于创新思维的发展③，甚至抵制或忽略挑战性任务④。在大学英语学习中，学习任务、课堂环境、同龄群体以及任何有可能引起个体焦虑情绪的主客观情境均会促成学习压力的产生，而其中最为常见的是本书的聚焦所在——同侪压力。

"同侪压力"（peer pressure），顾名思义，指源于同龄人的压力，是人类社会普遍存在的一种心理学现象。同侪压力使个体改变态度、价值观、信念和行为以顺应群体期待。⑤ 它源于幼儿期，并非一种盲从，而是出于社交与自我定义的根本目的。⑥ 换言之，由于同侪压力，个体用符合群体期望的形式对外展示个人态度与行为，进而能够较快地融入社交圈，并通过群体塑造自我以建立归属感。同侪压力的相关研究始于 20 世纪 50 年代，90 年代起发展于心理学与教育学领域，迄今已引起人类学、体育学、经济学和社会学等众多领域的关注。⑦ 同侪压力对个人心理发展存在

---

① See M. J. Pearsall and A. P. J. Ellis, "Thick as Thieves: The Effects of Ethical Orientation and Psychological Safety on Unethical Team Behavior", *Journal of Applied Psychology*, 2011, 96 (2): 401-411.

② See E. J. Hermans, M. J. Henckens, M. Joëls, et al., "Dynamic Adaptation of Large-Scale Brain Networks in Response to Acute Stressors", *Trends in Neurosciences*, 2014, 37 (6): 304-314.

③ 参见杜鹏程、倪清、贾玉立:《压力促进还是抑制了创新:基于组织支持感的双元压力与创新行为关系研究》,《科技进步与对策》2014 年第 16 期。

④ See C. M. Ford, "A Theory of Individual Creative Action in Multiple Social Domains", *Academy of Management Review*, 1996, 21 (4): 1112-1142.

⑤ See P. Baruah and B. Bokha, "Positive Peer Pressure and Behavioral Support", *Indian Journal of Positive Psychology*, 2016, 7 (2): 241-243.

⑥ See E. L. Paluck, "Peer Pressure against Prejudice: A High School Field Experiment Examining Social Network Change", *Journal of Experimental Social Psychology*, 2011, 47 (2): 350-358.

⑦ See E. L. Paluck, "Peer Pressure against Prejudice: A High School Field Experiment Examining Social Network Change", *Journal of Experimental Social Psychology*, 2011, 47 (2): 0-358; V. Ariyabuddhiphongs and P. N. S. Chomnad, "Peer Pressure and Thai Amateur Golfers' Gambling on Their Games: The Mediating Effect of Golf Self-Efficacy", *Journal of Gambling Studies*, 2014, 30 (3): 685-696; B. C. Lagomarsino, M. Gutman, L. Freira, et al., "Peer Pressure: Experimental Evidence from Restroom Behavior", *Economic Inquiry*, 2017, 55 (3): 1579-1584.

关键影响，对个体的学习态度与学习行为同样有重要的引导作用。随着年龄增长，个体对父母的需求逐渐减弱，对群体的依附性增强，这使同侪压力的影响力随之递增。[①] 根据研究梳理，以往研究主要聚焦于同侪压力对个体社会行为的消极影响，如赌博[②]、危险驾驶[③]、酗酒[④]和滥用药品[⑤]等。近年来，开始有学者呼吁将同侪压力运用于积极心理学，从理论上指出同侪压力对个人学业成就同时存在促进作用，应将其运用于教学行为研究。[⑥] 总体而言，同龄群体作为一种“褒贬不一”的学习情境，虽已引起外语学界关注，但外语教学领域的相关研究十分稀缺。

第四节　研究内容和研究方法

一、研究内容

本书的系列研究以我国高校的非英语专业大学生为研究对象，基于动机认知视角，对大学生英语学习品行的心理发生机制、不良学习品行应对以及良好学习品行养成进行探索性研究。本书总体的研究框架如图 1-3 所示。具体内容涵盖以下五个方面。

---

① See R. G. Meshram, “The Upside of Peer Pressure on Adolescent Behavior”, *Indian Journal of Health & Wellbeing*, 2016, 7 (8): 845-847.

② See L. J. Rohling, P. Rohde, J. R. Seeley, et al., “Individual, Family, and Peer Correlates of Adolescent Gambling”, *Journal of Gambling Studies*, 2004, 20 (1): 23-46.

③ See J. L. Shepherd, D. J. Lane, R. L. Tapscott, et al., “Susceptible to Social Influence: Risky ‘Driving’ in Response to Peer Pressure”, *Journal of Applied Social Psychology*, 2011, 41 (4): 773-797.

④ See M. T. Mckay and J. C. Cole, “The Relationship between Alcohol Use and Peer Pressure Susceptibility, Peer Popularity and General Conformity in Northern Irish School Children”, *Drugs: Education, Prevention, and Policy*, 2012, 19 (3): 213-222.

⑤ See A. W. Blöte, A. C. Miers, and P. M. Westenberg, “Adolescent Social Anxiety and Substance Use: The Role of Susceptibility to Peer Pressure”, *Child Development Research*, 2016, 1-8.

⑥ See P. Baruah and B. Bokha, “Positive Peer Pressure and Behavioral Support”, *Indian Journal of Positive Psychology*, 2016, 7 (2): 241-243; R. G. Meshram, “The Upside of Peer Pressure on Adolescent Behavior”, *Indian Journal of Health & Wellbeing*, 2016, 7 (8): 845-847.

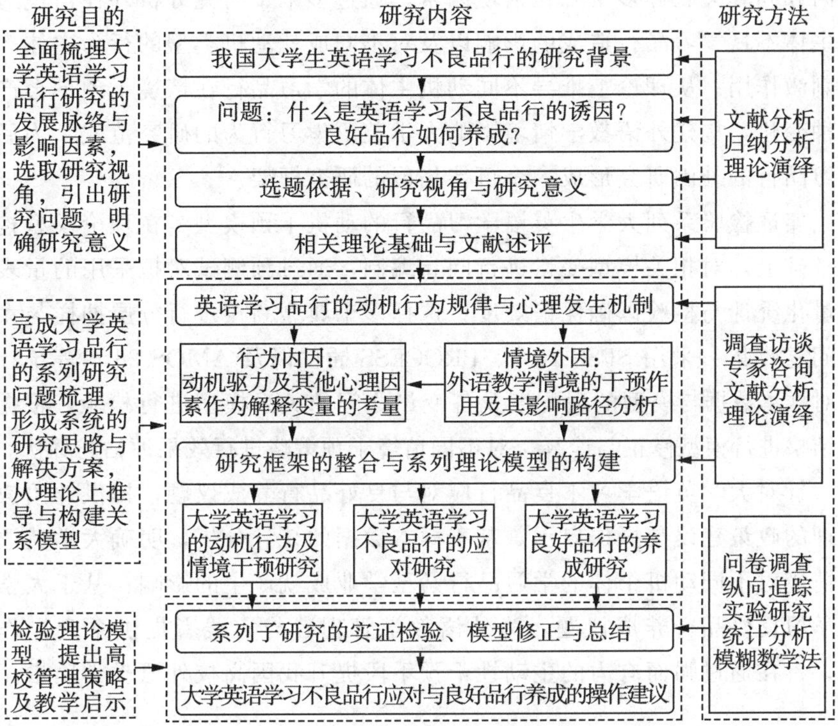

图 1-3　本书的研究框架

梳理全书关键变量，分析与测度我国高等教育情境下的各心理变量。结合国内外现有研究，以大学英语作为试点学科，了解中国大学生在学习中的心理安全感、同侪压力、作弊倾向、执行性求助等行为模式；针对不同性别、专业和年级的学生进行结构与半结构访谈，挖掘大学生在学习中存在哪些信息通道，会形成哪些品行及相应的行为特质；并根据不同类型的构念形成测度量表，通过实证检验测度量表的信度、区别效度与聚敛效度等。

分析不同动机类型的大学英语学习品行。基于成就目标理论，分析大学生在追求学业成就的过程中存在哪些动机认知倾向以及不同动机类型的个体在学习品行与英语学业成就上的表现差异；追溯并总结以往的动机行为研究，分析不同动机类型对不良学习品行可能产生的有利与不利影响；引入中间变量，如利弊权衡和安全感等心理因素，对成就动机影响外语学习行为的心理发生机制进行理论诠释，建立成就动机影响信息行为的初步理论框架。

分析大学英语教学情境对大学英语学习品行的影响。通过实验研究与横向截取数据方式，追踪与研究教学评估模式、同侪压力、教师成就目标导向和利弊关联等多个外在情境因素，通过多个子研究分析外在情境对学习主体不良学习品行造成的影响以及对不同成就动机类型的行为主体产生的刺激作用；从理论上推导不同动机主体的学习品行在情境干预下会产生何种变化，构建外语教学情境影响大学英语学习行为的研究范式，为后续学习品行的外因研究形成一个可待拓展的研究框架。

实证检验系列大学生英语学习品行的动机干预模型。在理论模型构建的基础上，对相关模型变量进行问卷编制，通过预测试对拟采用的量表进行量化统计与检验以确保信效度；选择多个典型高校进行分层抽样与大范围问卷收集；采用 SPSS 26.0、PROCESS 插件以及 AMOS 26.0 等统计软件对样本数据与模型的适配度及各变量之间的关系模型进行检验，根据分析结果进行模型修正与诠释，对不同情境干预策略进行效果评估与择优。

针对大学英语学习不良品行应对与良好品行养成议题，提供外语教学管理的政策建议与操作启示。基于样本数据的统计分析，明确大学英语教学情境对不同动机个体的学习品行乃至学业成就产生的影响；基于大学英语学习良好品行养成议题，为外语教学管理者与实践者提供系列操作建议，旨在通过强而有力的主动性干预手段提升我国高校外语教学质量。

二、研究重点与难点

本书的研究重点是编制符合中国教育情境的评估手段量表。国内外语学界尚无现成的量表对外语教学评估模式进行测度，动机认知视角下的评估手段在应用语言学研究中尚处于起步阶段，在相应的内涵界定和概念测度上，不能对西方量表进行照搬照抄。编制符合国内教育情境的量表具有较大的探索性与创新性，这要求笔者在一定规模上进行实地调研与访谈。而为了确保理论与测度量表的普适性，调研区域的覆盖面也应纳入考量范围。

本书需要突破的难点是情境干预的研究设计。情境干预研究需要将组织层面的情境变量以及人口统计变量等多重因素同时纳入个体变量的研究框架，这对研究设计的科学性与严谨性具有较高的要求。为攻克该难点，量表设计中要全方位考量各层面的人口统计变量，利用数理统计工具严格筛选和分析控制变量的影响，采用有针对性的实证手段与分析方法剔除不同类型和不同层面控制变量的干扰作用。

三、研究方法

本书主要的研究方法包括以下三种。

第一，文献分析和理论演绎。通过文献分析了解研究现状，发现研究不足，引出研究问题，明确研究价值与意义；通过对国内外现有文献的研究，界定研究对象的概念，分析各变量的要素构成并完成测量指标的设置；通过理论演绎来确定问题解决思路，提出研究假设，构建理论模型。

第二，实验追踪和问卷调查。根据研究问题设计情境干预实验，通过纵向追踪对比大学生英语学习态度与行为的变化，检验教学情境的干预效果。与此同时，通过国内外的文献研究进行调查问卷设计；通过结构与半结构访谈进行题项修订或删减，请心理学和统计学专家就题项内容与结构进行讨论，通过对题项的反复筛选提升问卷设计的科学性；通过预测试再度进行题项修正与删减，形成正式测度量表后进行大规模发放。

第三，数理统计。通过预测试进行初步信效度检验（EFA），必要情况下再度修正量表；通过分层抽样进行正式测试，采用 SPSS 26.0、AMOS 26.0 和 PROCESS 插件等统计软件对测度量表的信度、区别效度和聚敛效度、各层控制变量的干扰（独立样本 t 检验、单因子方差分析法、LSD 法和 Tambane's T2 法）、汇聚分析（Rwg 检验法）、数据的同源误差（Harman 单因素检验法）、回归模型的共线性、系列自相关和异方差（DW、TOL 和 VIF 等诊断指标及残差散点图法），以及基于理论研究构建的系列理论模型（逐层回归分析、结构方程分析与多水平模型分析）进行实证检验，以此诊断理论模型的合理性及各类动机干预设计的可行性。

第五节 研究目标

本书的主要研究目标有三。

第一，验证由动机认知形成的性格特质与大学生英语学习品行存在重要关联，掌握该群体在外语学习中的动机行为规律。将研究视角聚焦于违背高等教育理念与道德规范的学习品行，探究大学生群体滋生不良学习品行的动机根源及其行为规律，明晰不同性格个体的学术品行存在何种差异，了解何种性格的学生群体更易滋生不良学习品行。

第二，探寻大学生英语学习品行的动机干预方法，通过科学手段证实系列情境干预设计的可行性。将管理学与教育心理学的原理运用于外语教学研究，将学习主体的动机内因与情境外因结合起来，通过数理统计工具与实验研究等手段验证教学科研情境对大学生英语学习品行的重要影响，明确此类问题可通过何种情境介入从而达到积极干预的效果。

第三，为自下而上地营造良性高校外语教学管理环境、系统构建良性高等教育生态提供政策建议与操作启示。利用外语学习品行的动机行为规律与心理发生机制服务于我国高等教育管理，为减少大学生不良学习品行、塑造他们的良好学术品行，从根本上提升我国高等教育质量和完善高等教育学术道德体系出谋划策。

第六节　主要创新点

本书的创新性主要体现于以下三个方面。

第一，基于动机视角，将大学生英语学习品行视为个体追求成就的一种动机行为，通过动机认知对行为的影响规律，在语言学习品行与性格特质间建立衔接，具有首创性。成就目标理论是教育学界的主流研究范畴，该理论鲜少被运用于外语学界。在现实的外语学习中，动机的认知倾向会形成一种性格特质，对外语学习态度和行为起到重要的引导作用。本书将外语教学研究引申至动机层面，从一个崭新视角揭露影响外语学习不良品行的关键因素，尤其聚焦于与教育理念相悖的消极学习行为。通过系列实证研究抓住了大学生英语学习的动机行为规律，基于最根本层面挖掘大学生英语学习品行的内在动因，为管控不良品行的大学外语教改方案制订与教学管理设计提供操作思路。

第二，在理论研究中，基于成就目标理论提出了大学生英语学习品行的动机内因与情境外因相依的交互范式，使语言学习品行研究形成一个可待拓展的研究框架，纵深发展的研究思路具有开拓性。在成就目标理论的指导下，本书从内因与外因、心理与情境以及个人与组织等方面综合考虑大学生英语学习品行的测度方法及动机行为影响模式，构建个体成就目标导向对信息行为及学习品行的作用机制，进而形成一个动机内因与情境外因交互的研究范式，融合管理学与心理学的跨学科思维为语言学研究提供了全新的研究思路。今后可沿着该思路，将更多的内外因素纳入交互模型的研究框架，以深度挖掘各类语言学习行为的壁垒成因，这既能够在理论上拓宽外语教学的研究范畴，也能在现实中有力地提升外语教学研究的应用价值。

第三，在研究方法上，打破本土语言学学界定性研究的主流模式，借助多种数理统计工具开展纵向、横向追踪，科学严谨的动机干预设计及其实证手段具有前沿性。在学科交叉思维的贯穿下，根据理论研究进行系列实证设计，通过引入个体成就动机、心理不安全感、作弊行为和执行性求助等作为个体层面的变量，教学评估情境、压力情境和课堂成就目标结构等作为组织层面的变量，构建了成就动机影响学习品行的跨层模型。采用多种数理统计工具（SPSS 26.0、PROCESS 插件和 AMOS 26.0），对控制变量进行分析（独立样本 t 检验、单因子方差分析法和 LSD 法），运用多种统计方法（探索性因子分析、验证性因子分析、计量经济检验、逐层回归分析和结构方程分析）对模型进行检验，严谨的实验研究与实证设计既确保了研究结论的科学性与可行性，又有力地保障了情境干预思路的可推广性。

第二章　相关理论基础与文献述评

第一节　相关理论基础

一、动机与成就目标理论

成就目标理论（achievement goal orientation）源于心理学家对人类动机的研究，而动机研究已历时一个多世纪，一度是心理学研究焦点，近三十年来逐渐在国际上兴起，成为教育学的研究热点，主要集中于学习动机和行为激励两个方向。从动机到成就目标的理论演进与研究发展经历了早期、近代以及现代发展的三个历程。早期的动机研究有三大理论作为代表。

第一，本能论。该理论始于19世纪末20世纪初，动机作为人的本能被引入心理学研究。本能论认为动机是人进化并遗传下来的一种本能，是不需要学习的行为模式，是人类进行各种行为的原动力。

第二，行为主义范式下的驱力理论。该理论兴起于20世纪30年代，认为人的行为由驱力引起，驱力是种动机结构，当相应的需求得到满足，驱力就会减少。驱力有两种，即原始驱力和获得性驱力。前者由内部刺激引起，不需要习得；后者由外部刺激引起，通过经验和学习获得。人的行动主要是由习惯而非原始驱力来支配，因此人的行动效能是由驱力和习惯强度决定的。

第三，唤醒理论。该理论兴起于20世纪50年代，认为刺激能够唤醒人，个体通常偏好中等强度的刺激，这样的唤醒水平最佳，反复刺激会导致唤醒水平的降低，对于唤醒水平的偏好受个人经验影响，不同偏好水平导致个体的不同行为。早期的动机研究主要是建立在行为主义的“刺激（S）—反应（R）”联结关系基础上，个体行为是由刺激直接引起的反应。动机理论发展初期，其对于个体行为原因的探索仍然处于简单归纳阶段，忽略了环境因素可能带来的重要影响，更多地通过本能解释个体行为，相关研究通常忽略外在影响的驱力。

近代的动机研究从行为主义转向认知方向。现代认知理论认为，对个体行为的理解应从信息加工角度分析，个体通过对外界信息的接收、编码、存储、提取以及输出等过程形成一系列观念，这些带有个体差异性的观念形成个体的认知，外界的刺激需要通过个体既有的认知来影响个体的行为，动机在这个过程中被理解成认知的一种功能，具有调节和控制行为的作用。对具有动机功能的认知系统的调节与控制行为的研究是近代动机研究的重点，现代认知理论的“信息加工说”直接奠定了成就目标理论的基础和发展。这个时期的心理学家通过大量实证研究证实了个体内在动机结构的区别，最早利用成功和失败的归因来解释动机并推导行为产生的动力因素，发现人具有主动完成任务的需求，这种需求形成个体的成就动机。它由两部分构成，即追求成功的动机意向和避免失败的意向，在诱因的刺激下，个体对外执行追求成就或避免失败的行为。近代动机研究用可操作化和量化的方式解释动机强度对行为的影响，这对于后期成就目标理论的提出具有直接的指导和铺垫作用，成就动机作为个体认知的一个功能开始被认知心理学关注，但仅是初步涉及，此阶段的动机行为研究仍旧忽略外部环境的影响。

现代的动机研究始于20世纪80年代，心理学家开始把各种认知变量与成就动机相结合进行研究，指出人的动机是由认知、环境和行为的相互作用形成的，人能够调节环境的刺激，通过自我控制和自我调节来控制行为。尼科尔斯（J. G. Nicholls）最早在成就动机理论的基础上提出能力理论，认为个体对自身能力有不同的看法，这使得个体依据对自身能力的不同认知来选择不同的目标，个体对能力的概念影响到胜任力的判断标准、个体的目标取向、任务选择以及努力程度。[①] 德韦克（C. S. Dweck）和E. S. 埃利奥特（E. S. Elliot）随后正式提出成就目标理论，认为成就目标是具有认知、情感和行为结果的关于认知过程的计划，人的大脑存在具有差异性的潜在能力观，这会影响个体对目标的选择。[②] 持能力增长观的个体认为成就情境能够提升个人能力，因此持学习目标导向；持能力固定

---

① See J. G. Nicholls, “Achievement Motivation: Conceptions of Ability, Subjective Experience, Task Choice, and Performance”, *Psychological Review*, 1984, 91 (3): 328-346.

② See E. S. Elliot and C. S. Dweck, “Goals: An Approach to Motivation and Achievement”, *Journal of Personality & Social Psychology*, 1988, 54 (1): 5-12.

观的个体认为能力是先天不可变的，关注自身成绩以证明高能力或者回避低能力，持成绩目标导向。两种目标导向的个体在对能力和努力的认知、面对困难与失败的情绪反应以及活动积极性和任务的选择上具有显著差异。A. J. 埃利奥特和哈罗克维茨（J. M. Harackiewicz）在随后的研究中指出，成就目标除了特质性特征以外，还具备情境性特征。个体会由于不同的情境设置而采取不同的成就目标，这对心理学和教育学的动机行为研究产生了深远影响。① 成就目标理论的提出弥补了成就动机理论中对于认知研究不足的缺陷，把成就动机看成一种稳定的心理特质，将成就动机和环境因素同个体认知结合起来，能够从个体内部和外部去深度挖掘影响个体行为的因素，该理论具有较高的诠释度。

二、理性行为理论与计划行为理论

理性行为理论（thcory of reasoned action，TRA）由菲什拜因（M. Fishbein）和阿耶兹（I. Ajzen）于 1975 年提出，该理论的基本假设是：人是具有控制自己行为能力的理性个体，只有在综合各种信息并理性地权衡行为的意义和后果后，人们才会去执行某一行为。

TRA 的主要研究内容是态度如何影响个体行为，认为个体行为在某种程度上由行为意向决定。行为意向是个体打算从事某一行为的量度，由态度和主观准则共同决定。个体的态度是对自身执行某一行为所持有的情感，这种情感源于行为信念，这种信念包括了个体对行为发生的可能性以及对行为结果所带来价值的估计。正面的情感提高行为意向，负面的情感降低行为意向。主观准则指的是个体在决定是否执行某一行为时所感知到的社会压力，反映他人或团队对于个人决策的影响，受自身的规范信念和顺从动机影响。规范信念是个体感知到他人或团队对于自身是否应该执行某一行为的期望，顺从动机则反映个体执行某一行为与他人观念是否保持一致的动机水平。个体的态度和主观准则共同作用从而形成行为意向，最终引发个体执行某一行为。TRA 的提出引起心理学和教育学领域的巨大反响，许多学者开始通过各种研究方法检验这个理论。虽然引起较大的关注，但仍旧有一些学者对 TRA 的假设提出质疑，认为人的行为并非完全由自身的信念控制，个体所拥有的机会、资源以及控制行为的能力也应当被纳入考虑范围。

---

① A. J. Elliot and J. M. Harackiewicz, "Approach and Avoidance Achievement Goals and Intrinsic Motivation: A Mediational Analysis", *Journal of Personality & Social Psychology*, 1996, 70 (3): 461-475.

由于 TRA 的理论缺陷，阿耶兹于 1985 年在 TRA 的理论基础上加入了“感知行为控制”变量，通过新的模型初步提出了计划行为理论（theory of planned behavior，TPB），这个理论突破了 TRA 的局限，新的研究思想于 20 世纪 90 年代走向成熟，成为态度预测行为研究中最受欢迎的理论。如图 2-1 所示，TPB 引入的“感知行为控制”指的是个体对执行某一行为难易的感知程度，受到控制信念和感知程度的影响。控制信念是个体对会影响自身行为的各种阻碍或者促进因素的感知，如个人能力、资源和机会等内在和外在因素；感知程度是个体知觉到这些因素影响行为的程度。TPB 在一定程度上完善了 TRA，把感知控制因素纳入组织行为的研究范畴，能够更严谨地从理论上揭示个体信念通过行为意向执行行为的发生机制。随后的二十多年中，国内外学者通过大量研究证实了 TPB 对个体行为具有较高的解释度和预测力，TPB 的推广为心理学和管理学的相关研究奠定了良好的理论基础。

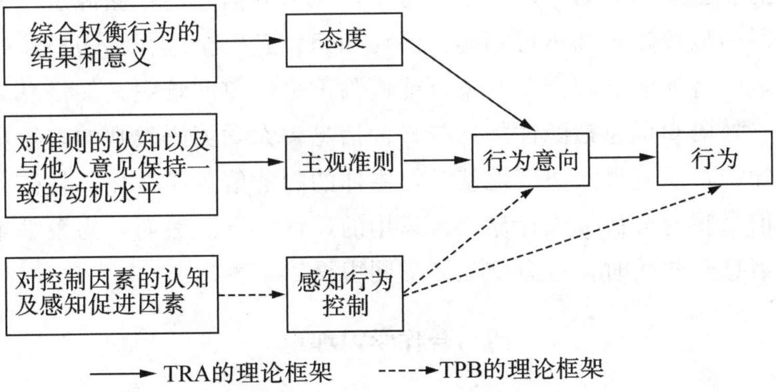

图 2-1　TRA 与 TPB 的理论框架

资料来源：M. Fishbein and I. Ajzen, *Belief, Attitude, Intention, and Behavior: An Introduction to Theory and Research*, Reading, Massachusetts: Addison-Wesley Pub. Co., 1975；I. Ajzen, “From Intentions to Actions: A Theory of Planned Behavior”, in Julius Kuhl and Jurgen Beckmann, eds., *Action Control*, New York and Tokyo: Springer Berlin Heidelberg, 1985, pp. 11-39。

三、信息加工理论

信息加工理论（information processing theory），源于认知心理学家格瑞·彼得森（Gary W. Peterson）等人合著的《职业生涯发展与服务：认知途径》（*Career Development and Services: A Cognitive Approach*）。该书运用信息加工观点研究人类认知活动，认为人脑是类似计算机的信息加工系统。这个学科的研究核心是揭示认知过程的内部心理机制，即了解信息在人脑里如何被获得、存储、加工以及提取。由于行为主义范式在心理学中反对意识和心理活动对行为的影响，只观察呈现于外在的个体反应和行为，在20世纪20年代开始被越来越多的心理学家反对。随后认知心理学提出通过信息加工视角揭示人的行为，受到国内外学者的广泛支持，信息加工理论因此兴起于20世纪50年代。

信息加工理论认为，任何学习的过程从根本上理解就是习得与使用信息。因此，语言学习也是一个信息加工过程，一门外语的习得过程从本质上理解就是学习主体与知识持有者的信息交互过程，两者基于学习需求与学习问题进行信息共享、接收、编码、存储、提取、运用、反馈以及修订这样一个周而复始、螺旋上升的认知加工过程。该理论聚焦于两个问题：一是人类记忆系统的性质，二是记忆系统中知识表征和贮存的方式。信息加工理论运用于外语学习中，通常涵括一系列信息行为，如信息接收、整合、传播、创造和重获等。语言学习中，大部分信息的存储源于个人，包括可编码的显性知识和不可编码的隐性知识，且每个过程都需要通过个体实现，这使得外语学习交互情境可能面临不可避免的难题，如信息共享意愿不足。外语知识包括隐性信息与显性信息，大学英语教师的教学本质除了传递知识，还应最大限度地使学习主体的隐性信息显性化，将彼此的个人隐性信息转为可被他人存储和再运用的显性信息。然而，当大学生持有较低的信息开放性时，信息交互则形同虚设。

四、合作学习理论

合作学习（cooperative learning）是一种充满创意的教学理论与策略，兴起于20世纪70年代的美国，并于20世纪80年代开始迅速发展，迄今仍被全世界广泛使用，尤其兴盛于外语教学中。自20世纪90年代起，我国开启了合作学习的研究与实验，并取得了实质性效果。该理论认为：个体在团队中学习所获得的利益差异大，这会引导个体在实现目标的过程中出现完全不一样的人际互动关系。多伊奇（M. Deutsch）作为创始人，认为合作学习存在三种形式，即相互促进、相互对抗、相互独立。每一种形式会促成不同的团队目标结构，对团队中每一位学习主体的学习态度和学习行为产生关键性影响。①

第一，相互促进的学习形式会促进团队形成合作型目标。在这样的目

① M. Deutsch, "An Experimental Study of the Effects of Cooperation and Competition upon Group Process", *Human Relations*, 1949, 2 (3): 199-232.

标结构下，个体的学习目的是一致的，只有每个成员达到学习目标，团队任务才得以真正完成，整个团队被捆绑成一个整体。因此，团队成员只有通过相互协助与共同进步的方式，才能够获得个人成功。换言之，团队成功与个人成功紧密联系，个人往往采用一种个人与同伴共赢的模式来进行学习活动。

第二，相互对抗的学习形式会促进团队形成竞争型目标结构。换言之，团队中的个人以相互竞争的关系存在，他人的成功会降低自身获得学业成功的概率。这种目标结构下，个人学习通常以自我为中心，只希望从团队中获取有利于自身的学习资源，而并不愿意贡献有利于他人学习的信息。在个体看来，对自身有利但无益于他人的学习形式，往往能够直接提高个人成功的概率。

第三，相互独立的学习形式会促进团队形成个性化目标结构。换言之，个人目标达成与否与团队成员并不构成联系，每个学习主体只聚焦于自身的学习任务与学习效果。个体之间的学习关系，体现为互不干扰的形式，他人达成目标、获得成功，与自身追逐学业成功并不矛盾。

第二节　成就目标导向对个体学习的影响研究及述评

基于文献梳理，本书将从学习效果、学习能力、学习手段和学习互动等四方面介绍成就目标导向对个体学习的影响研究。

一、成就目标导向对学习效果的影响——学业成就

在早期研究中，德韦克和莱格特（E. L. Leggett）通过能力观、能力参照对象以及认知关注等方面的对比把成就目标划分为掌握目标和成绩目标两种类型。[①] 持两种目标的个体存在较大的性格差异。掌握目标个体持能力增长观，认为能力可以改变和持续发展，个体倾向于把主要精力集中于掌握技能和发展能力，通过对比自身以往的成绩和能力来衡量与判断进步与否，不在乎他人对自身工作能力的看法，喜欢富有挑战性的工作，并将其视为学习机会；与之完全相反，成绩目标个体持能力固定观，认为能力不可改变，十分在乎他人对自身能力的评价，个性好强，害怕面对失败，通过与他人进行对比来证实自身能力，本能地对外设置社会比较对

① See C. S. Dweck and E. L. Leggett, "A Social-Cognitive Approach to Motivation and Personality", *Psychological Review*, 1988, 95 (2): 256-273.

象，此类人偏好将成功等同于赢过参照对象。

以往的大部分研究表明，在学业上，持有掌握目标导向的个体通常都以提高自身能力为学习动力，对学习能够主动采取自我调节策略，这种调节具有适应性，能够通过学习带来积极影响，是一种适应性动机模型。由于能够采用更多的认知策略，此类人总是在学业成绩上表现得十分优异。① 不同的是，持有成绩目标导向的个体在学习中努力追求他人认可，尽心取悦教师，极力避免源于他人的能力差评。显然，这是一种比较被动的学习过程。此后，众多学者开展了对两类目标导向的差异研究②，其相应的研究结果均支持J. L. 米斯（J. L. Meece）等的发现并印证了德韦克及莱格特两分法模型（掌握目标与成绩目标）的理论设想。③

成绩目标导向虽被一些学者证实与学业成绩存在显著负相关④，但后期的众多研究却纷纷发现，在前期研究中成绩目标导向对学业成绩的影响并不一致。⑤ 换言之，成绩目标导向的相关研究结论并不一致，这使学术界对成就目标两分法衍生了大量争议。因此，开始有学者对成绩目标导向

---

① See J. L. Meece, P. C. Blumenfeld, and R. H. Hoyle, "Students' Goal Orientations and Cognitive Engagement in Classroom Activities", *Journal of Educational Psychology*, 1988, 80 (4): 514-523.

② See C. Ames, "Classrooms: Goals, Structures, and Student Motivation", *Journal of Educational Psychology*, 1992, 84 (3): 261-271; E. M. Anderman and M. L. Maehr, "Motivation and Schooling in the Middle Grades", *Review of Educational Research*, 1994, 64 (2): 287-309; T. D. Roedel and G. Schraw, "Beliefs about Intelligence and Academic Goals", *Contemporary Educational Psychology*, 1995, 20 (4): 464-468; J. M. Phillips and S. M. Gully, "Role of Goal Orientation, Ability, Need for Achievement, and Locus of Control in the Self-Efficacy and Goal-Setting Process", *Journal of Applied Psychology*, 1997, 82 (5): 792-802.

③ See C. S. Dweck and E. L. Leggett, "A Social-Cognitive Approach to Motivation and Personality", *Psychological Review*, 1988, 95 (2): 256-273.

④ See P. Pokay and P. C. Blumenfeld, "Predicting Achievement Early and Late in the Semester: The Role of Motivation and Use of Learning Strategies", *Journal of Educational Psychology*, 1990, 82 (1): 41-50; D. H. Schunk, "Goal and Self-Evaluative Influences During Children's Cognitive Skill Learning", *American Educational Research Journal*, 1996, 33: 359-382.

⑤ 参见 E. M. Anderman and M. L. Maehr, "Motivation and Schooling in the Middle Grades", *Review of Educational Research*, 1994, 64 (2): 287-309; T. D. Roedel and G. Schraw, "Beliefs about Intelligence and Academic Goals", *Contemporary Educational Psychology*, 1995, 20 (4): 464-468; J. M. Phillips and S. M. Gully, "Role of Goal Orientation, Ability, Need for Achievement, and Locus of Control in the Self-Efficacy and Goal-Setting Process", *Journal of Applied Psychology*, 1997, 82 (5): 792-802; 梁海梅、郭德俊、张贵良：《成就目标对青少年成就动机和学业成就影响的研究》，《心理科学》1998年第5期。

做进一步的理论研究，并尝试对其进行理论分维。A. J. 埃利奥特和丘奇在两分法的基础上引入“趋近—回避”倾向，把成绩目标进一步划分成两种类型，通过实证研究印证成绩趋近目标与成绩回避目标的存在，并发现前者与学业成就存在显著正相关，而后者则与学业成绩存在显著负向关。[①] 通过进一步剖析，研究者发现，两类人均持能力固定观，十分在意他人对自身工作胜任力的看法。不同的是，前者希望得到他人的积极评价，通过与他人对比展示优秀，从而证实自身能力，在认知上主要关注对自身能力评价有利的信息；后者则通过与他人对比证明自身能力并非弱于他人，但认知上主要是关注他人对自身的消极评价，在学习上只追求不比别人差。随即，A. J. 埃利奥特在理论上完善了成就目标理论，提出掌握目标、成绩趋近目标与成绩回避目标的三分结构，这对于成就目标理论具有划时代意义，为不同领域的相关研究以及更进一步的结构分析奠定了十分扎实的理论基础。

随着研究深入，有学者发现即使利用三分结构来探索成就目标结构与学业成就的关系，针对同样的教育群体得出的研究结论也不相同，这表明成就目标与学业成就之间很可能存在中间变量的干扰。然而，成就目标导向的中介研究在当时并不多见，有学者指出应当在研究中考虑从不同的社会情境中引入中介变量以了解个体认知过程，进而提升理论意义与应用价值。[②] 在当时研究背景的影响下，引入中间变量对成就目标导向的影响机制进行研究成为一个新的切入口，对后期的成就目标导向的边界条件研究产生了十分重要的影响。有学者开始将各种中介条件和调节条件纳入成就目标导向的研究框架，其相应的理论框架开始得到纵深拓展，成就目标理论也因此得到迅速发展。

在影响路径与边界条件的相关研究中，雷雳等在研究中发现小学生的成就目标导向与学业成绩之间的关系并不显著，但不同的成就目标个体采用的认知策略和应对策略对学习起到重要影响。[③] 蒋京川等把个体的认知策略作为中介变量引入成就目标导向对于学业成就的影响研究中，再一次印证掌握目标和成绩趋近导向与学业成就呈正相关，以及成绩回避导向与个体学业成就呈负相关，并进一步指出持成就目标的不同个体倾向采用的

---

① See A. J. Elliot and M. A. Church, “A Hierarchical Model of Approach and Avoidance Achievement Motivation”, *Journal of Personality & Social Psychology*, 1997, 72 (1): 218-232.

② 参见王雁飞、凌文辁、朱瑜:《成就目标定向理论中的中介变量研究》,《心理科学》2003 年第 2 期。

③ 参见雷雳、汪玲、Tanja 等:《目标定向在自我调节学习中的作用》,《心理学报》2001 年第 4 期。

学习策略并不一样，其对学业成就的影响迥异，研究结果还受到被试的年级与性别等因素干扰。[①] 此外，情绪在成就目标研究中也被一些学者视为中间变量进行研究。佩克伦（R. Pekrun）等把与能力相关的活动和结果所带来的情绪定义为“成就情绪”，发现掌握目标、成绩趋近目标与成绩回避目标个体通过任务投入的过程唤起个体不同的成就情绪，进而影响学业成就，成就情绪在三维目标结构和学业成就之间发挥中介作用。[②] 换言之，成就目标和成就情绪均是个体学业成就的重要预示变量。在学业成就中，掌握目标个体在学习中通常适应良好，适应不良的表现则主要体现于成绩目标个体身上，尤其是成绩回避目标个体。后者以自我为中心且过度关注结果，这对学业成就存在消极作用，且此类人容易由于惧怕失败而焦虑，所滋生的负面情绪作为中间变量起到重要影响。[③] 随后，开始有国内的学者将类似的研究方法运用于中国学生群体，证实存在同样的直接效应与中介效应。[④] 此外，还有学者通过实验发现，在经历失败后，相对于另外两种类型，持成绩回避目标的个体更容易表现出不理想的学业成就，且这种结果受消极的自我感知调节。[⑤]

回顾过去十年，成就目标理论被我国教育学、心理学、体育学、管理学等多个学科领域广泛关注。成就目标导向作为一种性格特质，表征了个体对追求某一活动目标的倾向性，对个体的认知、情感与行为具有引导作用[⑥]，其对学习成就的影响研究在国内学界逐渐形成热点。近年来，有学者以中考成绩为结果变量，通过三年的纵向追踪再度证实了三分结构的合理性与成绩目标的争议性，发现掌握目标个体的优秀学业表现与前人研究获得高度统一，成绩回避目标个体对学业成绩的负向预测力具有稳定性，而成绩趋近目标个体对学业成绩的影响却是多维的，应视学习情况和学习

---

① 参见蒋京川、刘华山：《中学生成就目标定向与学习策略、学业成绩的关系研究》，《心理发展与教育》2005年第21期。

② See R. Pekrun, J. Elliot, and M. A. Maier, “Achievement Goals and Achievement Emotions: Testing a Model of Their Joint Relations with Academic Performance”, *Journal of Educational Psychology*, 2009, 101 (1): 115-135.

③ See T. A. Hanchon, “The Relations between Perfectionism and Achievement Goals”, *Personality & Individual Differences*, 2010, 49 (8): 885-890.

④ 参见宋雪芹、郭成、谢德光：《成就目标、学业情绪及学业成绩的关系研究述评》，《社会心理科学》2011年第9期。

⑤ See C. Dickhauser, S. R. Buch, and O. Dickhauser, “Achievement after Failure: The Role of Achievement Goals and Negative Self-related Thoughts”, *Learning and Instruction*, 2011, 21 (1): 152-162.

⑥ 参见易芳、郭雅洁、俞宗火、徐霜雪：《中小学生学业成绩主要影响因素的元分析》，《心理学探新》2017年第2期。

条件具体分析。[①] 同期针对小学生的相关研究也获得了相似结论，小学生的掌握目标导向与成绩回避目标导向对学业成绩分别具有十分稳定的正向与负向预测作用，且两类动机认知倾向与学业成绩之间是一种双向的相互刺激与促进影响。这是由于，良好或者较差的学业成绩会逐渐形成刺激源并反过来影响个人的学习动机水平，继而强化个人的掌握目标导向，或者弱化个人的成绩回避目标导向；与之形成反差，成绩趋近目标导向与学业成绩并未存在显著关联，这可能受到中国特有的学习情境的影响。[②] 总体而言，成绩趋近目标导向是一把双刃剑[③]，持这种性格特质的学习主体在学业表现上具有争议性和一定的不稳定性。[④]

二、成就目标导向对学习能力的影响——自我效能感

"自我效能感"指个体对自己是否有能力完成某一行为进行的推测与判断。早期研究在理论上指出，掌握目标个体通常具有积极的情绪状态，在任务执行中持有较高的自我效能感，喜欢挑战性任务，他们不具备能力差异感，通常选择高于自身能力的任务，面对失败的归因往往从自身努力程度和学习策略上寻找；成绩目标个体具有能力差异感，关注学习成绩，这种类型的个体通常选择低于自身能力或远远高于自身能力的任务，以获取能力好评或者回避低能差评，在任务完成过程中即便使用各种策略也是为了表现自我。[⑤] 由于自我效能感作为个体对成败归因的关键性解释因素而存在，因此被国内外教育学家与心理学家广泛纳入成就目标研究。

德韦克等的理论设想在研究中得到证实，即掌握目标与自我效能感及成绩均存在显著正相关，成绩目标与自我效能感存在显著负相关，且掌握

---

① 参见侯金芹：《成就目标定向的发展轨迹及其对中考的影响》，《中国临床心理学杂志》2019年第5期；侯金芹：《成就目标定向对学业成就影响的追踪研究——感恩的中介作用》，《中国特殊教育》2018年第12期。

② 参见杨舒文、潘斌、王婷婷、司继伟：《小学生成就目标定向与学业成绩的双向关系：一项交叉滞后分析》，《心理与行为研究》2018年第1期。

③ 参见周小兰、张体勤：《个体绩效评估导向对团队学习的影响机制》，《系统管理学报》2018年第4期。

④ 参见周小兰、马文：《大学英语评估取向对学业成就的影响——基于成就目标导向的中介作用研究》，《外语教学理论与实践》2019年第2期；周小兰、马文：《动机视角下大学英语评估模式对执行性求助的影响》，《现代外语》2019年第5期。

⑤ See E. S. Elliot and C. S. Dweck, "Goals: An Approach to Motivation and Achievement", *Journal of Personality & Social Psychology*, 1988, 54 (1): 5-12.

目标水平越高的个体在任务成败归因上越倾向于从自身寻找原因。[①] 此外，掌握目标导向还被发现与积极情感具有正向联系，并且积极状态使得个体在面对困境时能够进行更持久的努力。[②] 在执行挑战性任务的过程中，掌握目标个体对外表现出更加积极的情感、更大兴趣和更高的任务满意度，通常看中任务的内在价值，追求对任务的理解和把握，个体的成就感取决于自身进步与否。这种对学习的认知与态度能显著提高个体的学业成就。[③]

基于成绩趋近和成绩回避目标的特质性差异，国内学者已在早年对两种学习主体所持有的自我效能感进行研究。梁九清通过研究发现，自我效能感与掌握目标和成绩趋近目标导向呈现正相关，但与成绩回避目标导向之间的相关性并不显著，并且在大学生群体中，女生的自我效能感显著低于男性。[④] 这个发现与随后的研究基本吻合，该研究通过我国大学生的英语学习调研，发现掌握目标导向对自我效能感的预测力显著大于成绩趋近目标导向，而成绩回避目标却负向预测自我效能感。[⑤] 然而，也有国内学者通过对高中生的研究发现成绩趋近目标与自我效能感并未存在显著相关，而成绩回避目标与自我效能感却存在显著负相关。[⑥] 上述发现充分表明，掌握目标导向与自我效能感存在正向预测作用，并且被国内外众多学者证实，但两类成绩目标导向与自我效能感的关系仍存在争议，有必要在

---

① P. R. Pintrich and E. V. De Groot, "Motivational and Self-Regulated Learning Components of Classroom Academic Performance", *Journal of Educational Psychology*, 1990, 82 (1): 33-40; C. A. Wolters, S. L.Yu, and P. R. Pintrich, "The Relation between Goal Orientation and Students' Motivational Beliefs and Self-Regulated Learning", *Learning and Individual Differences*, 1996, 8 (3): 211-238; J. M. Phillips and S. M. Gully, "Role of Goal Orientation, Ability, Need for Achievement, and Locus of Control in the Self-Efficacy and Goal-Setting Process", *Journal of Applied Psychology*, 1997, 82 (5): 792-802.

② E. A. Linnenbrink and P. R. Pintrich, "Achievement Goal Theory and Affect: An Asymmetrical Bidirectional Model", *Educational Psychologist*, 2002, 37 (2): 69-78; E. A. Linnenbrink, "The Dilemma of Performance-Approach Goals: The Use of Multiple Goal Contexts to Promote Students' Motivation and Learning", *Journal of Educational Psychology*, 2005, 97 (2):197-203.

③ 参见周炎根、桑青松、葛明贵:《大学生自主学习、成就目标定向与学业成就关系的研究》,《心理科学》2010 年第 1 期。

④ 参见梁九清:《大学生成就目标定向、自我效能感和状态焦虑的关系研究》,《中国健康心理学杂志》2008 年第 1 期。

⑤ 参见李斑斑、徐锦芬:《成就目标定向对英语自主学习能力的影响及自我效能感的中介作用》,《中国外语》2014 年第 3 期。

⑥ 参见陈兰江:《高中生成就目标定向、自我效能感和学业成绩之间的关系》,《中国健康心理学杂志》2011 年第 6 期。

国内研究中区别分析这两种类型。

此外，成绩趋近目标与自我效能感的关系研究存在不稳定性，这很可能源于成绩趋近目标导向自身的不稳定性。石雷山等发现，在掌握目标导向和成绩趋近目标导向与学业倦怠的正向关系中，自我效能感起到完全中介作用，但其在成绩回避导向与学业倦怠的负向关系中只起到部分中介作用。① 石雷山等的研究证实了 A. J. 埃利奥特和默勒（A. C. Moller）的观点②，指出成绩趋近目标导向未必导致消极行为，也可能引发积极行为或者带来某种积极状态。与此同时，有研究证实成就目标导向通过不同的社会比较方式影响自我效能感。掌握目标个体通常采用上行比较，即参照比自身优秀的人来激发个人的自我效能感；与之截然相反，成绩回避目标个体则通过下行比较，即寻找不如自身的人进行横向比较，以此负向作用于自我效能感；令人意外的是，成绩趋近目标个体同时通过两种比较方式作用于自我效能感。③ 这表明，成绩趋近目标个体的社会比较方式并不固化，此类人的性格表现是动态的，依条件而变化的，可能受其他认知、情感或者情境因素干扰，这或许是此类人的自我效能感明显低于掌握目标个体的主要原因。

三、成就目标导向对学习手段的影响——学习策略

当研究聚焦于成就目标导向与学习策略时，其本质上是研究成就目标导向与学业成绩的间接关系。20 世纪 90 年代，西方学者即对成就目标、学习策略和学业成绩之间的关系进行探索，以此解释不同的成就目标个体在认知强度上的差异，从而分析导致不同结果的内因。迄今为止，国内对于成就目标与学习策略的研究仍然十分有限，可借鉴的成果不多。这一领域的研究较多地受到心理学尤其是认知心理学影响，主要通过个体采用的学习策略研究信息加工过程。布鲁纳（J. S. Bruner）最早于 1956 年提出的“认知策略”随后被心理学家与教育学家发展成“学习策略”，指学习者在为了学习和使用语言而运用智力和交际手段的过程中，为完成每项学习任务使用的学习方法。笔者将结合成就目标理论，从认知策略和学习行为策略两个方面进行简要综述。

---

① 参见石雷山、高峰强、王鹏、陈英敏：《成就目标定向对学习倦怠的影响：学业自我效能的中介作用》，《心理科学》2012 年第 6 期。

② See A. J. Elliot and A. C. Moller, “Performance-Approach Goals: Good or Bad Forms of Regulation?”, *International Journal of Educational Research*, 2003, 39 (4-5): 339-356.

③ 参见白学军、刘旭、刘志军：《初中生社会比较在成就目标与学业自我效能感之间的中介效应》，《心理科学》2013 年第 6 期。

针对学习的认知策略，平特里奇（P. R. Pintrich）构建了至今仍被广泛使用的自我调节模型，指出个体学习主要包括认知（包括复述策略、深加工策略和组织策略）和元认知（包括计划、监控和调节）两种策略。[①]学术界对于认知策略的结构存在多重划分，但通常是基于平特里奇的两分法做出的继续探究。个体在学习或者完成任务的过程中，如何通过深加工（如对新旧知识或者信息的联系、对于学习方法的改进和关注、对提炼的知识点进行归类和结构的改造策略等）、元认知（对认知的认知）和表层加工（或称为浅加工，如快速记忆、猜测、回忆信息策略等）等各种学习策略实现目标，是过去一二十年心理学和教育学的研究热点。

早期研究中，德韦克等发现持有掌握目标导向的个体擅长采用深加工策略[②]，这一发现获得众多研究支持。格雷厄姆（S. Graham）等通过实验发现，掌握目标与成绩目标导向状态对个体的信息加工水平会产生显著影响；当这两类人使用浅加工策略时，个体回忆水平均明显下降。[③] 对于成就目标个体的学习策略，多数学者在研究结论上达到统一，认为掌握目标个体偏好使用深加工和元认知策略，成绩目标个体则倾向于使用浅加工策略，且成绩回避导向甚至与深加工和元认知策略存在显著负相关。[④]

然后，有学者指出，成就目标导向与浅加工策略之间的关系并不能简单归结于负相关或不相关，两者的关系取决于学习者对于浅加工策略的认知。当个体把浅加工策略理解为个体学习知识的内在基础时，两者会呈正相关；当个人把学习理解为外在形式时，两者的关系往往表现为负相关或弱相关。[⑤] 这个发现在随后的研究中得到证实[⑥]，掌握目标个体和成绩趋近目标个体在学习过程中均会采用深加工、元认知和浅加工策略，只是程

---

① See P. R. Pintrich, "Multiple Goals, Multiple Pathways: The Role of Goal Orientation in Learning and Achievement", *Journal of Educational Psychology*, 2000, 92 (3): 544-555.

② See C. S. Dweck and E. L. Leggett, "A Social-Cognitive Approach to Motivation and Personality", *Psychological Review*, 1988, 95 (2): 256-273.

③ See S. Graham, "A Review of Attribution Theory in Achievement Contexts", *Educational Psychology Review*, 1991, 3 (1): 5-39.

④ 参见 Y. Somuncuoglu and A. Yildirim, "Relationship between Achievement Goal Orientations and Use of Learning Strategies", *Journal of Educational Research*, 1998, 92 (5): 267-277；张咏梅、方平、郭春彦：《成就目标分类及其动机模式的实验研究》，《心理科学》1999 年第 5 期；雷雳、汪玲、Tanja 等：《目标定向在自我调节学习中的作用》，《心理学报》2001 年第 4 期。

⑤ See A. J. Elliot, H. A. Mcgregor, and S. Gable, "Achievement Goals, Study Strategies, and Exam Performance: A Mediational Analysis", *Journal of Educational Psychology*, 1999, 91 (3): 549-563.

⑥ 参见蒋京川、刘华山：《中学生成就目标定向与学习策略、学业成绩的关系研究》，《心理发展与教育》2005 年第 21 期。

度有所区别。然而，成绩回避目标个体只与浅加工策略存在显著相关。

除了认知策略以外，麦克奇（W. J. Mckeachie）还引入了“资源管理策略”这一概念，认为个体可利用环境和资源来实现目标，而“寻求支持”作为学习策略对学业成就起到十分重要的影响。① 寻求支持或称为求助的学习策略通常是在学习环境内进行，在本书中被界定为学习行为策略，与上述的认知策略形成参照。求助行为与成就目标导向的关系一直是教育学与心理学的研究热点。早期研究中，巴特勒（R. Butler）和诺伊曼（O. Neuman）发现成绩目标个体相对于掌握目标导向个体具有更少求助行为。② 在学习过程中，成绩目标个体进行求助只为尽快完成任务，通常只为结果，回避求助是为了掩盖能力不足；而掌握目标导向个体的求助是为了提高能力和完成任务的效率，即便是回避求助也是为了发展独立完成任务的能力。系列研究发现，掌握目标水平越高，个体越能体会到寻求他人帮忙对自身的益处；相反地，成绩目标个体倾向于回避求助，尤其体现于成绩回避目标个体。③ 后者通常持有较低的自我效能感，容易感知到求助给自身带来的威胁。这些研究结果充分证实：两类成绩目标个体具有十分脆弱的性格特质。这尤其体现于成绩回避目标个体，此类人自尊心强烈，由于担心在求助过程中可能引致他人的负面评价，通常采取回避求助的态度，这显然会影响个体与他人针对学习问题的人际互动。

通过梳理新近的研究得出，成就目标导向对学习投入的影响已成为国内学界当下的研究热点。学习投入表征了学习主体在学习过程中积极参与各项学习活动，深入思考，充满活力地应对挑战和挫折，整个过程通常伴有积极的情感体验④，是一种适应性学习策略，囊括了学习者对学习的认知投入、行为投入与情感投入。系列最新研究证实，持不同目标导向的学习主体在学习投入上具有截然不同的表现。通常情况下，掌握目标个体与成绩趋近目标个体的学习投入水平较高，但前者明显优于后者；成绩回避目标个体的学习投入水平较低。但学界对三者与学业投入之间的关系并未

① See W. J. Mckeachie, “Research on College Teaching: The Historical Background”, *Journal of Educational Psychology*, 1990, 82 (7): 189-200.

② See R. Butler and O. Neuman, “Effects of Task and Ego Achievement Goals on Help-Seeking Behaviors and Attitudes”, *Journal of Educational Psychology*, 1995, 87 (2): 261-271.

③ 参见李晓东、林崇德：《个人目标取向、课堂目标结构及文化因素与学业求助策略的关系研究》,《心理发展与教育》2001 年第 17 期；唐芳贵：《初二学生成就目标、自我效能及文化因素与学业求助的关系》,《中国临床心理学杂志》2004 年第 2 期；张守臣、于清华、井婷：《初中生成就目标定向和自我效能与学业求助关系研究》,《心理科学》2009 年第 3 期。

④ 参见张娜：《内外学习投入及其学校影响因素研究综述》,《心理研究》2012 年第 2 期。

达成共识，这是由于变量之间存在中介因素或受其他因素的干扰，例如：心理资本①、自我效能感②、评估情境③等。与此同时，学术界在成就目标结构的分维上仍存在一定分歧，针对成就目标导向对学习投入的影响，存在“掌握—成绩”双维结构④、“掌握—成绩趋近—成绩回避”三维结构⑤，以及“掌握—成绩—趋近—回避（2×2）”四维结构⑥等。综合上述研究发现，有必要选择最适合国内情境学习群体的目标结构进行深入分析，或形成纵向比较，或形成平行比较，并综合考量干扰因素，以真正掌握学习群体的动机行为规律，这能够现实地服务于我国高等教育实践与研究。

四、成就目标导向对学习互动的影响——信息交互

近年来，开始有系列研究聚焦于通过成就目标导向的差异性认知结构研究信息交换问题，通过发现不同的信息交换方式从理论上扩展认知心理学和动机认知学说，从相关研究中深度挖掘人际交往的模式和可能存在的各种问题，为教学管理与实践提供具有现实意义的研究启示。

个体在人际交往中所获取的信息，对能否成功适应学习环境具有关键作用。然而，不同成就目标个体对他人信息的价值以及为获取它所应付出的代价，具有截然不同的感知，这影响到他们在信息交互中对不同信息的偏好。⑦ 掌握目标个体重视个人能力提升，以自身为能力参照标准，在学习交往中希望通过沟通获取有价值的信息，从而不断突破自我；成绩趋近目标个体则以他人为能力参照标准，期望通过学习互动获取能够证实自身优秀的能力信息；成绩回避目标个体虽以他人为参照标准，但在学习交互中聚焦于证明自身并非最差的能力信息。相对于掌握目标个体，成绩趋近

---

① 参见周卓钊、毛晋平:《大学生社会流动信念与学习投入的关系:成就目标定向和心理资本的作用》,《中国临床心理学杂志》2021年第1期。

② 参见刘在花:《成就目标定向对听障学生学习投入的影响机制研究》,《中国特殊教育》2021年第1期。

③ 参见何春梅:《过程性评价、成就目标定向与学习投入:机制与路径》,《高教探索》2020年第11期。

④ 参见周卓钊、毛晋平:《大学生社会流动信念与学习投入的关系:成就目标定向和心理资本的作用》,《中国临床心理学杂志》2021年第1期。

⑤ 参见何春梅:《过程性评价、成就目标定向与学习投入:机制与路径》,《高教探索》2020年第11期;黄庆双、李玉斌、任永功、郑玉敏、黄悦悦:《大学生成就目标定向对在线学习投入影响研究:学业拖延的中介作用》,《现代远距离教育》2019年第5期。

⑥ 参见刘在花:《成就目标定向对听障学生学习投入的影响机制研究》,《中国特殊教育》2021年第1期。

⑦ See G. Park, A. M. Schmidt, C. Scheu, et al., “A Process Model of Goal Orientation and Feedback Seeking”, *Human Performance*, 2007, 20 (2): 119-145.

目标个体更渴望成功，对何种信息能够促进目标的实现具有更加明确的认知，因此在信息交换过程中更加关注信息的质量，对高质量信息十分敏感。① 研究发现，掌握目标个体在学习交互中关注更多的是与自身相关的消极信息和积极信息，以及与他人相关的积极信息；而成绩趋近目标个体仅关注与自身相关的积极信息和与他人相关的消极信息。有趣的是，研究还证实了只有与自身相关的消极信息和与他人相关的积极信息才能对学习绩效产生正向影响。②

此外，获取与任务相关的信息对完成任务来说至关紧要。获取此类信息的心理需求会驱使个体用自身信息与他人进行交换③，但不同成就目标个体的认知结构具有差异性，这使个体在人际交往中形成不同的信息开放性与人际关系。研究发现，成绩目标个体的信息开放性显著低于掌握目标个体④，“求赢且怕输”的本能使个体具有心理不安全感，因此在信息交换上呈现一种“利用他人”的态度，即尽可能从他人身上获取有价值的信息，并尽可能保留自身的信息。成绩目标个体的低信息开放性还跟他们的参照标准有关。有研究指出，以他人为参照标准是一种消极依赖，会引起个体在信息交互中对信息进行刻意滞留。⑤ 然而，掌握目标个体相对于成绩目标个体，呈现更高的合作意愿⑥，成绩目标个体本能地在信息交换中产生竞争意识和自我保护意识，然而在互惠互利原则的影响下，掌握目标

---

① See P. M. Poortvliet, O. Janssen, N. W. Van Yperen, et al., “Achievement Goals and Interpersonal Behavior: How Mastery and Performance Goals Shape Information Exchange”, *Personality & Social Psychology Bulletin*, 2007, 33 (10): 1435-1447.

② See Y. Gong, M. Wang, J. C. Huang, et al., “Toward a Goal Orientation-Based Feedback-Seeking Typology: Implications for Employee Performance Outcomes”, *Journal of Management*, 2017, 43 (4): 1234-1260.

③ See D. Kahneman, J. L. Knetsch, and R. Thaler, “Fairness as a Constraint on Profit Seeking: Entitlements in the Market”, *American Economic Review*, 1986, 76 (4): 728-741.

④ See P. M. Poortvliet, O. Janssen, N. W. Van Yperen, et al., “The Joint Impact of Achievement Goals and Performance Feedback on Information Giving”, *Basic & Applied Social Psychology*, 2009, 31 (3): 197-209.

⑤ See C. Toma and F. Butera, “Hidden Profiles and Concealed Information: Strategic Information Sharing and Use in Group Decision Making”, *Personality & Social Psychology Bulletin*, 2009, 35 (6): 793-806.

⑥ See I. Levy, A. Kaplan, and H. Patrick, “Early Adolescents' Achievement Goals, Social Status, and Attitudes Towards Cooperation with Peers”, *Social Psychology of Education*, 2004, 7 (2): 127-159; P. M. Poortvliet, O. Janssen, N. W. Van Yperen, et al., “Low Ranks Make the Difference: How Achievement Goals and Ranking Information Affect Cooperation Intentions”, *Journal of Experimental Social Psychology*, 2009, 45 (5): 1144-1147.

个体倾向于用高质量信息去换取高质量信息。[①] 在面对冲突的问题解决过程中，成绩目标个体往往坚持自身策略的正确性并否定他人，而掌握目标个体更倾向于从双方意见中寻找一个折中的问题解决策略[②]，这种不同的信息交互方式将形成完全不同的交际氛围，进而影响人际关系。

不同类型的成就目标个体在参与信息交换的信息质量与交换方式上也存在较大差异。在对外的信息输出中，掌握目标个体给予他人的信息质量显著高于成绩目标个体[③]，此类人相信同等价值的信息付出能够获取同等价值的信息回报，希望通过互惠互利的方式实现信息双方的共赢，因此对外整体呈现比较“慷慨”的信息输出态度。成绩目标个体还被发现在信息交互过程中会产生欺诈行为，这容易对他们的人际互动产生消极影响。有研究发现，相对于掌握目标个体，成绩目标个体为了赢过他人，在学术研究中更容易出现不诚实的欺骗行为。[④] 波特福列（P. M. Poortvliet）等在研究中也证实，成绩目标个体对信息输出具有刻意的迟缓行为，且倾向于提供劣质信息，甚至在提供信息的过程中会恶意降低信息准确性以达到破坏他人绩效的目的，本能地视优秀学习同伴为竞争对手，并采用比较隐蔽的手段破坏提供给他人的信息。[⑤]

近年来，针对成就目标导向对信息交互的影响议题，笔者通过系列研

---

① See P. M. Poortvliet, O. Janssen, N. W. Van Yperen, et al., “Achievement Goals and Interpersonal Behavior: How Mastery and Performance Goals Shape Information Exchange”, *Personality & Social Psychology Bulletin*, 2007, 33 (10): 1435-1447.

② See Céline Darnon, Fabrizio Butera, and Judith M. Harackiewicz, “Achievement Goals in Social Interactions: Learning with Mastery vs. Performance Goals”, *Motivation and Emotion*, 2007, 31 (1): 61-70.

③ See P. M. Poortvliet, O. Janssen, N. W. Van Yperen, et al, “Achievement Goals and Interpersonal Behavior: How Mastery and Performance Goals Shape Information Exchange”, *Personality & Social Psychology Bulletin*, 2007, 33 (10): 1435-1447; P. M. Poortvliet, O. Janssen, N. W. Van Yperen, et al., “The Joint Impact of Achievement Goals and Performance Feedback on Information Giving”, *Basic & Applied Social Psychology*, 2009, 31 (3): 197-209.

④ See Murdock, B. Tamera, and E. M. Anderman, “Motivational Perspectives on Student Cheating: Toward an Integrated Model of Academic Dishonesty”, *Educational Psychologist*, 2006, 41 (3): 129-145.

⑤ See P. M. Poortvliet, O. Janssen, N. W. Van Yperen, et al., “Perverse Effects of Other-Referenced Performance Goals in an Information Exchange Context”, *Journal of Business Ethics*, 2012, 106 (4): 401-414.

究获得了重要发现，并证实了三维结构与分层研究的合理性。① 笔者发现，持不同成就目标导向的个体由于动机认知结构的差异，对外呈现截然不同的信息交互意愿：掌握目标个体在信息交互中秉承互惠互利的原则，具有最大的信息开放性，期望通过共享高质量信息以获得同等回报，旨在实现个人成长；成绩趋近目标导向虽然正向预测信息开放性，但此类人只是有条件地对外输出信息，其信息输出意愿显著低于掌握目标个体，这与此类人具有逐利性的好强特质有关；成绩回避目标个体秉承利用他人的交际原则，在信息交互中尤其关注不利于自身的信息，具有最低的信息开放性。② 笔者还尝试通过团队层面检验目标结构的合理性与研究必要性，发现持成就目标导向的团体在信息交互表现上有别于个体层面，比如成绩回避目标团队的信息开放性明显有所回升，此类特质与信息开放性的负向关联不再显著，这意味着，以团队为单位开展学习能够有力补足此类学习主体的性格缺陷。③

需要特别指出的是，上述系列研究只是通过个体认知方面进行诠释，并不够严谨。笔者的系列研究证实，个体成就目标导向的稳定性是相对的，在一定的情境干扰下，个人的目标结构可能会产生变化，甚至被其他因素掩盖。④ 比如：随着评估情境的变化，个人感受到越来越强的竞争意识，此时原本信息交互十分闭塞的成绩回避目标个体在信息开放性上会产生鲜明变化，个人对外共享信息的意愿会显著升高。⑤ 在理论模型设计中，不能简单地基于个体或者团队进行动机行为研究，有必要将情境变量纳入研究框架，以提升研究设计的科学性及研究结果的合理性。

---

① 参见周小兰:《认知视角下团队成就目标导向对团队学习的影响研究》,《软科学》2017 年第 1 期;周小兰、赵鹏、马文:《个体信息开放性对团队信息运用能力的影响研究》,《软科学》2017 年第 10 期;周小兰、张体勤:《个体绩效评估导向对团队学习的影响机制》,《系统管理学报》2018 年第 4 期。

② 参见周小兰、李贞、张体勤:《绩效考核干预下个体成就目标导向对知识共享意愿的影响研究》,《科研管理》2018 年第 3 期。

③ 参见周小兰:《认知视角下团队成就目标导向对团队学习的影响研究》,《软科学》2017 年第 1 期。

④ 参见周小兰、李贞、张体勤:《绩效考核干预下个体成就目标导向对知识共享意愿的影响研究》,《科研管理》2018 年第 3 期;周小兰、马文:《大学英语评估取向对学业成就的影响——基于成就目标导向的中介作用研究》,《外语教学理论与实践》2019 年第 2 期;周小兰、马文:《动机视角下大学英语评估模式对执行性求助的影响》,《现代外语》2019 年第 5 期。

⑤ 参见周小兰、李贞、张体勤:《绩效考核干预下个体成就目标导向对知识共享意愿的影响研究》,《科研管理》2018 年第 3 期。

五、成就目标导向对大学英语学习的影响

大学英语作为中国高校的必修课，其相应的学习行为往往受到动机驱使。[①] 个体由于追求不同的成就动机，在认知上会形成不一样的动机倾向并形成一种稳定性格，心理学上称之为“成就目标导向”[②]，这会刺激个体在不同程度上采取不同的英语学习手段以满足功利性需求。已有系列研究证实，在性格特质上，持有不同类型的成就目标个体在妒忌、欺骗和信息篡改等消极情绪和行为上具有较大差异。[③] 为了满足成就需求，个体从认知上可能产生不加选择的竞争倾向，甚至通过捷径实现成就目标。[④] 根据研究梳理，成就目标导向对大学英语学习的影响研究已经具有一定的积累，但由于成就目标理论并非源自语言学界，其研究框架仍十分有限，主要聚焦于语言学习行为与学业成就的影响研究。

近年来，国内语言学界的研究证实，成就目标与我国大学生外语学习行为具有重要关联[⑤]，对大学生英语学习态度及学习结果具有预测作用[⑥]。众多学者明确指出，成就目标理论对外语教学具有重要启发意义，并呼吁将该理论引入语言学界以挖掘阻碍语言学习能力发展的动机内因。总体而言，成就目标导向在大学英语学习表现上存在较大反差，主要体现于大学生英语学习的自主学习、自我效能感、适度焦虑水平、工具性求助和英语学业成就等方面。笔者将从以下三个方面陈述成就目标导向对大学生英语

---

① 参见田瑾、王芳妮:《成就目标理论与大学英语学习之相关性》,《外语教学》2014 年第 2 期。

② See E. S. Elliot and C. S. Dweck, “Goals: An Approach to Motivation and Achievement”, *Journal of Personality & Social Psychology*, 1988, 54 (1): 5-12.

③ See A. J. Elliot and A. C. Moller, “Performance-Approach Goals: Good or Bad Forms of Regulation?”, *International Journal of Educational Research*, 2003, 39 (4-5): 339-356; E. M. Anderman, T. Griesinger, and G. Westerfield, “Motivation and Cheating during Early Adolescence”, *Journal of Educational Psychology*, 1998, 90 (1): 84-93; P. M. Poortvliet, O. Janssen, N. W. Van Yperen, et al., “Perverse Effects of Other-Referenced Performance Goals in an Information Exchange Context”, *Journal of Business Ethics*, 2012, 106 (4): 401-414; P. M. Poortvliet, O. Janssen, N. W. Van Yperen, et al., “The Joint Impact of Achievement Goals and Performance Feedback on Information Giving”, *Basic & Applied Social Psychology*, 2009, 31 (3): 197-209.

④ See R. M. Ryckman, B. Thornton, J. A. Gold, et al., “Romantic Relationships of Hypercompetitive Individuals”, *Journal of Social & Clinical Psychology*, 2002, 21 (5): 517-530.

⑤ 参见田瑾、王芳妮:《成就目标理论与大学英语学习之相关性》,《外语教学》2014 年第 2 期; 李炯英、刘鹏辉:《我国外语学习动机研究:回顾与思考(2004—2013)》,《外语界》2015 年第 2 期。

⑥ 参见刘茜、李清平、刘卓澜:《成就目标问卷中文版的信效度检验及其在大学英语开放式教学中的应用》,《中国临床心理学杂志》2018 年第 5 期。

学习的影响。

第一，三种动机类型中，掌握目标导向作为一种理想型的性格特质，对大学英语学习具有十分积极的正向影响。研究发现，此类人在英语学习中具有极强的自我效能感，面临学习失败时，偏向于归因于自身，从内部探寻失败的原因，这对其大学英语学习的自主学习能力具有十分显著的正向影响[①]；这类学生在英语阅读中擅长采用元认知策略[②]，其自我效能感与自主学习水平显然优于另外两种类型的大学生。然而，同时期的研究发现，我国大学生英语学习的自主学习差异并不仅仅源于其归因方式，还源于其自带的焦虑水平。研究证实，相比较而言，掌握目标个体在大学英语学习中的焦虑水平比较低，成绩趋近目标个体居中，而成绩回避目标个体最强。[③] 三者的学习目标有别，这使掌握目标个体的自主学习行为是自带的学习需求，旨在不断地从外语学习上突破自我，而两类成绩目标学生的自主学习则通过焦虑情绪激发，换言之，学习主体的学习焦虑水平越高，其相应的自主学习水平越高。

第二，成绩趋近目标导向与成绩回避目标导向对英语学习行为的影响具有争议性，有必要区别分析。根据研究梳理，一些西方学者在对两类成绩目标导向的研究过程中发现，两类人在诸多负面学习行为上并无显著差异，例如，敌对[④]、作弊[⑤]和欺骗[⑥]等。因此，它们常被合并成一种类型进行研究，并被认为是一种比较消极的性格特质。不同于西方人的同一性，这两类学习主体在中国人身上具有截然不同的表现，两者应区别分析。前者为了追求成就，具有较大的信息开放性[⑦]，乐于通过信息分享以

---

① 参见李斑斑、徐锦芬:《成就目标定向对英语自主学习能力的影响及自我效能感的中介作用》,《中国外语》2014 年第 3 期。

② See M. M. Ghavam, M. Rastegarand, and M. H. Razmi, "Iranian EFL Learners' Achievement Goals in Relation with Their Metacognitive Reading Strategy Use", *Open Journal of Modern Linguistics*, 2011, 1 (2): 39-44.

③ 参见韦晓保:《大学生外语学习目标定向、学习焦虑和自主学习行为的结构分析》,《外语界》2014 年第 4 期。

④ See A. J. Elliot and A. C. Moller, "Performance-Approach Goals: Good or Bad Forms of Regulation?", *International Journal of Educational Research*, 2003, 39 (4-5): 339-356.

⑤ See Murdock, B. Tamera, and E. M. Anderman, "Motivational Perspectives on Student Cheating: Toward an Integrated Model of Academic Dishonesty", *Educational Psychologist*, 2006, 41 (3): 129-145.

⑥ See P. M. Poortvliet, O. Janssen, N. W. Van Yperen, et al., "Perverse Effects of Other-Referenced Performance Goals in an Information Exchange Context", *Journal of Business Ethics*, 2012, 106 (4): 401-414.

⑦ 参见周小兰、李贞、张体勤:《绩效考核干预下个体成就目标导向对知识共享意愿的影响研究》,《科研管理》2018 年第 3 期。

获取自身所需，学习互动频繁，在大学英语学业成绩上表现优异；而后者为了保障自身利益，抗拒信息分享与交互，在英语成绩上表现较差①。这种动机认知差异使两者在英语学习中存在迥异的学业求助行为。笔者的新近研究证实，成绩趋近目标个体的信息开放性虽然不如掌握目标个体，但此类人追求完美与好评，努力获得他人认同。为了使自身的学习表现与他人认知保持一致的动机水平，他们会在一定程度上控制不良学习行为。②与之形成反差，成绩回避目标个体并不追求卓越，其终极目标在于"不是最差的"，在英语学习中易产生动机衰竭问题③，视他人为竞争对手，信息开放性极低，为了达到学习目标，在英语学习上具有不择手段的倾向。④

第三，除了动机内因，追求成就的行为亦受外在情境干扰，剥离情境单独研究英语学习行为，容易导致结果的客观性与普适性受限。大学生并非绝缘的独立体，当外界干扰达到一定程度，个体原本的动机行为模式可能产生巨大变化⑤，进而表现出与性格不一致的行为。据此，有必要结合两者探究其对英语学习行为的共同作用。在早期的研究中，埃姆斯(C. Ames)认为研究成就目标导向不应该只从人格特质这一稳定特征考虑，它也有情境性的不稳定特征，个体在不同成就情境下会形成不一样的成就目标水平。⑥ 有研究证实，特定任务情境下，个体的情境性目标会掩盖特质性目标的作用，任务情境作为外在条件会在成就目标与个体行为之间起到调节作用。⑦ 当下针对成就目标导向的外语教学情境研究仍十分匮乏，相关的情境因素仍比较碎片化，主要体现于课堂教学氛围、课堂目标结构

---

① 参见周小兰、马文:《大学英语评估取向对学业成就的影响——基于成就目标导向的中介作用研究》,《外语教学理论与实践》2019 年第 2 期。

② 参见周小兰、马文:《动机视角下大学英语评估模式对执行性求助的影响》,《现代外语》2019 年第 5 期。

③ See S. Allahdadi, S. Jahedizadeh, A. Ghanizadeh, et al., "On the Impact of Achievement Goal-Orientations on EFL University Students' Demotivation", *International Journal of Educational Investigations*, 2016, 3 (1): 103-114.

④ 参见周小兰、马文:《动机视角下大学英语评估模式对执行性求助的影响》,《现代外语》2019 年第 5 期。

⑤ See K. Murayama and A. J. Elliot, "The Joint Influence of Personal Achievement Goals and Classroom Goal Structures on Achievement-Relevant Outcomes", *Journal of Educational Psychology*, 2009, 101 (2): 432-447.

⑥ See C. Ames, "Classrooms: Goals, Structures, and Student Motivation", *Journal of Educational Psychology*, 1992, 84 (3): 261-271.

⑦ 参见高钦、刘儒德、贾玲等:《特质性与情境性成就目标定向对目标调节的影响》,《应用心理学》2010 年第 3 期。

与教学评估手段等情境因素。[1] 以评估情境为例，笔者在近期研究中发现，尽管众多高校采用总结性评估与形成性评估相结合模式，但前者作为主流，占有决定性权重。新近系列研究证实，总结性评估本身会作为一种情境，向学生传达不同目的，使其在动机认知上产生竞争性评估取向，驱使个人在英语学习中以结果为导向[2]，逐渐减少积极的工具性求助[3]，滋生不择手段行为[4]。可见，我国大学生英语学习研究不能脱离外在的教学情境研究动机本身，否则会造成研究成果的不稳定性，甚至引致较大的局限性。

六、相关研究述评

通过对相关文献的研究与脉络梳理，可以发现，成就目标理论在过去二三十年得到较大发展，德韦克和 A. J. 埃利奥特等心理学家和教育学家在这个过程中做出巨大贡献，使成就目标理论从教育学和心理学领域逐渐扩散到其他研究领域。

成就目标导向起源于心理学与教育学研究，因此初期的研究焦点主要是它对学习效果的影响。掌握目标导向对学业成就的影响在多数研究中达到一致。然而，无论问卷调查还是实验研究法都无法验证成绩目标导向与学业成就的直接关系，两者关系迄今仍存在争议。此外，关于成就目标导向的干预研究相对匮乏，对研究结果只能进行被动性地探讨，从情境方面入手，并对个体的认知进行干预，或许能够挖掘产生争议的外在因素。个体具有社会认知，受社会、教育和家庭环境的多重影响，剥离中介或调节变量等边界条件来直接研究自变量与因变量或许是造成结论不统一的根本原因。

自我效能感作为学习能力至今仍被国内外学者进行广泛研究，它对于探索成就目标个体的行为归因具有较高的诠释度。个体在成就情境中对自

---

① See M. Norouzi, G. R. Kiany, P. Shayestefar, et al., "The 2 × 2 Standards and Standpoints Measure of EFL Teachers' Achievement Goals: Model Revision and Relations with Affective and Behavioral Outcomes", *Studies in Educational Evaluation*, 2021, 70 (1): 1-12；周小兰、马文：《动机视角下大学英语评估模式对执行性求助的影响》，《现代外语》2019 年第 5 期；S. Mohammadi and M. Aliakbari, "Students' Perceived Classroom Climate and Their Achievement Goal Orientations in an Iranian EFL Context", *International Journal of Foreign Language Teaching & Research*, 2018, 6 (23): 129-145.

② 参见周小兰、马文：《大学英语评估取向对学业成就的影响——基于成就目标导向的中介作用研究》，《外语教学理论与实践》2019 年第 2 期。

③ 参见周小兰、左宁：《大学英语评估情境对学业求助的交互影响研究》，《外语与外语教学》2020 年第 1 期。

④ 参见周小兰、马文：《动机视角下大学英语评估模式对执行性求助的影响》，《现代外语》2019 年第 5 期。

身能否完成任务具有主观差异感，既直接影响个体对任务难度的选择以及投入程度，也影响个体的情绪和情感，如焦虑、倦怠、情感、兴趣和任务满意度等心理变量。掌握目标及成绩回避目标与自我效能感的关系，在多数研究中达到一致。然而，成绩趋近目标却始终是争论焦点，从研究进展可以发现，开始有学者关注到成绩趋近目标的双面性特征。换言之，在一定的边界条件刺激下，它有可能对个体的学习行为和学习结果带来积极影响。

不同类型的成就目标个体在问题解决过程中，使用的认知策略和学习行为策略存在显著区别。A. J. 埃利奥特的成就目标三分法获得多数学者的支持，并且研究证实成绩趋近目标与成绩回避目标个体在认知策略、成就情绪、焦虑水平及面对成败产生的自我感知等心理变量上存在较大区别，进而对学业成就带来不一样的影响。但是，这种一致性主要体现于成就目标导向对认知策略的影响，其对学习主体采取何种学习手段的影响仍存在结构争议。目前，国内学界聚焦于学业求助和学习投入等热点议题，但是仍存在成就目标导向的二分、三分与四分结构不统一问题，众多学者仍主要从个人研究偏好，或者结合个人研究需求选择适用的结构进行剖析，这使得众多研究结果难以被平行比较。本书结合对前置变量、中间变量与结果变量的系统梳理认为，通过三分法的目标结构来研究学习主体的学习手段，研究结果的一致性较高。

需要指出的是，个体的年龄和性别应该作为控制变量加以考虑，已有研究证实它们对个体所采用的学习手段存在重要影响。早期的国内研究发现，成就目标取向只是相对稳定的人格特质，会随着年龄的增长而产生一定变化。小学生多持有掌握目标导向，随着年龄增长在认知上形成了能力区别和比较的概念，更多个体会转化为成绩目标导向，因此不同年龄层次可能存在不同的成就目标水平。① 后续的研究支撑了该设想，通过实证分析得出以下结论：中小学生的成就目标导向是动态的，在小学阶段开始呈现下降趋势；在初中阶段随着年级提升，个体的三类成就目标导向均逐步下降。② 新近研究直接指出，成就目标导向不仅随着年龄而动态变化，同

① 参见蒋京川、刘华山：《中学生成就目标定向与学习策略、学业成绩的关系研究》，《心理发展与教育》2005年第21期。

② See S. S. Shim, A. M. Ryan, and C. J. Anderson, "Achievement Goals and Achievement during Early Adolescence: Examining Time-Varying Predictor and Outcome Variables in Growth-Curve Analysis", *Journal of Educational Psychology*, 2015, 100 (3): 655-671; W. Qian and E. M. Pomerantz, "The Motivational Landscape of Early Adolescence in the United States and China: A Longitudinal Investigation", *Child Development*, 2010, 80 (4): 1272-1287.

时由于性别因素而存在显著性差异，有必要在相关研究中将其纳入考量范围。①

总体而言，从成就目标导向的研究发展历程可以发现，成就目标导向对学习行为的影响显而易见，但争议依旧广泛存在。针对相关研究结果的不一致性，在今后的研究中应对以下四点投以关注。

第一，不能简单地从动机角度研究个体行为，因为学习环境不是一个被动的情境，它通过各种外在因素共同向个体施加影响，成就目标具有情境的一面，有必要把情境因素根据研究需要纳入特质性目标对行为的直接影响研究中，对其干扰作用进行具体分析。

第二，两类成绩目标导向对行为结果的影响存在不一致性，有必要把边界条件引入成就目标研究中，并深度挖掘各类边界条件在两者之间的作用机理，在未来研究中加强对中间变量和调节变量的探索性研究。

第三，成绩趋近目标的两面性应引起关注，不同的外界条件可能会激发成绩趋近目标不同的行为表现。它对行为的影响一直是学术界的焦点，不能笼统地把成绩回避目标和成绩趋近目标合并研究，有必要在成就目标结构上对两种成绩目标特质进行区别研究。

第四，中国本土化的成就目标研究亟须展开，不但需要考虑不同层面的目标结构，还应充分考虑到样本的选择和测量工具的使用。相关研究成果多来自西方，然而中西方样本的社会文化背景存在较大差异。本土研究已经证实了个体层面与团队层面的目标结构表现并非一致，当下的大学生英语学习并非一个纯个体的学习行为，若从个体与团队层面同时开展分析，可能获得意外发现，这直接对一线的教学设计与教学实践具有重要启示。此外，样本的年龄和性别也被证实对成就目标导向存在一定影响。这些问题在样本的选择上及在国外测量工具的翻译、修改和采用中都应被充分考虑。

第五，虽然已有学者呼吁将成就目标理论引入外语学界，但相关研究积累仍十分有限。通过动机能够从根源挖掘大学生为何在语言学习中产生不良学习品行，并了解什么性格特质的学生更容易在学习中为达目的而不择手段，进而结合其性格特质采取干预手段以减少其负面学习品行或培养其良好品行，这对外语教学理论与实践具有十分现实的意义，这也是本书的贡献所在。

---

① 侯金芹：《成就目标定向的发展轨迹及其对中考的影响》，《中国临床心理学杂志》2019年第5期。

第三章　大学英语学习的动机行为规律及其情境干扰

第一节　本章研究思路

本章拟基于成就目标理论与信息加工理论，探究我国高校大学生的动机认知结构与教学情境对英语学习的信息行为产生何种影响，以此梳理大学生英语学习的动机行为规律，了解持不同动机认知结构的大学生在语言学习的信息行为中存在何种差异，以及这种行为差异如何受外语教学情境干扰。第三章主要由两个子研究构成。子研究一聚焦于动机认知结构对英语学习信息行为的影响，由于当下的三维结构为主流分类，且三维结构中的掌握目标导向已被众多研究证实，并且研究者已发现它在学习行为和学习态度表现中的同一性，因此本书聚焦于争议最大的两类成绩目标结构，尝试通过个体和团队两个层面证实动机认知结构对语言信息行为的作用路径与差异所在。子研究二重点关注大学英语学习的信息行为是否受情境干扰，并以大学英语评估模式为重要的情境变量，证实应将外语教学情境纳入语言学习的动机行为研究框架。

综上，如图 3-1 所示，本章拟通过两个子研究形成大学英语学习品行的应对思路，旨在服务我国高校外语教学管理与实践。

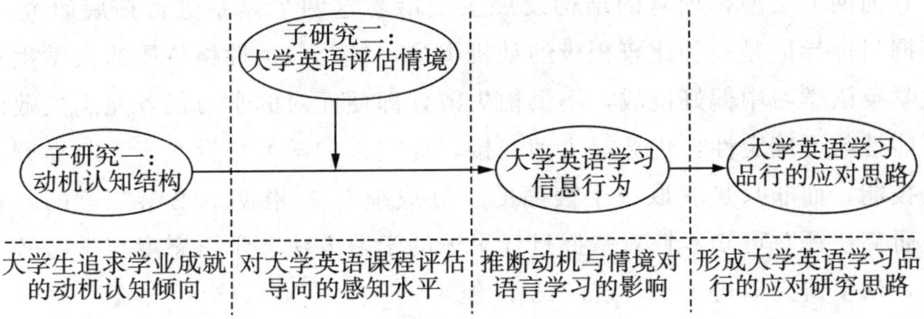

图 3-1　第三章研究思路

第二节　子研究一：动机认知结构对大学英语学习信息行为的影响

成就目标理论诞生于 20 世纪 80 年代，几十年的探索性发展使得该理论可以对个体行为的动机内因进行比较全面的理论诠释。它对个体的组织行为洞察和干预具有直接的指导作用①，以往一直是教育学界与心理学界聚焦的热点领域。但外语学界对成就目标理论的学术关注相对有限，该理论在外语教学理论与实践中的研究积累仍较为稀缺。成就目标导向表征了个体追求学业成就过程中的一种愿望状态，这种状态通过认知的固化形成相对稳定的性格，对大学生英语学习行为和态度产生重要的引导作用。②大学外语教师若能通过掌握大学生动机行为规律判断个体的动机类型，便可有针对性地采取干预行为以提升大学生外语学习成绩，甚至可以通过情境对一些不良学习行为进行干预。由于成就目标理论对外语教学研究具有十分重要的现实意义，近年来开始逐渐引起外语学界的关注。③

追溯以往的结构研究，成就目标导向主要涵括掌握目标导向与成绩目

① See A. J. Elliot and M. A. Church, "A Hierarchical Model of Approach and Avoidance Achievement Motivation", *Journal of Personality & Social Psychology*, 1997, 72 (1): 218-232.

② 参见周小兰、马文:《大学英语评估取向对学业成就的影响——基于成就目标导向的中介作用研究》,《外语教学理论与实践》2019 年第 2 期。

③ 参见田瑾、王芳妮:《成就目标理论与大学英语学习之相关性》,《外语教学》2014 年第 2 期；李斑斑、徐锦芬:《成就目标定向对英语自主学习能力的影响及自我效能感的中介作用》,《中国外语》2014 年第 3 期；韦晓保:《大学生外语学习目标定向、学习焦虑和自主学习行为的结构分析》,《外语界》2014 年第 4 期；李炯英、刘鹏辉:《我国外语学习动机研究：回顾与思考(2004—2013)》,《外语界》2015 年第 2 期。

标导向两大类型，现有的结构发展主要沿着这两个体系进行拓展研究。① 掌握目标导向是一种比较积极的动机类型，持有此类性格特质的大学生在大学英语学习中偏好挑战，不惧怕失败，即便面对的学习任务充满失败的可能性与不确定性，仍选择主动迎接，此类人的学习宗旨在于不断提升英语技能，而非只是获取一个表面的"好成绩"。② 根据本书第二章的"相关研究述评"可知，针对掌握目标个体的学习方法、学习态度与学习效果等，众多研究取得了比较统一的结论。

然而，不同于掌握目标导向，成绩目标导向的研究历程饱含争议性。有研究指出它对个人目标行为存在一定的积极作用，例如，使其对高质量信息的敏感度较高③、追求完美④、谨慎和不容易犯错⑤等。但也被证实与多种消极行为存在关联，例如，妒忌⑥、作弊⑦、欺骗⑧和信息篡改⑨等。有学者强调它在行为研究上无须分维，它具有较大的稳定性⑩，也有

---

① See A. J. Elliot, K. Murayama, and R. Pekrun, "A 3 × 2 Achievement Goal Model", *Journal of Educational Psychology*, 2011, 103 (3): 632-648.

② 参见周小兰、马文：《动机视角下大学英语评估模式对执行性求助的影响》，《现代外语》2019 年第 5 期。

③ See P. M. Poortvliet, O. Janssen, N. W. Van Yperen, et al., "Achievement Goals and Interpersonal Behavior: How Mastery and Performance Goals Shape Information Exchange", *Personality & Social Psychology Bulletin*, 2007, 33 (10): 1435-1447.

④ See A. J. Elliot and M. A. Church, "A Hierarchical Model of Approach and Avoidance Achievement Motivation", *Journal of Personality & Social Psychology*, 1997, 72 (1): 218-232.

⑤ See A. J. Elliot and A. C. Moller, "Performance-Approach Goals: Good or Bad Forms of Regulation?", *International Journal of Educational Research*, 2003, 39 (4-5): 339-356.

⑥ See A. J. Elliot and A. C. Moller, "Performance-Approach Goals: Good or Bad Forms of Regulation?", *International Journal of Educational Research*, 2003, 39 (4-5): 339-356.

⑦ See Murdock, B. Tamera, and E. M. Anderman, "Motivational Perspectives on Student Cheating: Toward an Integrated Model of Academic Dishonesty", *Educational Psychologist*, 2006, 41 (3): 129-145.

⑧ See P. M. Poortvliet, F. Anseel, O. Janssen, et al., "Perverse Effects of Other-Referenced Performance Goals in an Information Exchange Context", *Journal of Business Ethics*, 2012, 106 (4): 401-414.

⑨ See P. M. Poortvliet, O. Janssen, N. W. Van Yperen, et al., "The Joint Impact of Achievement Goals and Performance Feedback on Information Giving", *Basic & Applied Social Psychology*, 2009, 31 (3): 197-209.

⑩ See P. M. Poortvliet, O. Janssen, N. W. Van Yperen, et al., "Achievement Goals and Interpersonal Behavior: How Mastery and Performance Goals Shape Information Exchange", *Personality & Social Psychology Bulletin*, 2007, 33 (10): 1435-1447.

学者强调这是一种涵括两极性格的大范畴。[①] 此外，还有研究指出，现有研究主要聚焦于个体层面，作为认知倾向，成绩目标导向对个体与团队行为带来的引导作用并不一样，有必要进行分层研究。[②] 根据合作学习理论，个体在现实的学习情境往往是一个互动的团队情境，脱离了团队，个体往往难以有展示和进步的空间。个体在团队中学习获得的利益差异大，这会引导个体在实现目标的过程中出现完全不一样的人际互动关系。多伊奇作为合作学习理论的开创者，认为合作学习存在三种形式，即相互促进、相互对抗、相互独立，每一种形式会促成不同的团队目标结构，进而对个体的学习态度和学习行为产生引导作用。[③]

换言之，个体成就目标结构与团队成就目标结构很可能存在一定差异，有必要进行分层研究，探究其对大学生英语学习态度和学习行为产生什么影响，进而总结出大学生英语学习的动机行为规律。基于过往的研究争议，本书尝试以大学英语学习中的信息行为为被解释变量，对成绩目标导向进行理论剥离，分析其作为性格特质潜存的两极性，跨层并平行对比其作为个体层面乃至团队层面的特质。通过实证研究了解这两种目标结构对大学英语学习的信息行为会产生什么差异性影响，以期获得对外语教学理论与实践具有现实意义的启示。

一、理论模型构建

（一）研究争议

根据成就目标理论，成绩目标导向作为成就目标导向的重要组成部分，表征了个体在追求成就的过程中形成的以他人为能力参照标准的动机倾向。[④] 具体理解，成绩目标个体在现实的英语学习中会本能地追求成绩，持有能力固定观，认为能力天生且不可改变，以他人为参照标准，通

---

① See A. J. Elliot and M. A. Church, "A Hierarchical Model of Approach and Avoidance Achievement Motivation", *Journal of Personality & Social Psychology*, 1997, 72 (1): 218-232; A. J. Elliot and A. C. Moller, "Performance-Approach Goals: Good or Bad Forms of Regulation?", *International Journal of Educational Research*, 2003, 39 (4-5): 339-356.

② 参见马君、张昊民、杨涛：《绩效评价、成就目标导向对团队成员工作创新行为的跨层次影响》，《管理工程学报》2015年第3期；黄家齐、黄荷婷：《团队成员目标导向对于自我与集体效能及创新之影响：一个多层次研究》，《管理学报》2006年第3期。

③ See M. Deutsch, "An Experimental Study of the Effects of Cooperation and Competition Upon Group Process", *Human Relations*, 1949, 2 (3): 199-232.

④ See A. J. Elliot and M. A. Church, "A Hierarchical Model of Approach and Avoidance Achievement Motivation", *Journal of Personality & Social Psychology*, 1997, 72 (1): 218-232.

过社会比较获取他人认同，从而证明自身能力。早期研究已发现，成绩目标导向是一种涵括双面性特质的性格，研究者将“证明—回避”倾向引入该结构中进行分维①，其被后续研究定义为成绩趋近目标导向与成绩回避目标导向。两者在个性表现上具有差异性，前者较为在乎他人的能力好评，通过能力参标证明自身的胜任力与优秀，生性积极好强；后者则较为在乎他人的能力差评，通过能力参标证明自身并非最差，生性消极自卑。

当两种成绩目标导向分别在团队中汇聚，形成团队追求成就的动机倾向时，便构成了团队成绩趋近目标与团队成绩回避目标两种导向。两种面向虽然获得后续众多研究验证，但仍有一些西方学者在研究中指出无须从理论上对两者进行分维②，因为两者在众多负面行为和态度上并未呈现差异。然而，新近研究发现，有别于西方的学习主体，中国的成绩趋近目标个体表现得十分积极，在团队中具有较强的信息共享意愿③，其英语学习态度与学业成绩均表现得十分优越④，这类人的学业成就仅略落后于掌握目标个体，但明显优异于成绩回避目标个体。

综合上述分析，在大学英语学习中，两类成绩目标导向在理论上被剥离后，对个人与团队的信息行为产生何种影响是本书的关注焦点。本书选取大学英语学习信息行为作为被解释变量，旨在获取对外语教学管理和实践具有启发意义的研究发现。

（二）前期研究基础

成就目标理论诞生几十年来，已有丰富的研究积累，但成绩目标导向的相关研究始终是争议焦点，正如第二章“相关理论基础与文献述评”所介绍，既有学者强调理论分维的必要性，也有学者坚持二维结构的合理

---

① See A. J. Elliot and M. A. Church, “A Hierarchical Model of Approach and Avoidance Achievement Motivation”, *Journal of Personality & Social Psychology*, 1997, 72 (1): 218-232.

② See T. B. Murdock and E. M. Anderman, “Motivational Perspectives on Student Cheating: Toward an Integrated Model of Academic Dishonesty”, *Educational Psychologist*, 2006, 41 (3): 129-145; P. M. Poortvliet, O. Janssen, N. W. Van Yperen, et al., “Perverse Effects of Other-Referenced Performance Goals in an Information Exchange Context”, *Journal of Business Ethics*, 2012, 106 (4): 401-414; P. M. Poortvliet, O. Janssen, N. W. Van Yperen, et al., “The Joint Impact of Achievement Goals and Performance Feedback on Information Giving”, *Basic & Applied Social Psychology*, 2009, 31 (3): 197-209.

③ 参见周小兰、李贞、张体勤:《绩效考核干预下个体成就目标导向对知识共享意愿的影响研究》,《科研管理》2018 年第 3 期。

④ 参见周小兰、马文:《大学英语评估取向对学业成就的影响——基于成就目标导向的中介作用研究》,《外语教学理论与实践》2019 年第 2 期。

性。与此同时，不同层面的动机行为研究对分维的选取也存在较大差异。

在个体层面上，范德瓦尔在早先研究中强调，趋近与回避这两个面向的成就目标对人际交互或者信息交互变量的影响并不存在显著差异[①]；换言之，在信息行为研究中，两类目标导向无须被剥离研究。波特福列等采用实验法证实了沃尔的想法，发现趋近与回避分别作为主导在成绩目标个体身上的信息行为表现差异并不明显[②]，继而在随后研究中用单一面向代表成绩目标整体进行系列研究，对此类人在信息行为中的信息交换原则[③]、信息交换质量[④]、信息交互的合作意图[⑤]，乃至信息的破坏与欺骗行为[⑥]等进行探究和证实。与此同时，众多学者用合并构念开展信息行为研究。有研究发现，成绩目标个体从认知上具有超越他人的动机需求，使得该类人容易采用关系冲突的模式处理问题，即本能地将能力参标作为对立方[⑦]；为了获得理想成就，个体在信息行为中极易采取类似作弊的负面手段[⑧]。由于此类人将自身的成功与他人挂钩，能力参标的设置方式使自身成为被动的脆弱方，这使得个体在信息交互中为了捍卫自身成就，倾向于通过信息滞留或破坏信息等方式换取自身所需。[⑨]

---

① See D. VandeWalle, "A Goal Orientation Model of Feedback-Seeking Behavior", *Human Resource Management Review*, 2003, 13 (4): 581-604.

② See P. M. Poortvliet, O. Janssen, N. W. Van Yperen, et al., "Achievement Goals and Interpersonal Behavior: How Mastery and Performance Goals Shape Information Exchange", *Personality & Social Psychology Bulletin*, 2007, 33 (10): 1435-1447.

③ See D. VandeWalle, "A Goal Orientation Model of Feedback-Seeking Behavior", *Human Resource Management Review*, 2003, 13 (4): 581-604.

④ See P. M. Poortvliet, O. Janssen, N. W. Van Yperen, et al., "The Joint Impact of Achievement Goals and Performance Feedback on Information Giving", *Basic & Applied Social Psychology*, 2009, 31 (3): 197-209.

⑤ See P. M. Poortvliet, O. Janssen, N. W. Van Yperen, et al., "Low Ranks Make the Difference: How Achievement Goals and Ranking Information Affect Cooperation Intentions", *Journal of Experimental Social Psychology*, 2009, 45 (5): 1144-1147.

⑥ See P. M. Poortvliet, O. Janssen, N. W. Van Yperen, et al., "Perverse Effects of Other-Referenced Performance Goals in an Information Exchange Context", *Journal of Business Ethics*, 2012, 106 (4): 401-414.

⑦ See C. Darnon, F. Butera, and J. M. Harackiewicz, "Achievement Goals in Social Interactions: Learning with Mastery vs. Performance Goals", *Motivation and Emotion*, 2007, 31 (1): 61-70.

⑧ See B. T. Murdock and E. M. Anderman, "Motivational Perspectives on Student Cheating: Toward an Integrated Model of Academic Dishonesty", *Educational Psychologist*, 2006, 41 (3): 129-145.

⑨ See P. M. Poortvliet, O. Janssen, N. W. Van Yperen, et al., "The Joint Impact of Achievement Goals and Performance Feedback on Information Giving", *Basic & Applied Social Psychology*, 2009, 31 (3): 197-209.

团队层面上，动机行为研究同样存在是否对成绩目标进行“趋近—回避”理论剥离的争议。有学者尝试将两个面向合并，发现个体层面与团队层面的成绩目标导向对创新带来的消极影响有较大差异，团队成绩目标导向的负向影响更为显著，有必要对两个层面进行区别研究。① 也有学者对两个面向进行剥离，发现团队成绩趋近目标与团队成绩回避目标两类导向对团队成员的信息输出、问题探讨与及时反馈等信息行为产生截然不同的影响，进而引致不一样的创新行为。② 在信息行为研究上，团队被视为一个强大的信息处理器，学习主体通过它共享信息、点子乃至认知资源，进而实现成就目标。③ 近年的相关研究开始凸显绩效目标导向的理论剥离与分层趋势，由于成绩趋近目标团队在成就评估中以他人的成功为标准，这有利于群体的信息输出、高效沟通以及共同协作，对信息交互存在积极影响；而成绩回避目标团队以回避错误和失败为导向，这引致成员避开现实中的挑战与不确定因素，不愿承担风险性任务，此类特质对团队信息交互具有比较消极的影响。④

总体而言，成绩目标导向是否进行“趋近—回避”的面向剥离尚未在学术界形成共鸣，即便此构念的分维研究已有一定积累；但在信息行为研究中，尤其是外语教学研究中，国内的相关研究十分匮乏，而众多西方学者仍偏好于将两个面向进行整合并据此获取一些意外发现。整合构念是否适用于我国高校的大学生英语学习情境，分维下的语言学习信息行为会产生何种差异，分层研究是否有现实意义等是本书要集中探究和解决的问题。

（三）成绩目标导向的分层剥离与影响

基于信息加工理论，本书选取信息开放性作为结果变量来观测大学生成绩目标导向的剥离效果。信息开放性是个体将自身持有与学习相关的知

---

① 参见黄家齐、黄荷婷：《团队成员目标导向对于自我与集体效能及创新之影响：一个多层次研究》，《管理学报》2006 年第 3 期。

② 参见张文勤、王瑛：《团队中的目标取向对创新气氛与创新绩效影响的实证研究》，《科研管理》2011 年第 3 期。

③ 参见 C. K. W. De Dreu, B. A. Nijstad, and D. Van Knippenberg, “Motivated Information Processing in Group Judgment and Decision Making”, *Personality & Social Psychology Review*, 2015, 12 (1): 22-49；周小兰、张体勤：《个体绩效评估导向对团队学习的影响机制》，《系统管理学报》2018 年第 4 期。

④ See T. Y. Kim, Y. Gong, D. R. Lee, et al., “A Multilevel Model of Team Goal Orientation, Information Exchange, and Creativity”, *Academy of Management Journal*, 2013, 56 (3): 827-851.

识、方法、领悟和建议等有价值的信息贡献出来给他人掌握和使用的程度。[①] 信息通常以外显和内隐两种形式存在。[②] 前者是可编码与传播的信息，类似文字、图片和视频等；后者是不可编码与传播的信息，类似灵感、创意和诀窍等。两者的形式与功能均存在显著性差异，相应的开放性均对个体与团队的信息获取和信息运用具有关键性影响[③]，综合考量两类信息才能有效测度信息开放性。个体追求不同的成就目标会形成不一样的信息行为认知框架，这使不同成绩目标个体在实际的大学英语学习中很可能具有不一样的信息开放性。

在个体层面上，成绩趋近与成绩回避目标个体虽然均以他人能力为参标，但剥离后进行分析，仍然存在较大差异性，在本质上这是成绩目标两极分化的结果。两者从本能上具有与他人竞争对比的动机源泉，这驱使他们去追求能够证明自身能力的学习信息以获取学业成功。[④] 然而，两类群体对成功的定义与渴望不同，这使得他们对与成功相关的信息有不同需求，这些信息往往与目标能否实现息息相关。[⑤] 相对于成绩回避目标个体，成绩趋近目标个体对自身的成就要求更高，他们强烈渴望获取正面评价以证明自身价值，甚至在现实的学习中通过迎合他人以博取好感。[⑥] 在中国社会情境下，此类人在乎他人评价与感受，通常比较受周边群体欢迎。在学习中，虽然他们惧怕失败且容易滋生妒忌[⑦]，但此类人追求完美主义，为了彰显优秀和取悦他人，他们可能在英语学习中表现出较大的信息开放性；通过信息共享与交互，他们既获取自身所需的内隐与外显信

---

① See K. M. Bartol and A. Srivastava, "Encouraging Knowledge Sharing: The Role of Organizational Reward Systems", *Journal of Leadership & Organizational Studies*, 2002, 9 (1): 64-76.

② See G. W. Bock, R. W. Zmud, Y. G. Kim, et al., "Behavioral Intention Formation in Knowledge Sharing: Examining the Roles of Extrinsic Motivators, Social-Psychological Forces, and Organizational Climate", *MIS Quarterly*, 2005, 29 (1): 87-111.

③ 参见周小兰、张体勤：《知识共享的绩效考核取向对团队学习绩效影响研究》，《东南学术》2016 年第 1 期；周小兰、赵鹏、马文：《个体信息开放性对团队信息运用能力的影响研究》，《软科学》2017 年第 10 期。

④ See A. J. Elliot and A. C. Moller, "Performance-Approach Goals: Good or Bad Forms of Regulation?", *International Journal of Educational Research*, 2003, 39 (4-5): 339-356.

⑤ See O. Janssen and N. W. Van Yperen, "Employees' Goal Orientations, the Quality of Leader-Member Exchange, and the Outcomes of Job Performance and Job Satisfaction", *Academy of Management Journal*, 2004, 47 (3): 368-384.

⑥ 参见周小兰、赵鹏、马文：《成就目标导向：三维结构的理论采纳与实证检验》，《科技进步与对策》2017 年第 12 期。

⑦ See A. J. Elliot and A. C. Moller, "Performance-Approach Goals: Good or Bad Forms of Regulation?", *International Journal of Educational Research*, 2003, 39 (4-5): 339-356.

息，又成功收获他人的能力好评。

与之形成参照，成绩回避目标个体对学业成功的定义是“非最差即可”。该面向从本质上理解是一种消极被动的性格特质。具体地理解，他们在大学英语学习中并不在乎能否获得成功，只极力回避失败，偏好于从周边选择能力较低的他人作为参照标准，通过社会比较获得心理安全感。[①] 此类人较为脆弱，害怕犯错，努力学习是为了回避他人差评，以保护个人自尊心，其性格特质自带强烈的不安全感。早期研究证实，心理不安全感是制约个体对外输出信息的关键因素。[②] 此外，当个体感受到较大的竞争压力时，会从内心本能地产生竞争需求，从学习中获胜是保持自身价值感的一种重要途径。在信息交互中，个人的诚实度会随着压力感知提升而逐渐降低。[③] 据此，这类人持有较为保守与消极的信息态度，在固守自身仅有的价值信息基础上，于实际的大学英语学习与信息交互中可能表现出较低的信息开放性。

基于以上分析，本书提出以下假设。

H3-1：个体成绩趋近目标导向对个体信息开放性具有正向影响。

H3-2：个体成绩回避目标导向对个体信息开放性具有负向影响。

在团队层面上，团队成就目标导向反映了学习团队成就目标导向的均值水平[④]，团队信息开放性则反映了整体信息开放性的均值水平。事实上，无论团队内部进行何种合作学习（相互促进、相互对抗或者相互独立），都将在一定程度上体现为大学生追求某种成就目标。类似于个体层面，三种面向都将在一定程度上体现于团队层面，只是其中一种以优势面向体现于个人或者团队中。[⑤] 大学生以团队形式进行英语学习且团队持成绩趋近目标导向，表明该特质是团队的优势面向，引导整个团队追求成就

---

① 参见周小兰、马文：《动机视角下大学英语评估模式对执行性求助的影响》，《现代外语》2019 年第 5 期。

② 参见 E. Siemsen，S. Balasubramanian，and A. V. Roth，“Incentives that Induce Task-Related Effort，Helping，and Knowledge Sharing in Workgroups”，*Management Science*，2007，53 (10)：1533-1550；常亚平、覃伍、阎俊：《研究生团队隐性知识共享机制研究》，《科研管理》2010 年第 2 期。

③ See R. M. Ryckman，B. Thornton，J. A. Gold，et al.，“Romantic Relationships of Hypercompetitive Individuals”，*Journal of Social & Clinical Psychology*，2002，21 (5)：517-530.

④ 参见周小兰、张体勤：《知识共享的绩效考核取向对团队学习绩效影响研究》，《东南学术》2016 年第 1 期。

⑤ 参见周小兰：《认知视角下团队成就目标导向对团队学习的影响研究》，《软科学》2017 年第 1 期。

的英语学习态度与行为。不同于个体，团队的主导面向受到其他成员的取值干扰，或被拉低或被拔高，因此它对团队信息开放性的影响很可能不像其在个体层面上那样具有直接甚至尖锐化表现。

当团队主要持有成绩趋近目标导向时，团队以周边劲敌为竞争常模和能力参标，对外具有一致的对抗目标，渴望成功成为一种集体驱力①，团队的合作性很可能碾压个人的好胜心。国外研究发现，在价值观和信念上，学习中确实存在常模比较与合作模式共存的情况。② 具体地理解，以竞争对比方式获取成功的绩效目标个体在情境影响下，会采用有条件的合作方式进行工作，敌对并非必然表现。这个发现在近期研究中被证实同样适用于我国的文化情境。③ 据此，成绩趋近目标团队很可能在大学英语学习中具有较高的信息开放性。与之类似，成绩回避目标团队虽然在特质上表现得较为消极被动，但当团队持有共同的“不输”目标时，个体原本闭塞的信息固守状态很可能获得显著性改善。在一致对外的刺激下，整个团队外语学习的信息开放性获得提升，团队能力与团队价值被进一步优化，原本的负向影响也可能被弱化，甚至逐渐消失。

基于以上分析，本节提出以下假设。

H3-3：团队成绩趋近目标导向对团队信息开放性具有正向影响。

H3-4：团队成绩回避目标导向对团队信息开放性具有负向影响，但相对于个体层面，表现较为微弱。

综合以上分析，笔者构建了本书子研究一的理论模型（见图 3-2）。整个研究模型由两个层面的直接效应体现，笔者拟采用汇聚分析手段将个体层面的数据转换成团队数据后，通过实证对个体层面与团队层面的模型进行检验，以证实两种成绩目标导向对个体信息开放性存在迥异的影响，从而归纳大学生在英语学习中的动机行为规律，以服务后期的系列学习品行研究。

---

① 参见周小兰、张体勤：《个体绩效评估导向对团队学习的影响机制》，《系统管理学报》2018 年第 4 期。

② See A. J. Elliot and A. C. Moller, “Performance-Approach Goals: Good or Bad Forms of Regulation?”, *International Journal of Educational Research*, 2003, 39 (4-5): 339-356.

③ 参见周小兰、李贞、张体勤：《绩效考核干预下个体成就目标导向对知识共享意愿的影响研究》，《科研管理》2018 年第 3 期。

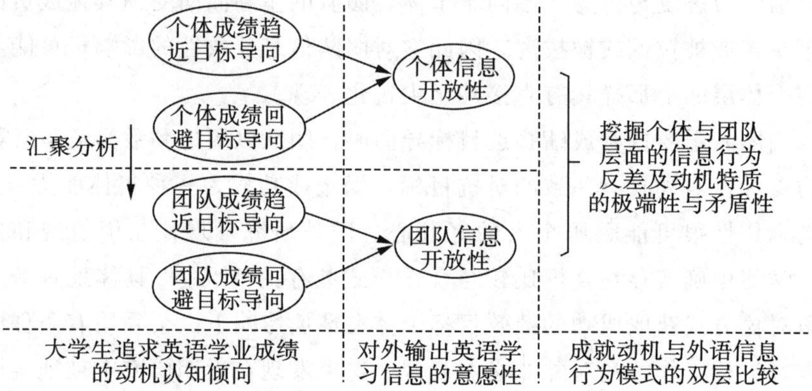

图 3-2　子研究一的理论模型

二、研究设计

（一）研究方法

为了检验理论模型，本书采用了 SPSS 26.0 与 AMOS 26.0 两种工具，通过以下步骤完成实证研究。第一步，采用 SPSS 26.0 对研究涉及的测量量表进行信效度检验，以保障量表的可行性；第二步，采用詹姆斯（L. R. James）等推荐的汇聚分析方法①，根据 Rwg 指标完成团队数据筛选，并通过汇聚分析形成团队数据；第三步，采用 SPSS 26.0 对所有变量进行皮尔森与斯皮尔曼相关分析，以初步确定模型的关系走向，与此同时，采用 Harman 单因素检验法诊断同源误差对数据的干扰；第四步，通过两个统计软件分别检验个体层面与团队层面的理论模型。本书的根本目的在于明晰两类具有争议性的成绩目标导向在个体层面与团队层面的信息行为差异，无论是个体层面还是团队层面的关系检验，均是一个典型的直接效应研究。由于个体层面的样本量达到 606 个，满足 AMOS 26.0 统计软件对大样本的基本要求，所以笔者拟采用 AMOS 26.0 检验模型与数据的拟合度，以此判断个体层面的直接效应。然而，汇聚后的团队样本量仅为 121 个，样本量较小，所以本书采用 SPSS 26.0 对变量进行回归分析，这是由于该工具适合小样本的线性分析，能够高效地对直接效应进行一次性诊断。

（二）样本选取

本书以国内某“双一流”建设大学为试点研究大学，以经过半年系统

① See L. R. James, R. G. Demaree, and G. Wolf, “Rwg: An Assessment of Within-Group Inter-Rater Agreement”, *Journal of Applied Psychology*, 1993, 78 (2): 306-309.

大学英语学习的非英语专业大学生为研究对象，通过大学外语教学部的15名教师发放电子问卷。笔者以电子链接方式进行转发，为了减少学生的心理顾虑，当被试收到电子链接后，任课教师刻意回避，待被试提交后再返回教室。需要特别提及的是，由于该研究涉及团队，笔者在电子问卷发放前，通过任课教师对被试的英语学习团队项目进行编号，这使得每个团队成员有共同的团队编号，进而告知被试。笔者将具体编码选择置入电子问卷，以方便数据提交后进行团队归属。问卷以匿名方式提交，且不经过任课教师，由笔者从数据后台进行直接采集。经统计，笔者向165个团队发放850份问卷，笔者根据相关研究的采集经验①对问卷进行筛选。问卷筛选有一个基本规则，即对有效问卷达不到团队一半规模的数据进行作废处理。剔除无效的个体与团队问卷后，共获取有效的个人问卷732份，分别隶属于149个英语学习团队，团队平均规模为4.9人。其中，性别上，男性占52%，女性占48%；学科上，文科占47%，理工科占53%。

（三）变量测度

变量测度所采用的量表主要源于国外现有研究，笔者在前期研究中针对国内高教情境进行改编，依据国人的语言习惯转化成易于理解的量表，并通过预测试确保了量表的信效度。正式量表采用了李克特五点测度形式，“1～5”代表“完全不符合至完全符合”。笔者采用SPSS 26.0与AMOS 26.0对量表进行信效度检验，对于具有两个独立面向的成绩目标导向采用一阶变量的EFA检验，对于测度同一构念的信息开放性采用二阶变量的验证性因子分析（CFA）。

成绩目标导向（performance goal orientation）量表综合考量范德瓦尔和A. J. 埃利奥特等的量表及笔者前期研究编制而成②，涵括成绩趋近目标导向（AGO1，4个题项）和成绩回避目标导向（AGO2，4个题项）两个分量表。成绩趋近目标导向和成绩回避目标导向的Cronbach's α系数分别为0.801和0.833。EFA检验从AGO1的4个题项中抽出一个特征

---

① 参见周小兰、张体勤：《基于知识分流模型的团队学习三维结构测量与影响因素》，《科技进步与对策》2015年第24期；周小兰：《认知视角下团队成就目标导向对团队学习的影响研究》，《软科学》2017年第1期；周小兰、赵鹏、马文：《个体信息开放性对团队信息运用能力的影响研究》，《软科学》2017年第10期。

② 参见D. VandeWalle，“Development and Validation of a Work Domain Goal Orientation Instrument”，*Educational & Psychological Measurement*，1997，57（6）：995-1015；A. J. Elliot and M. A. Church，“A Hierarchical Model of Approach and Avoidance Achievement Motivation”，*Journal of Personality & Social Psychology*，1997，72（1）：218-232；周小兰、赵鹏、马文：《成就目标导向：三维结构的理论采纳与实证检验》，《科技进步与对策》2017年第12期。

值大于 1 的因子，对构念的解释度达 60.211%，从 AGO2 的 4 个题项中抽出一个特征值大于 1 的因子，对构念的解释度达 75.110%。各题项被两个因子提取的方差比例为 0.566～0.771，标准化因子载荷为 0.753～0.880。可见，两个分量表的信度与收敛效度良好。

信息开放性（information openness，IO）量表综合考量琳（H. F. Lin）和博克（G. W. Bock）等的量表①并根据国内高教情境下的英语学习行为进行翻译和改编而成，涵括 10 个题项以测度内隐信息开放性和外显信息开放性两个子维度，信息开放性的 Cronbach's α 系数为 0.958，内隐信息开放性和外显信息开放性的 Cronbach's α 系数分别为 0.924 和 0.944。CFA 显示，信息开放性的二因子结构（$\chi^2/df=3.530$，GFI＝0.972，AGFI＝0.951，CFI＝0.989，IFI＝0.989，NFI＝0.967，RMSEA＝0.059）与样本数据达到良好吻合，各题项的标准负荷量为 0.793～0.880，AVE 值均大于 0.5。综合测度 IO 两个子量表的信度与效度较佳。

（四）汇聚分析与团队数据的产生

借鉴詹姆斯等的汇聚分析方法②，本书利用 Rwg 指标观测每个学习团队的评分者内部一致性，判断个体数据是否达到转换成团队数据的标准。经计算，149 个团队数据中，成绩趋近目标导向、成绩回避目标导向和信息开放性的平均 Rwg 值分别为 0.7923、0.6354 和 0.7705，其中成绩回避目标导向并未达到 0.7 的理想值，这表明有一些团队数据的评分者内部一致性不高。据此，笔者借鉴前期研究的团队数据筛选法③，将任一个变量在任一组数据中的 Rwg 值小于 0.2 的整组数据剔除，最终获得 121 个团队数据。经再度计算，成绩趋近目标导向、成绩回避目标导向和信息开放性的平均 Rwg 值分别为 0.8407、0.7058 和 0.8468，团队评分者的内部一致性较为理想。为了将个体和团队进行更直接的平行比较，笔者剔除了 28 个团队中的原始个体样本，最终获得 606 个个体数据，团队平均人数为 5.0 人。

① See H. F. Lin, "Effects of Extrinsic and Intrinsic Motivation on Employee Knowledge Sharing Intentions", *Journal of Information Science*, 2007, 33 (2): 135-149; G. W. Bock, R. W. Zmud, Y. G. Kim, et al., "Behavioral Intention Formation in Knowledge Sharing: Examining the Roles of Extrinsic Motivators, Social-Psychological Forces, and Organizational Climate", *MIS Quarterly*, 2005, 29 (1): 87-111.

② See L. R. James, R. G. Demaree, and G. Wolf, "Rwg: An Assessment of Within-Group Inter-Rater Agreement", *Journal of Applied Psychology*, 1993, 78 (2): 306-309.

③ 参见周小兰、张体勤:《基于知识分流模型的团队学习三维结构测量与影响因素》,《科技进步与对策》2015 年第 24 期。

三、研究结果

（一）相关分析

如表 3-1 所示，根据皮尔森与斯皮尔曼相关分析，个体层面的成绩趋近目标导向与信息开放性存在显著正相关（$r=0.444$，$p<0.01$），成绩回避目标导向与信息开放性存在显著负相关（$r=-0.163$，$p<0.01$），成绩趋近目标导向和成绩回避目标导向存在微弱正相关（$r=0.085$，$p<0.05$）。通过相关分析可以初步证实本书基于个体层面的理论设想，也说明成绩趋近目标导向和成绩回避目标导向作为反差较大的两面性，有必要进行剥离分析。据此可初步推断，两者在团队层面的表现（团队成绩趋近目标导向与团队成绩回避目标导向），很可能同样存在反差。此外，本书采用 Harman 单因素检验法，分离最大公因子后并进行控制，偏相关分析的结果显示因子关系未出现显著差异，同源误差的干扰在可接受范围内。

表 3-1 子研究一相关分析（$n=606$）

变量	Mean	Std.	性别	文理	AGO1	AGO2
性别	1.38	—	1	—	—	—
文理	1.40	—	−0.032	1	—	—
AGO1	4.0221	0.58745	−0.142**	−0.033	1	—
AGO2	2.7965	0.87555	0.054	−0.021	0.085*	1
IO	4.2716	0.59321	−0.142**	0.025	0.444**	−0.163**

注：①* $p<0.05$，** $p<0.01$。

②AGO1＝成绩趋近目标导向，AGO2＝成绩回避目标导向，IO＝信息开放性。

（二）个体层面的直接效应分析

本书采用 AMOS 26.0 对模型进行结构方程分析，通过跋靴法将样本量设为 2000 个，取样选定偏差矫正的非参数百分位法，置信区间设定为 95%。如表 3-2 和图 3-2 所示，M3-1 反映个体成绩趋近目标导向和个体成绩回避目标导向影响个体信息开放性的原始模型指标，M3-2 是 M3-1 的修正模型。依据吴明隆的研究，本书对同一模型以及同为外因潜在变量误差项具有共变关系的观察变量进行逐一参数释放。①

① 参见吴明隆：《结构方程模型——Amos 实务进阶》，重庆大学出版社 2013 年版，第 189～190 页。

表 3-2　子研究一结构模型拟合结果（$n=606$）

模型	χ^2/df	df	RMSEA	NFI	TLI	CFI	GFI	AGFI
M3-1（直接）—初始	7.917	133	0.107	0.837	0.832	0.854	0.825	0.775
M3-2（直接）—修正	4.219	119	0.073	0.922	0.922	0.939	0.938	0.911

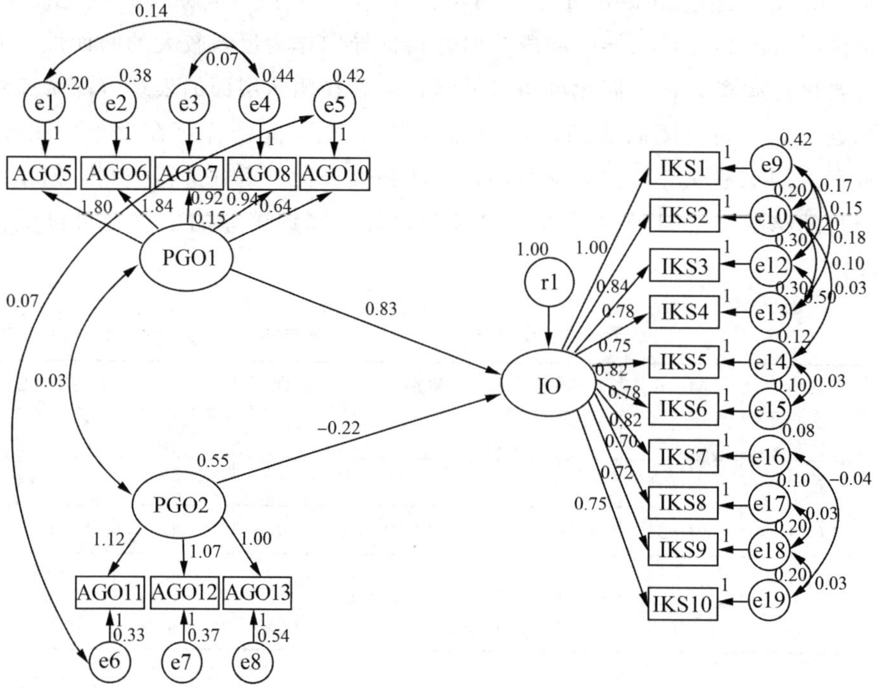

图 3-3　M3-2（修正）的结构方程模型

虽然 M3-2 的 χ^2/df 值没有达到小于 3 的完美标准，但由于 χ^2/df 较为敏感，当样本量较大时，χ^2/df 不大于 5 即可，可作为次要参考指标。如表 3-3 所示，根据极大似然法估计法，与设想一致，M3-2 模型中个体成绩趋近目标导向对个体信息开放性具有显著正向影响（$\beta=0.305$，$p<0.001$），个体成绩回避目标导向对个体信息开放性具有显著负向影响（$\beta=-0.152$，$p<0.001$），假设 H3-1 和 H3-2 获得印证。

表 3-3　子研究一修正模型的路径系数与假设检验结果（n=606）

模型	假设路径	未标准化路径系数 β	标准化路径系数 β	P 值	对应假设	检验结果
M3-1 原始	AGO1→IO	0.764	0.222	***	H3-1	通过
	AGO2→IO	−0.324	−0.155	***	H3-2	通过
M3-2 修正	AGO1→IO	0.831	0.305	***	H3-1	通过
	AGO2→IO	−0.219	−0.154	***	H3-2	通过

注：①*** $p<0.001$。

②AGO1=成绩趋近目标导向，AGO2=成绩回避目标导向，IO=信息开放性。

（三）团体层面的直接效应分析

由于汇聚后的团队数据为 121 个，样本量有限，本书采用 SPSS 26.0 进行直接效应的模型检验。由于年龄属于个体层面的控制变量，无法在团队研究中对其加以考虑。在控制文理科的基础上，团队成绩趋近目标和团队成绩回避目标分别进入以团队信息开放性为解释变量的回归模型中，如表 3-4 所示，团队成绩趋近目标对团队信息开放性存在显著正向影响(β=0.452，$p<0.001$)，团队成绩回避目标对团队信息开放性的负向影响同样达到显著，但是较为微弱（β=−0.212，$p<0.05$)，从个体层面的十分显著（$p<0.001$）降为团队层面的微弱显著，假设 H3-3 和 H3-4 得到验证。

表 3-4　子研究一回归分析（n=121）

变量	方程 1	方程 2	方程 3
	IO		
文理科	0.139	0.130	0.090
TAGO1		0.452***	
TAGO2			−0.212*
Adj. R^2	0.011	0.211***	0.042*
$\triangle R^2$	0.019	0.204***	0.046*
F	2.370	14.274***	3.945*

注：①* $p<0.05$，** $p<0.01$，*** $p<0.001$。

②表中所注为标准回归系数。

③TAGO1=团队成绩趋近目标，TAGO2=团队成绩回避目标。

四、研究结论与讨论

第一，个体成绩趋近目标导向对信息开放性具有显著正向预测作用，个体成绩回避目标导向对个体信息开放性则具有显著负向预测作用。在大学英语学习信息行为中，中国高等教育情境下持成绩趋近与成绩回避导向的两类大学生呈现明显的两级表现。前者以“追求胜利”和证明自身优秀为目标，为了使他人好评与自身追求成就的动机水平保持一致，通过积极输出信息以获取周边人的认可。尽管此类人在追求学业成就的行为上具有一些类似降低信息输出质量、篡改信息甚至作弊等争议性表现①，但他们好强且渴望成功，在能力参照与追逐好评的驱使下，仍然对外呈现有限度的信息开放性，整体表现尚佳。不同的是，成绩回避目标个体的特质表现为在英语学习上“追求不败”，个性消极自卑，保守谨慎，秉承“守着一亩三分地，做好本分即可”的价值观，因此，在大学英语学习中持有较低的信息开放性。显然，此类人不适合充满竞争性的学习环境，回避带不确定性和挑战性的学习任务，这是由于他们从心理上无法承担失败引致的代价。据此，这类人应引起大学英语教学实践者的关注，在动机识别、教学方法与问题沟通上尤其需要考虑到性格特质的影响。

第二，团队成绩趋近目标导向对团队信息开放性具有显著的正向预测作用，但团队成绩回避目标导向负向作用于团队信息开放性的显著性水平较弱。前者作为一种主导性的团队性格，对整个团队在英语学习中的信息行为影响依旧十分积极；换言之，即便团队内部彼此是各自的能力参照对象，但此类特质持续激发整体形成凝聚的信息观及一致对外的价值观，继而使团队在外语学习上具有动态的信息交流模式。有趣的是，相对于个体层面，成绩回避目标团队在信息行为上的消极性大大减弱，甚至几近消失；可见，这种性格特质的消极性由于团队学习需求有所改善，原本固守的信息状态在团队竞争的刺激下，个体信息开放性获得显著性提升。这或许与大学生个人所处的学习情境有关，当竞争导向从个体之间转化成团队

① See A. J. Elliot and A. C. Moller, “Performance-Approach Goals: Good or Bad Forms of Regulation?”, *International Journal of Educational Research*, 2003, 39 (4-5): 339-356; B. T. Murdock and E. M. Anderman, “Motivational Perspectives on Student Cheating: Toward an Integrated Model of Academic Dishonesty”, *Educational Psychologist*, 2006, 41 (3): 129-145; P. M. Poortvliet, O. Janssen, N. W. Van Yperen, et al., “The Joint Impact of Achievement Goals and Performance Feedback on Information Giving”, *Basic & Applied Social Psychology*, 2009, 31 (3): 197-209; P. M. Poortvliet, O. Janssen, N. W. Van Yperen, et al., “Perverse Effects of Other-Referenced Performance Goals in an Information Exchange Context”, *Journal of Business Ethics*, 2012, 106 (4): 401-414.

间后，成绩回避目标个体的能力参照标准从“不成为群体中最弱的”转化成“不成为班级组织中最弱的团队”，团队的凝聚力与信息开放性因此得到有力刺激。研究结果充分表明，这类人可塑性较强，大学英语教师通过巧妙设置教学情境，可有效干预此类动机群体的消极性。

第三，中国高等教育情境下的成绩目标导向具有剥离分析与分层研究的必要性。通过样本数据可见，成绩趋近目标导向与成绩回避目标导向两种特质在中国情境与西方情境中存在较大反差，两者在大学英语学习中的信息行为与信息态度上具有明显的分化表现，可在外语教学研究中将其进行理论剥离，利用其动机行为规律服务于教学实践。为何在西方情境的信息交互研究中，两者并不存在差异？这是一个值得探索的中西对比议题，它对跨文化的外语教学乃至高等教育管理具有十分现实的操作意义。与此同时，团队层面的两个面向同样存在反差，但不如个体层面极端；成绩回避目标团队在信息行为表现上显著优于个体层面的表现，后者原本的消极性由于合作形式得到明显缓解。可见，两种成绩目标导向的情境特质在一定程度上掩盖了性格特质的本能表现。基于动机视角通过更多分层研究发现个体与团队的学习行为反差是未来可继续探索的一个研究方向，这能够为聚焦合作学习的外语教学理论与实践研究带来重要启发与操作建议。

第三节　子研究二：教学情境对大学英语学习信息行为的干扰——以教学评估情境为例

大学英语教学主要存在形成性评估与总结性评估两种模式①，它们是评价个人学业成就的重要情境，其操作结果直接关乎个人的学业成败。已有研究证实，评估导向对个体的信息态度和行为具有直接的指引作用。②评估方式的区别会引致不同的竞争与合作氛围，进而对个体的信息行为产

① See M. Scriven, "The Methodology of Evaluation", in R. Tyler, R. Gagne, and M. Scriven, eds., *Perspectives of Curriculum Evaluation*, Chicago: Rand McNally, 1967, pp. 39-83.

② See T. Chen, P. Wu, and K. Leung, "Individual Performance Appraisal and Appraisee Reactions to Workgroups: The Mediating Role of Goal Interdependence and the Moderating Role of Procedural Justice", *Personnel Review*, 2011, 40 (1): 87-105.

生影响。[①] 最新研究证实，以结果和优劣对比为导向的评估方式容易引起学习主体的心理焦虑，并迅速降低他们分享知识的意愿。[②] 不同的评估设计与操作容易引致不一样的学习氛围，进而对个体的竞争与合作态度产生影响。[③] 据此，评估操作不当可能成为一种情境刺激，引发大学生英语学习的恶性竞争。作为教与学的监督手段，外语教学评估模式对英语学业成就起决定性作用，而它对学习品行存在什么影响，能否通过评估情境减少此类行为是一个操作性较强的研究议题。

根据信息加工理论，在现实的语言学习中，一门外语的习得过程从本质上理解就是学习主体与知识持有者的信息交互过程，两者之间基于学习需求与学习问题进行信息共享、接收、编码、存储、提取、运用、反馈以及修订这样一个周而复始、螺旋上升的认知加工过程。可以说，这种信息的社会交互与自我交互促进了语言的发生与习得。[④] 信息运用能力表征了个人对既有信息的重获程度、利用效率以及创新水平。[⑤] 在现实的大学英语学习中，个体是否具有较高的信息运用能力，是判断外语能力高低的重要标准。当个人具有较高的信息运用能力时，通常能够娴熟地提取个人知识库的信息，或迅速通过交互记忆锁定信息源以解决问题并实现创新[⑥]，这显然对语言学习具有重要的影响。

有力提升个体对外语学习信息的运用效率，将个人信息效用最大化并转换成大学生群体的语言能力，是外语教学的根本目的。个体外语信息运用能力的高低取决于个人知识库容量，个人通过各种信息交换渠道获取信息并使知识库得到不断更新与扩容。[⑦] 然而，外语学习虽然是一种信息交

---

① 参见吴培冠、陈婷婷:《绩效管理的取向对团队绩效影响的实证研究》,《南开管理评论》2009 年第 6 期。

② 参见周小兰、李贞、张体勤:《绩效考核干预下个体成就目标导向对知识共享意愿的影响研究》,《科研管理》2018 年第 3 期。

③ See T. Chen, P. Wu, and K. Leung, "Individual Performance Appraisal and Appraisee Reactions to Workgroups: The Mediating Role of Goal Interdependence and the Moderating Role of Procedural Justice", *Personnel Review*, 2011, 40 (1): 87-105.

④ See M. Saville-Troike and K. Barto, *Introducing Second Language Acquisition*, Cambridge: Cambridge University Press, 2012.

⑤ See J. M. Wilson and M. A. Cronin, "Group Learning", *Academy of Management Review*, 2007, 32 (4): 1041-1059.

⑥ 参见周小兰、张体勤:《基于知识分流模型的团队学习三维结构测量与影响因素》,《科技进步与对策》2015 年第 24 期。

⑦ See C. K. W. De Dreu, B. A. Nijstad, and D. Van Knippenberg, "Motivated Information Processing in Group Judgment and Decision Making", *Personality & Social Psychology Review*, 2008, 12 (1): 22-49.

互过程，但从本质上理解，它是一种语言信息交换过程，要求等价交换。换言之，个人需要具有足够大的信息开放性才能置换自身所需以丰富个人的信息知识库。而现实中，知识经济时代赋予了知识排他性①，个人出于自身利益着想，可能本能地拒绝或者有所保留地对外分享任何有价值的学习信息。据此，在外语学习过程中，个人信息开放性不足是否对其产生不利影响，继而如何干预这种消极影响是本书的关注焦点。

除了信息固有的特质，基于学习主体的大学英语评估手段也可能作为外在情境对个体信息开放性产生干扰作用。近年研究发现，当组织分别采取以评价对比或个人发展为目的的考核手段时，群体会衍生完全不一样的竞合氛围，这会对个体信息开放性产生直接的刺激作用。② 当前，我国高校的大学英语评估模式多采取形成性评估与总结性评估相结合的模式，并以不同配比广泛运用于外语教学评估。③ 研究发现，现实的组织通常无法只采取一种评估手段，而是两种手段并用④，现有研究偏好将两种方式剥离并分开研究⑤，这容易导致研究结论与现实中的复杂情境不一致。据此，不同的评估模式对大学生的外语信息行为产生何种影响是本书尝试厘清的一个重要问题。笔者希望通过将不同评估模式间的牵制与交互作用作为情境因素置入研究框架，探索交错的评估情境如何通过大学英语学习的信息开放性对个体信息运用能力产生干预作用，以此获得对我国高校外语教学管理与实践具有现实意义的操作启示。

---

① See I. Reychav and J. Weisberg, "Bridging Intention and Behavior of Knowledge Sharing", *Journal of Knowledge Management*, 2010, 14 (2): 285-300.

② 参见 T. Chen, P. Wu, and K. Leung, "Individual Performance Appraisal and Appraisee Reactions to Workgroups: The Mediating Role of Goal Interdependence and the Moderating Role of Procedural Justice", *Personnel Review*, 2011, 40 (1): 87-105；周小兰、李贞、张体勤：《绩效考核干预下个体成就目标导向对知识共享意愿的影响研究》，《科研管理》2018 年第 3 期；周小兰、张体勤：《个体绩效评估导向对团队学习的影响机制》，《系统管理学报》2018 年第 4 期。

③ 参见周小兰、马文：《动机视角下大学英语评估模式对执行性求助的影响》，《现代外语》2019 年第 5 期。

④ See W. R. Boswell and J. W. Boudreau, "Separating the Developmental and Evaluative Performance Appraisal Uses", *Journal of Business and Psychology*, 2002, 16 (3): 391-412.

⑤ 参见 T. Chen, P. Wu, and K. Leung, "Individual Performance Appraisal and Appraisee Reactions to Workgroups: The Mediating Role of Goal Interdependence and the Moderating Role of Procedural Justice", *Personnel Review*, 2011, 40 (1): 87-105；吴培冠、陈婷婷：《绩效管理的取向对团队绩效影响的实证研究》，《南开管理评论》2009 年第 6 期。

一、理论模型构建

（一）教学评估模式对个体信息运用能力的影响

当前，我国高校的大学英语评估模式多为形成性评估与总结性评估相结合。① 教学评估作为确保教学质量与监督学习效果的直接手段，不仅是提升学生英语综合运用技能的关键手段，更是影响大学生外语学业成就的重要情境因素。新近研究发现，基于个人的评估方式促使群体形成不同的竞争与合作氛围。② 对于压力的不同感知往往会使个人持不同的学习态度与竞争需求③，这很可能引致个体在大学英语学习中产生不一样的信息行为。现实中，大学英语教师通常无法采取单一手段，两种评估方式合并使用所形成的情境使个体产生复杂的交互感知，这会对大学生的英语学习态度产生引导作用，进而引发不一样的学习行为。④

根据威尔逊（J. M. Wilson）等的信息重获理论，个体信息运用能力（information application）是个人根据学习需求与变化对学习行为的改进与学习方法的创新程度，它体现了个体对语言情境的应变能力及对语言问题的处理水平。⑤ 需要指出的是，大学生在英语学习中持较高信息运用能力，并非指个体完全通过自身解决问题，而是个人对自身所处的团队和学习组织等多层交错的信息系统具有清晰定位，能够根据现实的情境与需求随时进行信息提取或锁定信息持有者。⑥ 从本质上理解，它是通过运用自身知识库与其他信息持有者高效解决语言问题并掌握语言技能的一种能力。总体而言，提升个体信息运用能力对提升大学生的外语综合运用能力具有十分现实的意义。

---

① 参见周小兰、马文：《动机视角下大学英语评估模式对执行性求助的影响》，《现代外语》2019 年第 5 期。

② 参见周小兰、张体勤：《个体绩效评估导向对团队学习的影响机制》，《系统管理学报》2018 年第 4 期。

③ See T. Chen, P. Wu, and K. Leung, "Individual Performance Appraisal and Appraisee Reactions to Workgroups: The Mediating Role of Goal Interdependence and the Moderating Role of Procedural Justice", *Personnel Review*, 2011, 40 (1): 87-105.

④ See S. S. Youngcourt, P. I. Leiva, and R. G. Jones, "Perceived Purposes of Performance Appraisal: Correlates of Individual- and Position-Focused Purposes on Attitudinal Outcomes", *Human Resource Development Quarterly*, 2007, 18 (3): 315-343.

⑤ See J. M. Wilson and M. A. Cronin, "Group Learning", *Academy of Management Review*, 2007, 32 (4): 1041-1059.

⑥ 参见周小兰、张体勤：《基于知识分流模型的团队学习三维结构测量与影响因素》，《科技进步与对策》2015 年第 24 期。

大学英语教师采取教学评估手段的根本目的在于监测教与学的效果，然而不同的评估方法却使学生感知到不一样的目的。总结性评估强调通过对比刺激个人的目标行为以获取理想的大学英语成绩，而形成性评估则重视学习过程反馈与学习问题解决，以提升个体掌握语言能力。当个体持有不同的目的感知时，这种认知很可能会通过价值导向对个体信息运用能力产生影响。早期研究发现，以评价对比为目的的考核方式容易使群体滋生暗自较劲与相互攀比的氛围，刺激个体设立超越他人的目标。这种取向被个体解读成"竞争是一种受推崇的行为"，继而驱使其通过激烈竞争实现学习目标。①

在现实的英语学习中，总结性评估很可能激发个体扩大个人知识库以获取强大的信息系统，通过提取既有信息或者求助信息持有者应对和解决语言问题。个人知识库囊括一个重要组成部分，即学习情境内外的交互记忆结构。② 它是学习情境内外交错形成的信息网络，个人对网络的每个信息结点有清晰的定位。在竞争的刺激下，个体会本能地构建更庞大的信息网络以供自身提取③，这使得个体信息运用能力得到提升，从而在竞争环境中获得一席之地。

与之形成对比，总结性评估传播了完全不同的价值导向，大学英语教师通过评估手段识别学生在英语学习中的不足与潜力，向学习主体提供及时的信息反馈，以保障其语言能力不断获得突破。总体而言，这种评估手段传达了教师重视个体能力成长的价值观，以人为本的评估模式从内在激发学生的原动力，用一种可持续发展的方式提升个人的语言运用能力。研究发现，这种传导往往能够有力改善个人对学习情境的满意度与合作态度④，使学习主体在学习中持更加积极的态度⑤。根据社会交换理论，当周围的主导价值观与个人需求耦合时，个人会产生强烈内在动机，使个人

---

① See W. E. Deming, "Out of the Crisis: Quality, Productivity and Competitive Position", *General Information*, 1986, 38 (7): 38-49.

② 参见周小兰、张体勤:《基于知识分流模型的团队学习三维结构测量与影响因素》,《科技进步与对策》2015 年第 24 期。

③ 参见周小兰、赵鹏、马文:《成就目标导向:三维结构的理论采纳与实证检验》,《科技进步与对策》2017 年第 12 期。

④ See S. R. Moulik and S. Mazumdar, "Exploring the Relationship Between Perceived Uses of Appraisals and Performance Appraisal Satisfaction in the Indian It Sector: An Empirical Study", *International Journal of Business & Social Research*, 2012, 2 (2): 2145-2155.

⑤ See T. Chen, P. Wu, and K. Leung, "Individual Performance Appraisal and Appraisee Reactions to Workgroups: The Mediating Role of Goal Interdependence and the Moderating Role of Procedural Justice", *Personnel Review*, 2011, 40 (1): 87-105.

在满足自身需求的同时努力回报组织。[①] 相对以结果为导向的“外生激励”评估模式，以过程为导向的评估对个体而言是一种内生激励[②]，后者很可能对个体信息运用能力产生更为显著的正向影响。

基于以上分析，本书提出以下假设。

H3-5：总结性评估取向对个体信息运用能力具有正向预测作用。

H3-6：形成性评估取向对个体信息运用能力具有正向预测作用。

（二）教学评估模式对个体信息开放性的交互影响

个体信息开放性（information openness，IO），指的是个体将自身持有的与学习相关的知识、特长、观点和建议等有价值的信息与他人共享的意愿强度[③]，而信息以外显和内隐形式存在[④]。在信息开放性的测度中，外显和内隐两种特质的信息都应在研究的考量范围内。[⑤] 针对大学英语学习信息，外显信息是可编码和言传的文字、声音、图片和视频信息，内隐信息则是类似诀窍和悟性等不可编码的信息，后者相对前者具有更大的价值与竞争力。[⑥] 总体而言，只有综合考量两类信息的开放性，才能科学测度学习主体在大学英语学习中的信息开放性。

本书认为，总结性评估取向对个体信息开放性的影响并非简单的线性关系，这是由于此类评估方式与压力存在密切关联。这种评估取向强调学习主体之间的横向对比，个人学业表现不佳往往意味着能力不足，评价结果不理想对自身而言是一种潜在威胁[⑦]，这显然会使个体的不确定感、不安全感乃至学习压力剧增。当总结性评估取向处于个体可接受范围时，评

---

① See L. D. Molm, G. Peterson, and N. Takahashi, “The Value of Exchange”, *Social Forces*, 2001, 80 (1): 159-184.

② 参见周小兰、李贞、张体勤:《绩效考核干预下个体成就目标导向对知识共享意愿的影响研究》,《科研管理》2018 年第 3 期。

③ See K. M. Bartol and A. Srivastava, “Encouraging Knowledge Sharing: The Role of Organizational Reward Systems”, *Journal of Leadership & Organizational Studies*, 2002, 9 (1): 64-76.

④ See G. W. Bock, R. W. Zmud, Y. G. Kim, et al., “Behavioral Intention Formation in Knowledge Sharing: Examining the Roles of Extrinsic Motivators, Social-Psychological Forces, and Organizational Climate”, *Mis Quarterly*, 2005, 29 (1): 87-111.

⑤ 参见周小兰、李贞、张体勤:《绩效考核干预下个体成就目标导向对知识共享意愿的影响研究》,《科研管理》2018 年第 3 期。

⑥ See I. Reychav and J. Weisberg, “Bridging Intention and Behavior of Knowledge Sharing”, *Journal of Knowledge Management*, 2010, 14 (2): 285-300.

⑦ See W. R. Boswell and J. W. Boudreau, “Employee Satisfaction with Performance Appraisals and Appraisers: The Role of Perceived Appraisal Use”, *Human Resource Development Quarterly*, 2000, 11 (3): 283-299.

估手段带来的适度焦虑可能会刺激个体以较高的信息开放性投入信息交互，以此获取自身所需，并实现个人信息知识库的扩容。然而，有研究指出，随着以评价对比为目的的评估比例持续上升，这种方式使个体的焦虑感骤升，导致压力与绩效呈现倒U形关系。[①] 换言之，压力从最初的积极影响开始转向消极。高压学习情境下的个体往往会产生不加选择的竞争需求，在信息交互中呈现较弱的诚实态度与不信任感[②]，使个体本能地参与竞争以维持或提升自身价值。据此，当大学英语教学评估过于强调评价对比时，学习主体由此滋生的巨大压力很可能使原本上升的个人信息开放性达到巅峰后开始逐步回落。

在大学英语教学管理中，外语教学实践者通常向个体传达评价对比与能力发展的双重目的，总结性评估和形成性评估作为两种手段同时运用于大学生。以两者为目的的考核方式，应共同实施。这是由于单独实施以评价对比为目的的评估会引致恶性竞争，单独实施以发展能力为目的的评估会使个体努力的结果与物质奖励脱钩，导致动力不足。[③] 换言之，任何一种单独执行的评估手段均会对个人学习产生不利影响。因此，两种手段往往以交叉形式共同对个人的英语学习施加影响。形成性评估强调通过个人的纵向对比发现不足，进而有针对性地助力个人提升语言能力。这种非逐利型的考核方式不会过于注重学习结果，在语言学习中更易促进群体内部的积极交互，使个体形成合作性目标[④]，这显然有利于提升个体信息开放性。然而，研究证实：当行为可能导致消极结果时，个体会本能地产生各种消极的心理反应；这些负面情绪会优先于积极因素而占据认知范畴。[⑤]

---

① 参见黄海艳：《绩效评价导向对研发人员的工作压力——工作绩效曲线关系的调节作用》，《科学与科学技术管理》2014年第2期。

② See R. M. Ryckman, B. Thornton, J. A. Gold, et al., "Romantic Relationships of Hypercompetitive Individuals", *Journal of Social & Clinical Psychology*, 2002, 21 (5): 517-530.

③ See W. R. Boswell and J. W. Boudreau, "Employee Satisfaction with Performance Appraisals and Appraisers: The Role of Perceived Appraisal Use", *Human Resource Development Quarterly*, 2000, 11 (3): 283-299.

④ See T. Chen, P. Wu, and K. Leung, "Individual Performance Appraisal and Appraisee Reactions to Workgroups: The Mediating Role of Goal Interdependence and the Moderating Role of Procedural Justice", *Personnel Review*, 2011, 40 (1): 87-105.

⑤ See P. J. D. Drenth, "Personnel Appraisal", in P. J. D. Drenth, Hk. Thierry, P. J. Williams, and C. J. de Wolff, eds., *Handbook of Work and Organizational Psychology*, Amsterdam: John Wiley & Sons, Ltd., 1984.

因此，大学英语总结性评估很可能对个体语言学习的信息开放性产生主导性影响，而形成性评估作为一种情境对主导影响产生干预作用；个人压力处于倒U形曲线的初期时，形成性评估在总结性评估对信息开放性的正向影响中起到助推作用；随着压力不断攀升至倒U形曲线的最高点，原本的正向影响开始转换成负向关联，形成性评估在其间则起到缓解负面影响的作用。

基于以上分析，本书提出以下假设。

H3-7：总结性评估取向对个体信息开放性呈倒U形的预测作用。

H3-8：形成性评估取向对个体信息开放性具有正向预测作用。

H3-9：随着形成性评估的逐步加强，总结性评估取向与个体信息开放性（倒U形关系中）的正向关系得到加强，负向关系得到缓解。

（三）个体信息开放性的中介分析

在英语学习中，大学生的信息运用能力是个人根据英语学习需求对知识库的知识提取能力，即个人将自身持有的语言知识和言语经验运用于实践的水平。在整个过程中，个体结合对既有知识的理解与概念的解读实现创新。需要提及的是，个人知识库除了涵括大量从属自身的内隐和外显信息，还涵括一个强大的交互记忆结构。这个结构是一个囊括个人、团队乃至集体的信息网络，个体通过这个网络清晰地意识到各类信息持有者。[①] 在现实的学习中，一些语言问题并非可以靠个人独立解决，个体需要借助这个交互记忆结构进行信息定位，迅速检索和提取相应的知识节点，精确定位和求助信息持有者[②]，运用这个网络应对并及时解决问题。个体能够高效运用自身的知识结构及交互记忆结构，意味着其持有较高的信息运用能力。

个体信息开放性对信息运用能力的影响可通过个人知识库的构建进一步诠释。提升信息运用能力需要对个人知识库进行扩容，而信息交互则是知识库扩容的一个重要渠道。[③] 现实生活中，个体根据需求通过社会交互

---

① 参见周小兰、张体勤：《基于知识分流模型的团队学习三维结构测量与影响因素》，《科技进步与对策》2015年第24期。

② See J. M. Wilson, and M. A. Cronin, "Group Learning", *Academy of Management Review*, 2007, 32 (4): 1041-1059.

③ See C. K. W. De Dreu, B. A. Nijstad, and D. Van Knippenberg, "Motivated Information Processing in Group Judgment and Decision Making", *Personality & Social Psychology Review*, 2008, 12 (1): 22-49.

记忆结构锁定信息持有者，基于彼此的信息交互达到知识互补与经验积累的互惠目的，信息的排他性使单方面的信息汲取并不现实①，信息交互需要借助等价的信息交换才能实现。据此，个体需要具有足够高的个体信息开放性才可能完成信息交互，通过这个过程增加知识储备，从而为提升信息运用能力奠定基础。而此时，外语教学评估则作为情境因素对个体的信息态度和信息行为产生直接影响或者间接干扰，在总结性评估取向与形成性评估取向的交互作用下，个体所处的群体会形成不同的竞合氛围，使个人产生交错复杂的竞合目标，这些最终会引导个体形成不一样的信息开放性，从而具有不一样的信息运用能力。

基于以上分析，本节提出以下假设。

H3-10：个体信息开放性对个体信息运用能力具有正向预测作用。

H3-11：个体信息开放性在总结性评估取向对个体信息运用能力的影响中具有中介效应。

H3-12：个体信息开放性在形成性评估取向对个体信息运用能力的影响中具有中介效应。

综合以上分析，如图 3-4 所示，本书构建了子研究二的理论模型。整个模型可以归纳成对三种效应的检验：第一，大学英语教学评估情境对个体信息运用能力的直接效应；第二，大学英语教学评估情境对个体信息开放性的直接效应与交互效应；第三，个体信息开放性在大学英语教学评估情境与个体信息运用能力之间的中介效应。本书拟通过实证检验这一系列理论设想，以此证实大学英语教学评估情境对大学生学习态度与学习行为的引导作用，外语教师除了“授业”外，还应注重教学情境的导向性，以此促进大学生英语学习良好品行的养成。

---

① See C. K. W. De Dreu, B. A. Nijstad, and D. Van Knippenberg, “Motivated Information Processing in Group Judgment and Decision Making”, *Personality & Social Psychology Review*, 2008, 12 (1): 22-49；周小兰、张体勤：《基于知识分流模型的团队学习三维结构测量与影响因素》，《科技进步与对策》2015 年第 24 期；S. R. Moulik and S. Mazumdar, “Exploring the Relationship Between Perceived Uses of Appraisals and Performance Appraisal Satisfaction in the Indian It Sector: An Empirical Study”, *International Journal of Business & Social Research*, 2012, 2 (2): 2145-2155.

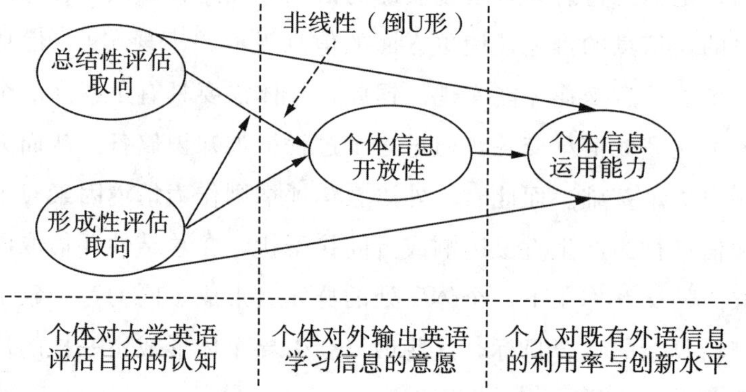

图 3-4　子研究二的理论模型

二、研究设计

（一）研究方法

本书采用 SPSS 26.0 软件通过以下程序完成实证研究：第一步，检验测量量表的信效度，以确保量表的科学性和可行性；第二步，对研究涉及的变量进行相关分析，以此初步确定模型的关系走向，并根据相关系数判断是否有必要针对共线性问题做进一步诊断；第三步，通过 TOL、VIF、EVA、CI 和 DW 五个指标排除共线性问题；第四步，由于数据是通过一次性的问卷调查匿名采集，笔者采用 Harman 单因素检验排除同源误差；第五步，采用 AMOS 26.0 检验直接效应和中介效应，该工具能够一步式同时诊断两种效应，具有高效便捷且严谨等特征；第六步，采用 SPSS 26.0 的逐层回归分析方法检验倒 U 形的非线性关系及相关的调节效应，实现了一步式诊断并借助 Quadratic 模型曲线与散点图的拟合效果判断倒 U 形曲线走势，继而借助 EXCEL 作出调节模式图以精确判断调节走向，并提升整体研究的可读性。

（二）样本选取

为了避免外语学习需求对样本数据带来的误差，笔者从某“双一流”大学选取同一课程类型下的非英语专业大学生作为调查对象，通过该校大学外语教学部发放 700 份电子问卷，根据规律作答和反向作答等问题进行综合判断。共剔除无效问卷 124 份，有效问卷共计 576 份，有效率达 82.3％。其中，性别上，男性占 53.1％，女性占 46.9％；学科分类上，文科占 45.5％、理工科占 54.5％。

（三）变量测度

测量量表主要根据国内外现有量表进行翻译、回译和改编而成，在相关领域的专家指导下基于李克特五点量表进行设计，通过删减和修订个别条款形成正式量表。由于研究涉及的变量在研究意义上均属于一阶变量，因此笔者采用统计软件 SPSS 26.0 进行探索性因子分析（EFA）与信度检验。

大学英语教学评估取向（perceived assessment purpose，PAP）量表，根据相关量表进行改编[①]，由总结性评估取向（perceived evaluative purpose，PEP，4 个题项）量表和形成性评估取向（perceived developmental purpose，PDP，5 个题项）量表两个独立的分量表构成，Cronbach's α 系数分别为 0.839 和 0.904。EFA 结果显示：总结性评估取向量表的 KMO 值为 0.752，在 0.001 水平上达到显著，测度题项通过主成分分析与直交转轴最大变异法抽出一个因子，解释度达 67.529%，各条款因素负荷均大于 0.75；形成性评估取向量表的 KMO 值为 0.871，显著性水平为 0.001，五个测量指标以同样方法抽出一个因子，解释度达 72.428%，各条款因素负荷均大于 0.8。总体而言，两个分量表的信度与结构效度俱佳。

信息开放性量表，根据琳和博克等的量表[②]改编，综合测度内隐信息开放性和外显信息开放性，累计 10 个题项，Cronbach's α 系数为 0.95。根据 CFA 结果，KMO 值为 0.946，显著性水平为 0.001，通过主成分分析与直交转轴最大变异法抽出一个因子，解释度达 69.039%，各条款因素负荷均大于 0.75，信度与结构效度理想。

语言信息运用能力（IA）量表，根据威尔逊等的信息重获理论[③]与周小兰等的量表[④]进行修订，共计 5 个题项，Cronbach's α 系数为 0.867。需要提及的是，参照量表是基于团队信息运用能力而设计，有必要进行改

---

① 参见 J. N. Cleveland, K. R. Murphy, and R. E. Williams, "Multiple Uses of Performance Appraisal: Prevalence and Correlates", *Journal of Applied Psychology*, 1989, 74 (1): 130-135; K. R. Murphy, J. N. Cleveland, A. L. Skattebo, et al., "Raters Who Pursue Different Goals Give Different Ratings", *Journal of Applied Psychology*, 2004, 89 (1): 158-164；周小兰、马文：《大学英语评估取向对学业成就的影响——基于成就目标导向的中介作用研究》，《外语教学理论与实践》2019 年第 2 期。

② See H. F. Lin, "Effects of Extrinsic and Intrinsic Motivation on Employee Knowledge Sharing Intentions", *Journal of Information Science*, 2007, 33 (2): 135-149; G. W. Bock, R. W. Zmud, Y. G. Kim, et al., "Behavioral Intention Formation in Knowledge Sharing: Examining the Roles of Extrinsic Motivators, Social-Psychological Forces, and Organizational Climate", *Mis Quarterly*, 2005, 29 (1): 87-111.

③ See J. M. Wilson and M. A. Cronin, "Group Learning", *Academy of Management Review*, 2007, 32 (4): 1041-1059.

④ 参见周小兰、张体勤：《基于知识分流模型的团队学习三维结构测量与影响因素》，《科技进步与对策》2015 年第 24 期。

编，题项最终以“当英语学习遇到无法解决的障碍时，我能够迅速意识到通过何种途径寻求帮助。”“我总能在学习中探索出新方法以解决新出现的学习问题。”和“我总能够把学习中形成的想法付诸语言实践。”等内容出现。CFA结果显示，KMO值为0.868，显著性水平为0.001，通过主成分分析与直交转轴最大变异法抽出一个因子，解释度达65.515%，各条款因素负荷均大于0.75，信度与结构效度理想。

三、研究结果

（一）相关分析

根据皮尔森相关分析，如表3-5所示，总结性评估取向与发展性评估取向均与信息开放性及信息运用能力存在显著正相关（$p<0.01$）；形成性评估取向与信息运用能力的相关性大于总结性评估取向与信息运用能力的相关性，相对于总结性评估取向，形成性评估取向对信息运用能力的影响力更大；个体的信息开放性与信息运用能力存在显著正相关（$p<0.01$）。这些结果均初步支持了本书的理论设想。需要特别提及的是，两种评估取向达到中度相关，有必要对其多元共线性问题进行诊断。

表3-5　子研究二相关分析（$n=576$）

变量	均值	标准差	PEP	PDP	IO	IA
PEP	3.6923	0.79927	1			
PDP	3.6337	0.78867	0.525**	1		
IO	4.2355	0.66243	0.382**	0.357**	1	
IA	3.8798	0.68782	0.364**	0.467**	0.523**	1
性别	—	—	0.001	0.000	−0.081*	−0.007
学科	—	—	0.039	−0.025	0.089*	0.063

注：①* $p<0.05$，** $p<0.01$。

②PEP=总结性评估取向，PDP=形成性评估取向，IO=个体信息开放性，IA=信息运用能力。

如表3-6所示，在以信息开放性和信息运用能力为被解释变量的回归模型中，总结性评估取向和形成性评估取向的TOL、VIF、EVA和CI指数等多个指标均在可接受范围内，两个模型的DW指数均接近2，共线性和系列自相关问题基本可以排除。此外，笔者根据Harman单因素检验对同源误差问题进行诊断，未旋转因素分析后抽出的最大公因子对变异的解释度为28.23%，随后将公因子进行剥离，通过进一步的偏相关分析发现相关变量的整体关系并未存在显著改变，这表明同源误差不会干扰最终结果。

表 3-6　子研究二共线性诊断

变量		TOL	VIF	EVA	CI	方差比例		
						（常数）	1	2
常数		—	—	2.956	1.000	0.00	0.00	0.00
解释变量	PEP	0.724	1.381	0.023	11.305	0.99	0.20	0.26
	PDP	0.724	1.381	0.021	11.784	0.00	0.79	0.73
被解释变量	IO	DW＝1.805						
	IA	DW＝1.773						

注：PEP＝总结性评估取向，PDP＝形成性评估取向，IO＝个体信息开放性，IA＝信息运用能力。

（二）模型检验与修正

为了进一步验证两类教学评估取向对信息运用能力的直接影响与间接影响，笔者采用 AMOS 26.0 对变量关系进行结构方程分析（SEM），通过 Bootstrap 法设定样本量为 2000，取样选定偏差矫正的非参数百分位法，置信区间设定为 95%。如表 3-7 所示，M3-3 是两类教学评估取向对个体信息运用能力直接影响的原始模型，M3-4 为 M3-3 的修正模型，M3-5是两类教学评估取向对个体信息运用能力间接影响的原始模型，M3-6为 M3-5 的修正模型。

表 3-7　子研究二结构模型拟合结果（n＝576）

模型	χ^2/df	df	RMSEA	NFI	TLI	CFI	GFI	AGFI
M3-3（直接）—初始	5.095	76	0.077	0.928	0.929	0.941	0.927	0.900
M3-4（直接）—修正	2.783	68	0.051	0.965	0.969	0.977	0.966	0.947
M3-5（间接）—初始	5.451	248	0.080	0.888	0.895	0.906	0.832	0.797
M3-6（间接）—修正	1.681	237	0.043	0.925	0.963	0.968	0.920	0.904

需要指出的是，根据 SEM 分析的初始结果，M3-3 和 M3-5 虽然在数据上大体验证了理论模型，但 M3-3 和 M3-5 的样本数据与初始模型的拟

合效果并不佳，有必要根据研究需求进行模型修正。参照吴明隆的修正方案①，即针对同一模型以及同为外因潜在变量误差项具有共变关系的观察变量进行依次参数释放，最终获得拟合效果较佳的 M3-4 和 M3-6 模型。

1. 直接效应的模型检验与修正

根据极大似然法估计的修正模型 M3-4 检验变量关系，结合图 3-5 与表 3-8 的 M3-4 数据，两类教学评估取向均对个体信息运用能力具有显著正向影响（总结性评估取向：$\beta=0.150$，$p<0.01$；形成性评估取向：$\beta=0.489$，$p<0.001$），与设想一致，形成性评估取向对信息运用能力的正向影响显著大于总结性评估对其的影响力，假设 H3-5 和 H3-6 获得印证。

2. 间接效应的模型检验与修正

整个检验过程分为三部分——直接效应、中介效应以及调节效应，结合图 3-6、表 3-8 中的 M3-6 的数据以及表 3-9 进行分析。

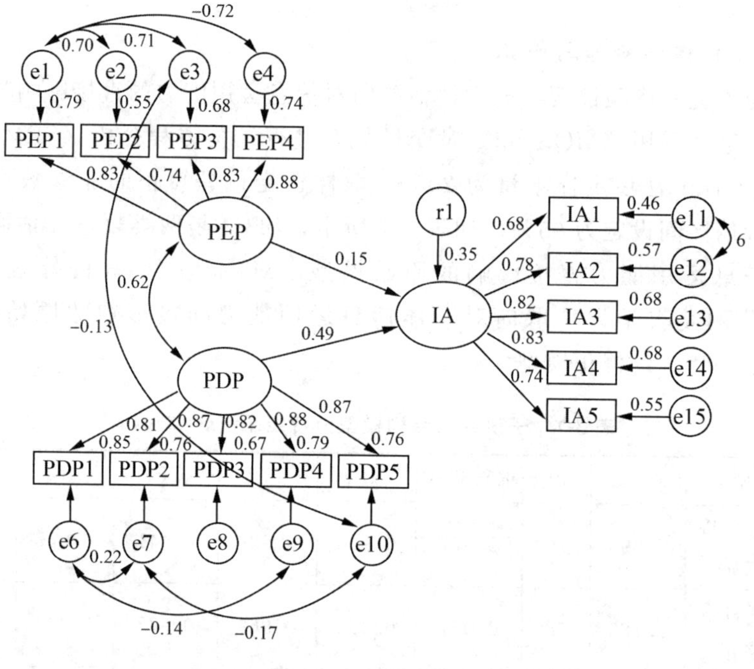

图 3-5　M3-4 的结构方程模型

① 吴明隆：《结构方程模型——Amos 实务进阶》，重庆大学出版社 2013 版，第 189～190 页。

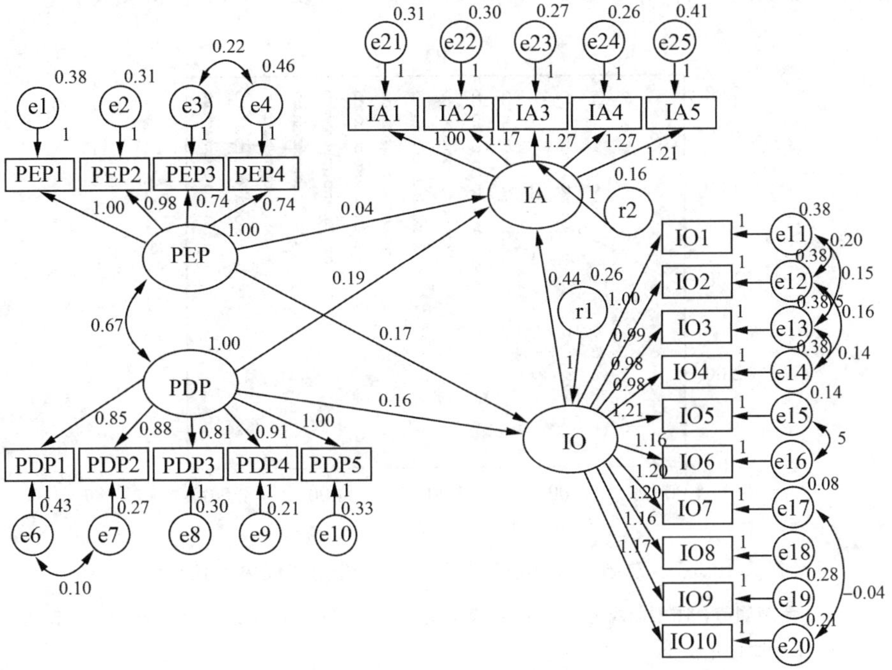

图 3-6　M3-6 的结构方程模型

首先，直接效应。如表 3-8 中的 M3-6 数据所示，总结性评估取向对个体信息运用能力的正向预测作用未达到显著（$\beta=0.070$，$p=0.266$），H3-5 假设未通过；形成性评估取向对个体信息运用能力具有显著正向预测作用（$\beta=0.337$，$p<0.001$），H3-6 中的主效应获得印证。大学英语教学评估取向对个体信息开放性具有显著正向影响（总结性评估取向 $\beta=0.287$，$p<0.001$；形成性评估取向：$\beta=0.266$，$p<0.001$），相对于形成性评估取向，总结性评估取向对个体信息开放性的作用力更为显著。笔者利用 SPSS 26.0 进行逐层回归分析，如表 3-9 中的 M3-5 数据所示，当总结性评估取向及其平方项进入以个体信息开放性为被解释变量的回归模型后，两者的标准回归系数均达到显著，且平方项的 β 值为负值（总结性评估取向：$\beta=0.323$，$p<0.001$；总结性评估取向的平方项：$\beta=-0.149$，$p<0.001$），数据结果充分证实了本书的理论设想，即总结性评估取向与个体信息开放性存在倒 U 形的非线性关系，曲线估计如图 3-7 所示。笔者采用 Quadratic 模型曲线与散点图进行拟合，可见个体信息开放性的峰值在总结性评估取向的 4.00～5.00 呈现峰值后开始有所回落。据此，假设 H3-7 和 H3-8 均得到验证。个体信息开放性对信息运用能力

存在显著正向影响（$\beta=0.448$，$p<0.001$），假设 H3-10 获得支持。

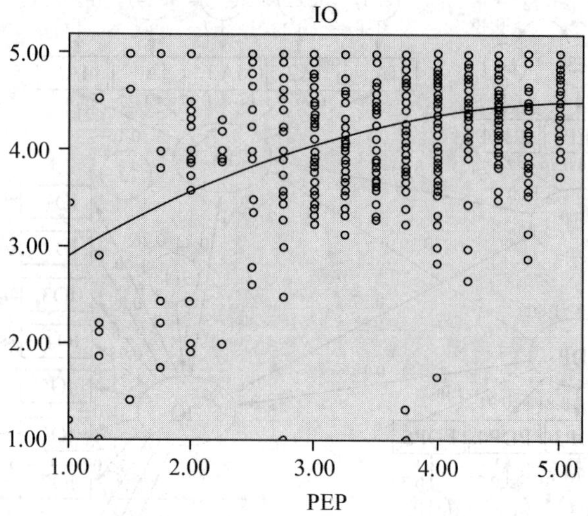

图 3-7　总结性评估取向与信息开放性的曲线模型估计

注：o 为观测值，图中曲线为 Quadratic 模型曲线与散点图的拟合效果；PEP＝总结性评估取向，IO＝个体信息开放性。

其次，中介效应。如表 3-8 所示，根据 M3-6 的间接效应，总结性评估取向对个体信息运用能力的间接效应在 0.001 水平上达到显著，总结性评估取向通过个体信息开放性对信息运用能力产生影响（$\beta=0.129$），可见，个体信息开放性在主效应间具有部分中介效应，假设 H3-11 获得印证。根据 M3-6 的间接效应，形成性评估取向对个体信息运用能力的间接效应在 0.001 水平上达到显著，形成性评估取向同样通过个体信息开放性对信息运用能力产生影响（$\beta=0.119$），可见，个体信息开放性在该主效应中同样存在部分中介效应，假设 H3-12 获得印证。

表 3-8　M3-4 和 M3-6 的路径系数与假设检验结果（$n=576$）

模型	效应	假设路径	未标准化路径系数 β	标准化路径系数 β	P 值	对应假设	检验结果
M3-4	直接效应	PEP→IA	0.081	0.150	**	H3-5	通过
		PDP→IA	0.264	0.489	***	H3-6	通过

续表

模型	效应	假设路径	未标准化路径系数β	标准化路径系数β	P值	对应假设	检验结果
M3-6	直接效应	PEP→IA	0.040	0.070	0.266	H3-5	未通过
		PDP→IA	0.194	0.337	***	H3-6	通过
		PEP→IO	0.169	0.287	***	H3-7	通过
		PDP→IO	0.157	0.266	***	H3-8	通过
		IO→IA	0.436	0.448	***	H3-10	通过
	间接效应	PEP→IO→IA	0.074	0.129	***	H3-11	通过
		PDP→IO→IA	0.069	0.119	***	H3-12	通过

注：①* $p<0.05$，** $p<0.01$，*** $p<0.001$。

②PEP＝总结性评估取向，PDP＝形成性评估取向，IO＝个体信息开放性，IA＝信息运用能力。

表 3-9 子研究二非线性与调节效应回归分析（$n=623$）

变量	M3-3	M3-4	M3-5	M3-6	M3-7	M3-8	M3-9
被解释变量：个体信息开放性							
性别	−0.063	−0.067	−0.072*	−0.066	−0.069*	−0.072*	−0.081*
学科	0.088*	0.066	0.073*	0.068	0.068	0.086*	0.082*
PEP		0.381***	0.323***	0.267***	0.248***		
PEP^2			−0.149***			−0.201***	−0.117**
PDP				0.221***	0.212***	0.315***	0.208***
PEP×PDP					−0.082*		
PEP^2×PDP							0.202***
Adjusted R^2	0.010*	0.154***	0.172***	0.187***	0.192***	0.173***	0.190***
△R^2	0.016*	0144***	0.019***	0.178***	0.002*	0.165***	0.018***
F	2.763**	26.052***	24.764***	27.337***	24.319***	25.059***	24.066***

注：①表中所注为标准回归系数。

②* $p<0.05$，** $p<0.01$，*** $p<0.001$。

③PEP＝总结性评估取向，PDP＝形成性评估取向，IO＝个体信息开放性，IA＝信息运用能力。

最后，调节效应。笔者采用逐层回归分析，如表 3-9 的 M3-7 数据所示，当总结性评估取向、形成性评估取向及两者的交叉项共同进入以个体信息开放性为解释变量的回归模型后，交叉项的 β 值达到显著（$\beta=-0.082$，$p<0.05$）；与此同时，当总结性评估取向的平方项、形成性评估取向及两者的交叉项共同进入个体信息开放性的回归模型后，交叉项的

β 值同样达到显著（$\beta=0.212$，$p<0.001$）。研究结果充分说明，形成性评估取向对总结性评估取向与信息开放性关系的调节效应得到验证。

具体的调节模式如图 3-8 和图 3-9 所示，在总结性评估取向与个体信息开放性所形成倒 U 形关系的正相关路径上，随着形成性评估取向上升，总结性评估取向对个体信息开放性的正向影响显著提高；在倒 U 形关系的负相关路径上，随着形成性评估取向上升，总结性评估取向对个体信息开放性的负向影响得到显著缓解，甚至几近消失。需要指出的是，实际总结性评估与个体信息开放性的关系是一条倒 U 形曲线，两个调节模式中的主效应关系图只是借用线性模型进行曲线估计和拆分，目的在于协助分析和理解整个大致的调节趋势。基于以上分析，假设 H3-9 得到印证。

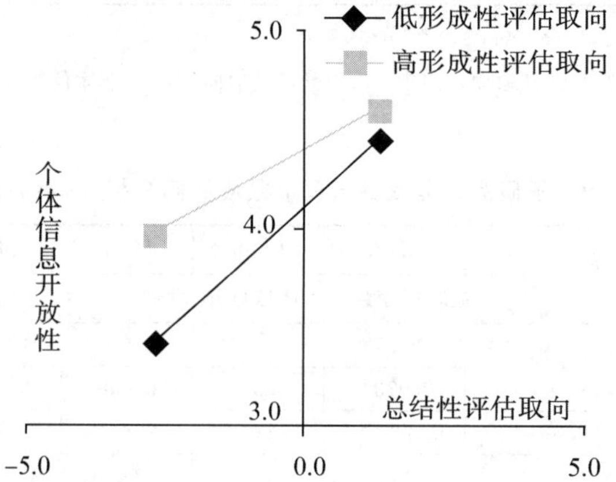

图 3-8　形成性评估取向对总结性评估取向与个体信息开放性关系（倒 U 正相关段）的调节模式

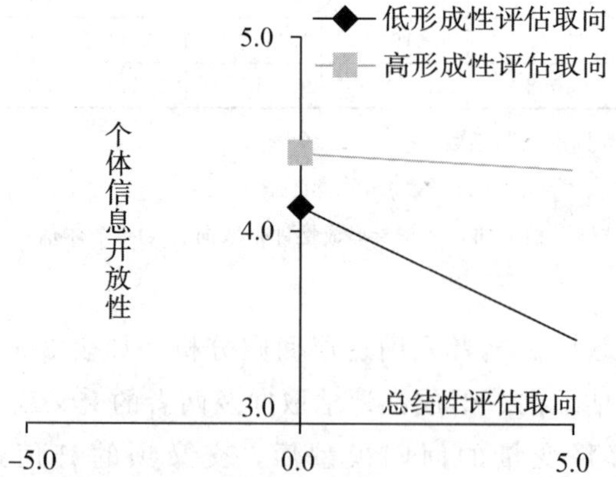

图 3-9　形成性评估取向对总结性评估取向与个体信息开放性关系（倒 U 负相关段）的调节模式

四、研究结论与讨论

基于以上研究，本书得出以下结论。

第一，大学英语总结性评估取向与个体信息开放性之间呈现倒U形的非线性关系，形成性评估取向对个体信息开放性具有显著正向预测作用。与预期设想一致，研究结果证实了叶克斯-唐德逊的压力法则：总结性评估模式是一把典型的双刃剑，它的影响作用存在峰值。在初始过程中，它的逐渐提升能够在一定程度上激发大学生英语学习的焦虑和活力，适度压力从本质上理解是一种积极压力，能够逐步提升学习主体的自我效能感①，个人的积极情绪与学习行为达到最佳状态②，这使个体信息开放性处于最理想的水平。然而，随着总结性评估取向继续攀升，其对英语学习信息行为的正向影响达到最高点后开始出现反转，并最终转化成负向预测作用。这是由于总结性评估所带来的弹性张力被破坏，学习主体对评估结果的预期及其相应代价开始产生难以驾驭的担忧和恐惧，个体感知到信息输出的学习行为很可能会威胁到自身的成绩与发展。由此可见，当学习压力逐渐转化成消极压力时，它对个人的信息行为会产生明显的阻碍作用。据此，外语教学管理实施以评价对比为目的的评估方式时，应谨慎把握尺度。

第二，大学英语形成性评估取向在总结性评估取向与个体信息开放性的路径关系中存在调节作用；随着形成性评估取向的提升，两者倒U形关系的正相关路径中，原本的正向影响得到显著加强，而两者倒U形关系的负相关路径中，原本的负向影响被显著弱化，甚至几近消失，反之亦然。这表明，只有将两种评估模式有力结合起来，才能激发大学生在外语学习中的最佳信息开放性。事实上，早期的实验研究指出，组织通常难以单独执行某一种评估方式，以评价对比与个人发展为目的的两种手段均必不可少。③ 从根本上理解，总结性评估是证明个人能力的直接方式，能够有力保障个人利益；形成性评估是一种提升个人能力的评估方式，能够促进个人能力的可持续发展；可以说，两种评估方式带来的外生激励与内生激励均对大学生英语学习具有至关紧要的驱力作用。研究结果既表明了两

---

① 参见方阳春：《工作压力和社会支持对高校教师绩效的影响》，《科研管理》2013年第5期。

② See J. W. Gardner, "The Changing Nature of Leadership", *Nassp Bulletin*, 1989, 517 (73): 94-94.

③ W. R. Boswell and J. W. Boudreau, "Separating the Developmental and Evaluative Performance Appraisal Uses", *Journal of Business and Psychology*, 2002, 16 (3): 391-412.

种评估手段合并执行的可行性，也充分证实大学英语形成性评估能够有力地提升总结性评估的积极影响，弱化其原本的消极影响。据此，评估手段对大学生英语学习的信息态度和信息行为的影响不可忽略。如何充分了解和掌握大学生英语学习的信息行为规律，并运用教学评估手段激发理想的学习行为是一个值得关注的切入点，可将其作为关键预测变量纳入更多的外语教学理论研究，进而服务于我国高校的外语教学管理与实践。

第三，大学英语总结性评估取向、形成性评估取向和个体信息开放性均对个体信息运用能力存在显著正向预测作用，个体信息开放性在两种评估取向对个体信息运用能力的作用中均存在部分中介效应。研究结果显示，相对于总结性评估，形成性评估更能够提升大学生英语学习的信息运用能力，这充分证实了社会交换理论的积极作用，当个体意识到外语教学评估的根本目的在于挖掘自身潜力与提升个人能力时，学习主体能够感受到来自教师设身处地的关怀与支持，这对个体回馈集体的责任心与内在需求产生了强力刺激，使学习者更乐意向他人分享有价值的英语学习信息，激发个人对学习信息的利用与创新，这显然有利于提升大学生的英语学业成就。

研究还表明，在大学英语学习中，个体信息开放性是语言信息运用能力的一个十分关键的前因变量。只有个人具备足够高的信息开放性，才能换取等值信息以扩大个人知识库容量，继而有条件提升个体对外语信息的运用能力。与预期设想一致，以评价对比和个人发展为目的的两种外语教学评估方式均通过个体信息开放性对信息运用能力产生影响，教学评估情境的干预效果在本书中得到有力支撑。事实上，大学英语课堂作为一个交错复杂的外语学习环境，各种人为情境均可能作为关键因素对大学生英语学习及其效果产生重要影响，今后可沿着该思路将更多情境干预纳入实证研究设计，将各种潜在情境变量纳入外语教学行为的研究框架，以科学严谨地挖掘更多有利于大学生英语学习的管控因素。

第四节　本章小结

综合以上两个子研究可以初步断定，成就目标理论对外语教学研究具有重要的启发意义，将该理论运用于外语教学理论与实践是一个值得进一步尝试的研究议题。从研究结果可以发现，不同类型的成就目标结构对大学英语学习信息行为存在截然不同甚至完全相反的作用。换言之，当个体存在不一样的动机认知结构时，其对外呈现迥异的大学英语学习行为，这是一种有规律可循的语言学习行为模式。此外，本书还证实，大学英语学习信息行为受到大学英语评估情境的牵制与干扰，有必要在深入探究动机结构对外语学习行为影响之时，将学习情境纳入共同的研究框架，以此建立一个可待拓展的研究框架，并将该框架进一步系统化，以深挖英语学习品行的内外驱动因素。

第四章　大学英语学习不良品行的应对研究

第一节　本章研究思路

在第三章的研究发现与基础上，本章将焦点直接投向大学英语学习的不良品行。通过系统梳理当前研究得出，外语学习品行的相关研究积累仍比较匮乏，且主要局限于语言剽窃这一议题，其他与教育理念相悖的语言学习品行尚未引起足够关注。近年来，作弊作为一种正式罪名，已被列入我国刑法，引发众多学者关注。此外，执行性求助这一不择手段的品行也逐渐引起外语学界关注。[①] 根据国家政策导向与当下的研究发展，这两类品行都值得外语人做进一步探究，在大学英语教学管理与实践中有效遏制类似品行，对我国外语教学的高等教育质量具有十分现实的影响。据此，本章拟通过三个子研究开展大学英语学习不良品行的应对研究。

第一，通过子研究三，分析构建并实证检验大学英语考试作弊的心理机制。笔者通过实证手段验证大学英语考试作弊如何受利弊权衡、心理不安全感、学习压力等多重因素影响，借助数理统计工具证实系列心理变量如何通过链式反应作用于英语考试作弊倾向，证实了该负面品行的心理发生机制。

第二，通过子研究四，分析并印证动机认知结构对英语考试作弊行为的内在影响。基于成就目标理论，分析和检验大学生成就目标导向如何通过利益感知这一内在心理认知，驱使个体滋生英语考试作弊倾向，证实持不同类型性格特质的个体确实在语言学习品行方面存在巨大差异，为利用动机行为规律降低不良品行提出了高校管理的政策建议与操作启示。

---

① 参见周小兰、左宁:《大学英语评估情境对学业求助的交互影响研究》,《外语与外语教学》2020 年第 1 期。

第三，通过子研究五，探究如何结合动机认知结构与外在评估情境，降低大学生英语学习不择手段的行为倾向。基于成就目标理论的情境特质说，子研究五继续沿用第三章的评估情境变量，分析动机内因与情境外因如何共同作用于大学生英语学习的执行性求助，以此为通过动机情境干预英语学习不良品行提供参照依据与实践启示。

第二节　子研究三：大学英语学习不良品行的心理机制——以大学英语考试作弊为例

2015 年 11 月 1 日起，我国最高人民法院正式宣布《中华人民共和国刑法修正案（九）》生效，考试作弊作为一项正式罪名被纳入刑法，其适用于各类国家法律规定的考试，情节严重者将被处三年以上七年以下有期徒刑。通过近年来国家的执法力度可见，作弊已不仅是学术诚信问题，逐渐成为国家格外关注且严打的罪行。受国家法律法规推动，大学生的作弊现象逐渐引起教育界和法学界关注。[①] 然而，中国高校大学生的作弊新闻报道屡见不鲜，而大学英语作为中国高等教育的一门必修公共课，同时是一个衔接不同学科与国际学术接轨的基本工具，该学科的作弊和剽窃等品行不端现象尤为猖獗。[②] 毋庸置疑，通过高校管理对大学英语学科作弊现象进行有效管制，能够有力保障高等教育的公平性与整体质量，这对国家高等教育具有重要的现实意义。[③] 然而，根据研究梳理发现，作弊议题尚未引起外语学界重视，相关研究仍十分匮乏。在大学英语教学管理实践

① See Y. Zhang, H. Yin, and L. Zheng, "Investigating Academic Dishonesty among Chinese Undergraduate Students: Does Gender Matter?", *Assessment & Evaluation in Higher Education*, 2018 (5): 812-826；段斌斌：《替考入刑：政策演进、制度逻辑与现实局限》,《高校教育管理》2016 年第 5 期；桂亚胜：《组织考试作弊罪若干问题研究》,《华东政法大学学报》2016 年第 2 期；J. Ehrich and S. J. Howard, "A Comparison of Chinese and Australian University Students' Attitudes towards Plagiarism", *Studies in Higher Education*, 2016, 41 (2): 231-246.

② See G. Hu and J. Lei, "Chinese University Students' Perceptions of Plagiarism", *Ethics & Behavior*, 2015, 25 (3): 233-255; M. X. James, G. J. Miller, and T. W. Wyckoff, "Comprehending the Cultural Causes of English Writing Plagiarism in Chinese Students at a Western-Style University", *Journal of Business Ethics*, 2019, 154 (3): 631-642.

③ See H. Yin and Z. Ke, "Students' Course Experience and Engagement: An Attempt to Bridge Two Lines of Research on the Quality of Undergraduate Education", *Assessment & Evaluation in Higher Education*, 2017, 42 (7): 1145-1158.

中，针对作弊现象，各大高校仍主要通过惩戒手段进行预防与威慑①，轻至警告处分，重至开除学籍，鲜有教育管理者意识到通过大学英语教学进行主动干预。落脚于作弊对我国高等教育的恶劣影响，厘清大学生英语考试作弊的心理机制是一个极具应用价值的选题，值得学界进一步关注，它能够为高校管理层高效干预作弊问题提供重要的参照依据。

一、理论模型构建

根据计划行为理论（theory of planned behavior，TPB），人是理性的行为主体，对自身行为具有控制能力，只有权衡利弊并形成一定的行为意愿后，才可能最终执行某一行为。② 据此，利弊权衡结果对大学生英语学习的作弊倾向会形成一定的引导作用。透视当代大学生的英语学习，在英语学科上取得优秀成绩对大学生的发展十分有利。它可现实地提升个人平均学分绩点，提高获得奖学金、评优和保研等重大学业事件的概率，还可避免挂科、失去学位以及错失重要面试机遇等。在利弊权衡下，铤而走险地在英语考试中采取作弊行为成为一些大学生获取成功的捷径。不难理解，在这些息息相关的利益与诱惑刺激下，利弊权衡是大学生在英语考试中滋生作弊倾向的一个重要预测变量。

根据前人研究，对行为后果的考量并不一定直接滋生某一行为，它还会使个体由于潜在后果或威胁而产生焦虑情绪，这种情绪被心理学家称为“心理不安全感”（psychological insecurity）。③ 大学英语课程与我国大学生的学业发展紧密相关，个人的英语学业成就表现直接影响奖学金申请与研究生保送等机遇，这使个体在学习过程中存在一定的心理不安全感。近

---

① 参见王亦旻：《管理视角下英语四、六级考试作弊原因及对策研究》，《中国考试》2012年第4期。

② See I. Ajzen, “From Intentions to Actions: A Theory of Planned Behavior”, *Action Control Springer Berlin Heidelberg*, 1985, 22 (8): 11-39.

③ See J. Hart, “Toward an Integrative Theory of Psychological Defense”, *Perspectives on Psychological Science*, 2014, 9 (1): 19-39; J. Hart, P. R. Shaver, and J. L. Goldenberg, “Attachment, Self-Esteem, Worldviews, and Terror Management: Evidence for a Tripartite Security System”, *Journal of Personality and Social Psychology*, 2005, 88 (6): 999-1013.

年研究证实，当个人面临不利结果时，内心会产生心理不安全感①；显然，当学习主体越意识到大学英语学业不佳对自身不利，其相应的心理不安全感就越发强烈。这种感知甚至在一定程度上激发个体在学习中的冒险倾向②，滋生不道德行为③。据此，本书认为，经过对大学英语学习的利弊权衡，学习主体会产生不同程度的心理不安全感，为了避免学业失败引致的后果或者威胁，个体可能采取作弊这一不道德的风险行为。

除了心理不安全感，由于学习主体本能地将学习目标当成挑战或者潜在威胁，所以在追求目标的学习过程中，还会出现个体与环境失衡导致的身心紧张状态，这种状态也被称为“学习压力”。④ 根据二语习得理论，一定程度的压力能够促进语言综合能力的习得，但本书认为，当学习压力与过多利弊权衡挂钩时，它有可能成为一种负面刺激而引致负面品行。早先的国内研究证实，我国大学生的学习压力与抑郁、焦虑等情绪呈十分显著的正相关。⑤ 换言之，负面情绪往往能够正向预测大学生的学习压力，而焦虑情绪往往会阻碍个体的人格与学习行为朝正常方向发展。⑥ 若大学生由于英语学习产生了强烈的心理不安全感，这很可能使个体的学习压力骤增，为了追求光鲜的学业成就，个体可能铤而走险，采取作弊行为以获所需。

综合以上分析，如图 4-1 所示，本书认为，利弊权衡、心理不安全感与学习压力对大学英语考试作弊倾向起重要的影响作用，它们可能作为一系列的递进预测变量以一种链式反应的方式作用于考试作弊倾向。据此，

① See J. Lu, X. Xie, M. Wang, and X. Tang, “Double Reference Points: The Effects of Social and Financial Reference Points on Decisions under Risk”, *Journal of Behavioral Decision Making*, 2015, 28 (5): 451-463；谢晓非、陆静怡:《风险决策中的双参照点效应》,《心理科学进展》2014 年第 4 期.

② 参见陆静怡、王越:《心理不安全状态下决策者的风险偏好》,《心理科学进展》2016 年第 5 期。

③ See M. J. Pearsall and A. P. J. Ellis, “Thick as Thieves: The Effects of Ethical Orientation and Psychological Safety on Unethical Team Behavior”, *Journal of Applied Psychology*, 2011, 96 (2): 401-411.

④ See E. Karlsen, R. Dybdahl, and J. Vittersø, “The Possible Benefits of Difficulty: How Stress Can Increase and Decrease Subjective Well-Being”, *Scandinavian Journal of Psychology*, 2010, 47 (5): 411-417.

⑤ 参见孟林、杨慧:《心理资本对大学生学习压力的调节作用——学习压力对大学生心理焦虑、心理抑郁和主观幸福感的影响》,《河南大学学报》(哲学社会科学版)2012 年第 3 期。

⑥ See R. Misra and L. G. Castillo, “Academic Stress among College Students: Comparison of American and International Students”, *International Journal of Stress Management*, 2004, 11 (2): 132-148.

笔者拟通过实证研究揭示以下两个问题：第一，大学生英语考试作弊倾向的心理机制是什么，即作弊倾向是如何产生的？第二，可否利用心理规制对大学生的英语考试作弊倾向进行良性干预，如何干预能有效减少作弊行为？笔者期望从源头深挖作弊动因，利用作弊心理机制服务于大学外语教学管理与实践，旨在提升我国高校的大学英语教学质量，从根本上提升高等教育公平性。

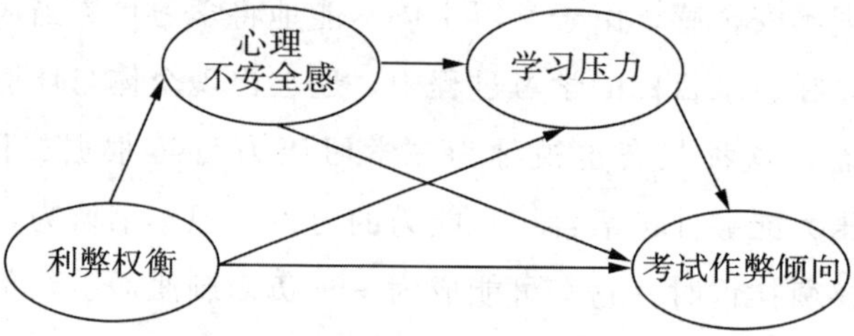

图 4-1 大学英语考试作弊倾向的链式心理机制

二、研究设计

（一）研究方法

本书采用 SPSS 26.0 软件，通过以下步骤完成实证分析：第一步，检验测量量表的信效度，以保障量表的科学性与可行性；第二步，对研究涉及的变量进行皮尔森与斯皮尔曼相关分析，以初步确定模型的关系走向；第三步，采用 Harman 单因素检验法，利用偏相关分析法诊断同源误差的干扰；第四步，采用 PROCESS V2.16.3 插件的 Bootstrap 法检验链式中介效应。本节的根本目的是明晰大学生对英语学业的利弊权衡、心理不安全感、学习压力以及考试作弊倾向之间的关系。模型涉及两个递进式的中介变量，是一个典型的链式关系研究。笔者采用 PROCESS 插件检验理论模型的原因在于，该工具能够高效地对所有的研究设想进行一次性诊断，规避传统回归分析的烦琐步骤。

（二）样本选取

本书以国内某“双一流”建设大学的本科生为研究对象，通过大学外语教学部的十余名教师发放电子问卷。由于问卷涉及作弊调查，该议题较为敏感，为了减少学生的心理顾虑，当被试收到电子链接后，教师刻意回避，待被试提交后才返回教室。问卷以匿名方式提交，且不经过任课教师，由笔者从数据后台直接采集数据。经统计，共 741 名被试提交问卷，通过诊断后剔除无效问卷 77 份，余 664 份，有效率达 89.6%。其中，性别上，男性占 56%，女性占 44%；学科上，文科占 42%，理工科占 58%。

（三）变量测度

本量表主要基于国内外的成熟量表，通过翻译、回译和改编而成，量表根据李克特五点量表进行编制（1=完全不符合，2=不符合，3=不确定，4=符合，5=完全符合）。笔者采用 SPSS 26.0 进行信效度检验。需要特别解释的是，虽然该研究涉及的多个量表已被证实为成熟量表，但由于初步被运用于外语研究，有必要采用探索性因子分析方式检测各量表的结构效度。总体而言，剔除问题题项后，各测度量表的信效度良好。

利弊权衡（BAL）量表，针对该变量，国内学界尚未有成熟量表，据此，由于概念内涵的一致性，笔者从管理学界引进学者莫罗（P. C. Morrow）的交易承诺（continuance commitment）量表①，并结合研究需求进一步改编，形成通俗易懂的量表。利弊权衡量表共涵括 4 个题项，如“如果英语考砸了，我会陷入各种困境。”和“如果英语考砸了，我会失去很多发展机会。”等，以此真实反映大学生对英语学业成就的利弊感知。经计算，量表的 Cronbach's α 系数为 0.895。探索性因子分析显示，KMO 值为 0.838，Bartlette 球形检验在 0.001 的水平上达到显著，通过主成分与直接转轴的最大变异法抽出的单因子解释度达 76.023%。

心理不安全感（PS）量表根据埃德蒙森（A. C. Edmondson）的量表②改编而成，涵括 5 个题项，如“英语这个科目让我担心学业存在不确定性。”和“英语学习结果存在不可预测性。”等。经分析，该量表的 Cronbach's α 系数为 0.858；探索性因子分析显示，KMO 值为 0.777，Bartlette 球形检验在 0.001 的水平以达到显著，采用主成分与直接转轴的最大变异法抽出单因子的解释度达 70.114%。

学习压力（STR）量表根据车文博等和梁宝勇等的量表③进行编制，从大学英语学习内容、任务、环境等五个方面考察学习压力，涵括 5 个题项，如“英语学习中的竞争环境让我有压力。”和“英语学习内容的难度让我有压力。”等。该量表的 Cronbach's α 系数为 0.835；探索性因子分析显示，KMO 值为 0.761，Bartlette 球形检验在 0.001 水平上达到显著，采用主成分与直接转轴的最大变异法抽出的单因子解释度达 60.251%。

---

① See P. C. Morrow, *The Theory and Measurement of Work Commitment*, JAI Press, 1993.

② See A. C. Edmondson, “The Local and Variegated Nature of Learning in Organizations: A Group-Level Perspective”, *Organization Science*, 2002, 13 (2): 128-146.

③ 参见车文博、张林、黄冬梅、张旭东：《大学生心理压力感基本特点的调查研究》，《应用心理学》2003 年第 3 期；梁宝勇、郝志红、卢国华：《大学生和研究生心理压力情况的调查研究》，《心理科学》2009 年第 1 期。

考试作弊倾向（CHT）量表根据计划行为理论①编制，通过学习主体的行为态度测度作弊概率，涵括 4 个题项，如“准备不充分的情况下，我可能在考试中求助他人（物）。”和“确保安全的情况下，我可能在考试中求助他人（物）。”选择作弊态度而非实际作弊行为作为测度目标，主要是为了减少被试的心理顾虑，使其以更放松的心态汇报客观情况。量表的 Cronbach's α 系数为 0.950。探索性因子分析显示，KMO 值为 0.852，Bartlette 球形检验在 0.001 水平上达到显著，采用主成分与直接转轴的最大变异法抽出单因子的解释度达 87.109%。

三、研究结果

（一）相关分析

根据皮尔森与斯皮尔曼相关分析，如表 4-1 所示：利弊权衡、心理不安全感和学习压力之间存在两两止相关，且在 0.01 水平上达到显著；心理不安全感、学习压力和考试作弊倾向同样在 0.01 水平上存在两两正相关；然而，利弊权衡与考试作弊倾向的正相关未达到显著；此外，性别和学科与不同变量之间存在不同程度的正负相关。需要指出的是，相关分析从总体上反映了模型的发展方向，但这个方向可能受到控制变量的干扰，有必要在随后的模型检验中控制性别和学科以观测整体的关系。与此同时，本书采用 Harman 单因素检验法，抽出最大公因子后进行偏相关分析，总体趋势并未发现显著变化，同源误差并未对本书产生显著影响。

表 4-1　子研究三相关分析（$n=664$）

变量	均值	方差	BAL	PS	STR	CHT
BAL	3.1717	1.08260	1			
PS	2.7319	1.02111	0.416**	1		
STR	2.8413	0.85725	0.360**	0.586**	1	
CHT	1.4970	0.98852	0.008	0.144**	0.143**	1
性别	—	—	−0.077*	−0.087*	−0.025	−0.083*
学科	—	—	−0.016	0.042	0.042	0.132**

注：①* $p<0.05$，** $p<0.01$。

②BAL＝利弊权衡，PS＝心理不全安全感，STR＝学习压力，CHT＝考试作弊倾向。

① See I. Ajzen, "From Intentions to Actions: A Theory of Planned Behavior", *Action Control Springer Berlin Heidelberg*, 1985, 22 (8): 11-39.

（二）链式模型分析

本书采用 PROCESS V2.16.3，通过跋靴法的 Model 6，样本量设为 5000，Bootstrap 取样选择偏差矫正的非参数百分位法，置信区间为 95%，具体结果如表 4-2 所示。

第一步，检验直接效应。心理不安全感（$\beta=0.0983$，LLCI = 0.0056，ULCI = 0.1910）和学习压力（$\beta=0.1184$，LLCI = 0.0111，ULCI=0.2257）均对考试作弊倾向存在显著正向预测作用；利弊权衡对考试作弊倾向存在负向预测作用（$\beta=-0.0704$，LLCI = −0.1462，ULCI=0.0054），但未达到显著水平；利弊权衡对心理不安全感存在显著正向预测作用（$\beta=0.3884$，LLCI=0.3230，ULCI=0.4539）；利弊权衡（$\beta=0.1134$，LLCI = 0.0600，ULCI = 0.1667）和心理不安全感（$\beta=0.4437$，LLCI=0.3870，ULCI=0.5003）均对学习压力存在显著正向预测作用。

第二步，检验链式中介效应。已知利弊权衡对考试作弊倾向的直接效应未达到显著水平，置入心理不安全感这一中介变量后，利弊权衡对考试作弊倾向的间接效应达到显著（Effect = 0.0382，BootLLCI = 0.0027，BootULCI=0.0775）；置入学习压力这一中介变量后，利弊权衡对考试作弊倾向的间接效应同样达到显著（Effect=0.0134，BootLLCI=0.0021，BootULCI=0.0314）；置入心理不安全感和学习压力的链式中介后，利弊权衡对考试作弊倾向的间接效应依旧达到显著水平（Effect = 0.0204，BootLLCI=0.0022，BootULCI=0.0417）。至此，链式模型得到验证。

四、研究结论与讨论

围绕本节提出的两个研究问题，考试作弊倾向的心理机制主要由以下路径方向构成（见图 4-2）。

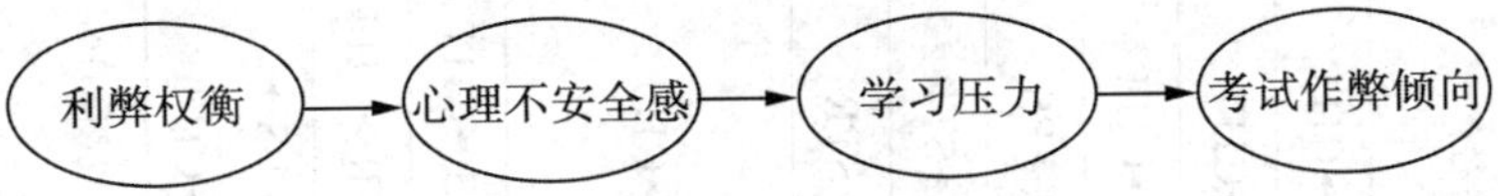

图 4-2　考试作弊倾向的链式方向

表 4-2 子研究三 Bootstrap 链式中介分析（$n=664$）

效应	路径	Coeff/Effect	Se	T	P 值	LLCI	ULCI	Effect	Bootse	BootLLCI	BootULCI	影响方向
直接效应	BAL→CHT	−0.0704	0.0386	−1.8240	0.0686	−0.1462	0.0054					+（insig.）
	PS→CHT	0.0983	0.0472	2.0827	0.0377	0.0056	0.1910					+
	STR→CHT	0.1184	0.0547	2.1661	0.0307	0.0111	0.2257					+
	BAL→PS	0.3884	0.0334	11.6461	0.0000	0.3230	0.4539					+
	BAL→STR	0.1134	0.0271	4.1755	0.0000	0.0600	0.1667					+
	PS→STR	0.4437	0.0289	15.3764	0.0000	0.3870	0.5003					+
总效应	BAL→CHT	0.0016	0.0351	0.0460	0.9633	−0.0674	0.0706					+（insig.）
中介效应	BAL→PS→CHT							0.0382	0.0186	0.0027	0.0775	+
	BAL→STR→CHT							0.0134	0.0073	0.0021	0.0314	+
	BAL→PS→STR→CHT							0.0204	0.0099	0.0022	0.0417	+

注：BAL=利弊权衡，PS=心理不全安全感，STR=学习压力，CHT=考试作弊倾向；insig.=不显著。

第一，直接影响路径上，利弊权衡对心理不安全感与学习压力均存在正向刺激作用，但其对考试作弊倾向的影响并未达到显著；心理不安全感正向激发学习压力；心理不安全感与学习压力均正向刺激大学英语考试作弊倾向。利弊权衡、心理不安全感、学习压力和考试作弊倾向四个变量按照递进顺序存在两两促进作用，各直接作用路径得到验证。

第二，间接影响路径上，心理不安全感与学习压力均正向中介利弊权衡对考试作弊倾向的影响，换言之，心理不安全感与学习压力作为中间变量，同时增强了利弊权衡对考试作弊倾向的影响。利弊权衡、心理不安全感、学习压力和考试作弊倾向存在递进顺序的链式中介效应。这表明，外语教学管理与实践者可通过三个预测变量的良性干预减少考试作弊倾向。

通过链式反应的心理机制可以初步了解考试作弊倾向的发生过程。基于统计分析结果可发现，大学生在英语考试中的作弊倾向受多方因素影响，与该学科息息相关的利弊并不是作弊情绪的直接刺激源，两者之间需要有诱发的中介因素。具体而言，在当前的大学英语学习生活中，英语学业成就直接关系大学生的多种利益与发展机遇，小到评优评先进、奖学金申请与平均学分绩点计算等，大到升学、保送研究生与学历学位授予等。对于众多大学生来说，获取理想英语成绩与掌握专业技能对于自身发展来说均必不可少。因此，学业成绩不理想引致的后果对于个体而言同样是一种十分清晰的认知，这种认知直接导致了大学生的心理不安全感与学习压力，而这两个因素才是考试作弊倾向的真正诱因。因此，高效遏制考试作弊倾向，除了弱化大学英语学习与诸多利弊的关联性之外，还可通过降低个体的心理不安全感或减少其学习压力这两条路径实现，这也是本书为外语教学管理与实践带来的重要发现。

此外，笔者根据研究结果做进一步访谈，发现大学生在英语学习中的心理不安全感表现为个体由于学习结果以及潜在威胁而产生的一种焦虑状态。这种焦虑情绪使学习主体认为大学英语学习结果充满了不确定性，当个人对自身能力的认知无法驾驭这种焦虑情绪时，学习压力才应运而生。因此，当学习主体越发在乎英语学业成绩时，内心萌生的不安全感越发增加了学习压力。这表明，两者并非独立诱因，心理不安全感直接引起学习压力骤增，两者作为递进式诱因共同催生了学习主体的负面学业情绪，并驱使个体在学习中以结果为导向，而这种趋利性价值观最终激发了学生铤而走险的不良品行——考试作弊。因此，落脚于干预和管控大学生的作弊倾向，除了借助国家法律法规形成外在威慑，通过制定管理政策进行严厉管制外，外语教学管理与实践者还可通过作弊心理机制进行科学预防与心理干预，掌握“利弊权衡—心理不安全感—学习压力—考试作弊倾向”这一递进式的路径，基于各直接路径和中介路径的作用方式，有针对性地采取措施以切实降低大学英语考试作弊倾向。

第三节　子研究四：动机认知结构对大学英语考试作弊倾向的驱力影响

2016 年 6 月，教育部颁布《高等学校预防与处理学术不端行为办法》，并迅速在全国范围内各高等教育机构推行。近年来，通过国家连续出台的政策与法律可见，学术诚信已然成为高等教育的一个重要议题。考试作弊作为学术诚信中较为典型的不端品行，以产业般的猖獗之势蔓延于中国各高校大学生群体中。[①] 大学英语作为中国各大高等学府的必修课，其对高等教育质量的重要影响毋庸置疑。然而，英语学科与大学生的升学和评优等多方面利益紧密相关，这使得学习主体为获取英语学业成就滋生各种不良品行，例如考试作弊[②]，英语写作剽窃[③]与抄袭[④]等。近年来，受国家推动，作弊问题已引起教育界和法学界关注[⑤]，但该议题在高等教育领域的相关研究仍较为不足。落脚于作弊行为的恶劣影响与现实意义，本书将继续以大学英语考试作弊倾向这一不良品行为例，聚焦于如何识别和干预大学英语考试作弊倾向。

针对大学英语考试作弊倾向，有必要考虑动机的驱使作用。成就目标导向表征了个体的动机认知倾向，是个体追求成就时在动机认知上形成的

---

① See Y. Chen and C. Chou, “Are We on the Same Page?: College Students' and Faculty's Perception of Student Plagiarism in Taiwan”, *Ethics & Behavior*, 2017, 27 (1): 53-73; Y. Zhang, H. Yin, and L. Zheng, “Investigating Academic Dishonesty among Chinese Undergraduate Students: Does Gender Matter?”, *Assessment & Evaluation in Higher Education*, 2018, (5): 812-826.

② 参见王亦旻:《管理视角下英语四、六级考试作弊原因及对策研究》,《中国考试》2012 年第 4 期。

③ See G. Hu and J. Lei, “Chinese University Students' Perceptions of Plagiarism”, *Ethics & Behavior*, 2015, 25 (3): 233-255.

④ See M. X. James, G. J. Miller, and T. W. Wyckoff, “Comprehending the Cultural Causes of English Writing Plagiarism in Chinese Students at a Western-Style University”, *Journal of Business Ethics*, 2019, 154 (3): 631-642.

⑤ 参见段斌斌:《替考入刑:政策演进、制度逻辑与现实局限》,《高校教育管理》2016 年第 5 期;桂亚胜:《组织考试作弊罪若干问题研究》,《华东政法大学学报》2016 年第 2 期。

一种相对稳定的性格特质，对大学英语学习态度及行为具有引导作用。① 根据成就目标理论，持不同成就目标导向的学习主体在能力观、学习策略与成就观等方面表现迥异。② 动机作为一种固化的认知，驱使个体为了实现既定的学习目标采取各种行为，包括不择手段。已有研究证实，不同类型的成就目标个体在诸如妒忌③、欺骗④、作弊可能性⑤和提供低质量信息⑥等消极态度和行为上存在显著差异。从国内外的法律法规与高校政策看，作弊惩戒程度逐年上升，但大学生作弊现象却未得到有效控制。⑦ 严惩威慑下，消极行为仍得不到控制，很可能与它带来的利益有关。对于学习主体，通过捷径能够快速获得某种利益，且权衡下的利益大于弊端，此时作弊往往会沦为个体铤而走险的手段。⑧

综合以上分析，从动机深处探究作弊动因及其相应的影响路径，有助于从认知根源挖掘大学生滋生不良品行的驱动因素。本书尝试通过实证研究解答以下三个问题：第一，何种动机类型的大学生更容易在考试中产生

---

① 参见李斑斑、徐锦芬：《成就目标定向对英语自主学习能力的影响及自我效能感的中介作用》，《中国外语》2014 年第 3 期；田瑾、王芳妮：《成就目标理论与大学英语学习之相关性》，《外语教学》2014 年第 2 期；韦晓保：《大学生外语学习目标定向、学习焦虑和自主学习行为的结构分析》，《外语界》2014 年第 4 期；周小兰、马文：《大学英语评估取向对学业成就的影响——基于成就目标导向的中介作用研究》，《外语教学理论与实践》2019 年第 2 期。

② See A. J. Elliot and M. A. Church, "A Hierarchical Model of Approach and Avoidance Achievement Motivation", *Journal of Personality & Social Psychology*, 1997, 72 (1): 218-232.

③ See A. J. Elliot and A. C. Moller, "Performance-Approach Goals: Good or Bad Forms of Regulation?", *International Journal of Educational Research*, 2003, 39 (4-5): 339-356.

④ See Y. Niiya, R. Ballantyne, M. S. North, et al., "Gender, Contingencies of Self-Worth, and Achievement Goals as Predictors of Academic Cheating in a Controlled Laboratory Setting", *Basic & Applied Social Psychology*, 2008, 30 (1): 76-83; P. M. Poortvliet, O. Janssen, N. W. Van Yperen, et al., "Perverse Effects of Other-Referenced Performance Goals in an Information Exchange Context", *Journal of Business Ethics*, 2012, 106 (4): 401-414.

⑤ See B. T. Murdock and E. M. Anderman, "Motivational Perspectives on Student Cheating: Toward an Integrated Model of Academic Dishonesty", *Educational Psychologist*, 2006, 41 (3): 129-145.

⑥ See P. M. Poortvliet, O. Janssen, N. W. Van Yperen, et al., "The Joint Impact of Achievement Goals and Performance Feedback on Information Giving", *Basic & Applied Social Psychology*, 2009, 31 (3): 197-209.

⑦ See Y. Zhang, H. Yin, and L. Zheng, "Investigating Academic Dishonesty among Chinese Undergraduate Students: Does Gender Matter?", *Assessment & Evaluation in Higher Education*, 2018, (5): 812-826.

⑧ See B. T. Murdock and E. M. Anderman, "Motivational Perspectives on Student Cheating: Toward an Integrated Model of Academic Dishonesty", *Educational Psychologist*, 2006, 41 (3): 129-145.

作弊行为？第二，不同动机类型的大学生在价值观上如何看待学业成就，在利益感知上有何区别？第三，成就目标导向是否通过利益感知影响作弊倾向，整个作用路径如何实现？笔者期望借助子研究四为高校管理与大学英语教学实践提供现实的动机干预策略，从根本上为减少大学生群体不良学习品行与提升我国高等教育质量带来现实的实践启示。

一、理论模型构建

着眼于我国当下的高等教育，大学英语对我国大学生具有举足轻重的意义，是众多高校评判大学生获取升学、奖学金、保研、学位等诸多资格的指标之一。在此科目中获得佳绩无疑对大学生具有重要影响。据此，优秀的学习成绩带来的各种机会与名利很可能成为学习主体难以抗拒的诱惑，并因此在认知上形成利益感知。根据计划行为理论，个体只有经过充分的利弊权衡后才会形成相应的行为态度。① 从机会成本角度理解，考试作弊是一项风险决策。② 在大学英语考试中作弊所需承担的风险是学习主体无法忽略的，然而，由于学习主体在学习中目睹他人作弊、被觉察概率低和自控能力弱等因素③，个体作弊行为总是屡禁不止，甚至逐年递增。④ 这表明个体即便经过利弊权衡，作弊带来的利益感知水平始终超过风险代价，这最终引起学习主体为达目的不择手段。针对大学英语课程，在功利性外在动机驱使下，大学生为了赢得至关紧要的利益实施作弊行为，并不费解。

由于动机认知结构与价值观的差异，不同类型的成就目标个体在学习行为与利益感知上具有较大区别，这很可能使其在大学英语学习中产生不同的作弊倾向。由于两类成绩目标个体在现实的学习中过于在乎学业成就，获取成功与回避失败的动机强烈，两类人以外在参照为能力标准，自

① See I. Ajzen, "From Intentions to Actions: A Theory of Planned Behavior", *Action Control Springer Berlin Heidelberg*, 1985, 22 (8): 11-39.

② 参见桂亚胜:《组织考试作弊罪若干问题研究》,《华东政法大学学报》2016 年第 2 期。

③ See A. U. Bolin, "Self-Control, Perceived Opportunity, and Attitudes as Predictors of Academic Dishonesty", *Journal of Psychology*, 2004, 138 (2): 101-114.

④ See Y. Chen and C. Chou, "Are We on the Same Page?: College Students' and Faculty's Perception of Student Plagiarism in Taiwan", *Ethics & Behavior*, 2017, 27 (1): 53-73; Y. Zhang, H. Yin, and L. Zheng, "Investigating Academic Dishonesty among Chinese Undergraduate Students: Does Gender Matter?", *Assessment & Evaluation in Higher Education*, 2018, (5): 812-826.

发地为自身树立竞争对手[①]，这使得其在学习信息交互中持利用他人的原则[②]，本能地采用不公平方式从他人身上获取利于自身的信息，同时尽可能地保留有价值的信息。这两类人甚至尝试通过低合作意愿[③]、篡改与分享低质量的学习信息[④]、蓄意破坏学习信息的准确性[⑤]等手段达到降低他人学习质量的目的。在以往的系列研究中，西方学者通过研究大学生群体发现，成绩趋近目标导向与成绩回避目标导向两类人在消极行为上并无显著性差异，均持较高的作弊行为倾向。[⑥] 这两类人持较高的功利性动机水平，在此类动机驱动下滋生不良品行以达目标的可能性较高。

然而，以往的研究虽然证实了两类成绩目标群体的负面行为倾向，但相关研究的样本数据主要源于西方高校，这可能与中国社会文化背景下的样本存在差异。最新研究发现，虽然成绩回避目标个体在消极行为上并未出现显著的中西反差，但不同于西方的个人主义，中国社会秉持集体主义，国内文化背景下的成绩趋近目标个体在学习情境中为获取好评，通常会回避过于自私的直接表现，尽可能地将言行与他人期望保持一致，对外呈现与他人配合的态度，甚至采取有限度的积极信息行为以博取他人好感。[⑦] 据此，在现实的大学英语学习中，两类大学生在社会比较的竞争刺

---

① See C. Midgley, A. Kaplan, and M. Middleton, "Performance-Approach Goals: Good for What, for Whom, under What Circumstances, and at What Cost?", *Journal of Educational Psychology*, 2001, 93 (1): 77-86.

② See P. M. Poortvliet, O. Janssen, N. W. Van Yperen, et al., "Achievement Goals and Interpersonal Behavior: How Mastery and Performance Goals Shape Information Exchange", *Personality & Social Psychology Bulletin*, 2007, 33 (10): 1435-1447.

③ See C. Midgley, A. Kaplan, and M. Middleton, "Performance-Approach Goals: Good for What, for Whom, under What Circumstances, and at What Cost?", *Journal of Educational Psychology*, 2001, 93 (1): 77-86.

④ See P. M. Poortvliet, O. Janssen, N. W. Van Yperen, et al., "The Joint Impact of Achievement Goals and Performance Feedback on Information Giving", *Basic & Applied Social Psychology*, 2009, 31 (3): 197-209.

⑤ See P. M. Poortvliet, O. Janssen, N. W. Van Yperen, et al., "Perverse Effects of Other-Referenced Performance Goals in an Information Exchange Context", *Journal of Business Ethics*, 2012, 106 (4): 401-414.

⑥ See B. T. Murdock and E. M. Anderman, "Motivational Perspectives on Student Cheating: Toward an Integrated Model of Academic Dishonesty", *Educational Psychologist*, 2006, 41 (3): 129-145; E. M. Anderman and F. Banner, "Achievement Goals and Academic Cheating", *Revue Internationale De Psychologie Sociale*, 2008, 21 (1): 155-180; N. W. Van Yperen, M. R. W. Hamstra, and V. D. K. Marloes, "To Win, or Not to Lose, at Any Cost: The Impact of Achievement Goals on Cheating", *British Journal of Management*, 2011, 22 (1): 5-15.

⑦ 参见周小兰、李贞、张体勤:《绩效考核干预下个体成就目标导向对知识共享意愿的影响研究》,《科研管理》2018 年第 3 期。

激下，虽很可能均持有较高的利益感知水平，但成绩回避目标个体自卑且怕输，学习中怕丢面子，往往回避向他人求助，偏好通过抄袭和剽窃等捷径完成学习任务①，很可能在大学英语考试中具有较高的作弊倾向。有别于前者，成绩趋近目标个体为了在英语学习中证明自身优秀的同时维护自身完美形象，在利益感知的刺激下，在学习中表现为积极与消极态度并存。② 他们对高质量学习信息更加敏感③，对学习任务更有坚持力④，在追求成就的情境中具有较高的自我调节水平⑤，自身往往会在英语学习中付出较大努力。因此，他们可能表现出相对较低的作弊倾向。

与前两类形成参照，掌握目标个体在学习中倾向于将集体视为一个改进自身知识结构的学习平台⑥，秉持互惠互利的信息交往原则⑦，偏好以一种合作态度同他人进行信息交互⑧，期望通过集体之间的相互学习实现能力不断提升。此类人具有较高的自我效能感⑨，学习积极性较强，不在

---

① See S. A. Karabenick, "Perceived Achievement Goal Structure and College Student Help Seeking", *Journal of Educational Psychology*, 2004, 96 (3): 569-581.

② See C. Midgley, A. Kaplan, and M. Middleton, "Performance-Approach Goals: Good for What, for Whom, under What Circumstances, and at What Cost?", *Journal of Educational Psychology*, 2001, 93 (1): 77-86.

③ See A. J. Elliot and A. C. Moller, "Performance-Approach Goals: Good or Bad Forms of Regulation?", *International Journal of Educational Research*, 2003, 39 (4-5): 339-356.

④ See D. F. Cellar, A. F. Stuhlmacher, S. K. Young, et al., "Trait Goal Orientation, Self-Regulation, and Performance: A Meta-Analysis", *Journal of Business & Psychology*, 2011, 26 (4): 467-483.

⑤ See N. Ozkal, " The Relationship between Achievement Goal Orientations and Self Regulated Learning Strategies of Secondary School Students in Social Studies Courses", *International Journal of Academic Research*, 2013, 5 (3): 389-396.

⑥ See Y. Gong, J. Huang, and J. Farh, "Employee Learning Orientation, Transformational Leadership, and Employee Creativity: The Mediating Role of Employee Creative Self-Efficacy", *Academy of Management Journal*, 2009, 52 (4): 765-778.

⑦ See P. M. Poortvliet, O. Janssen, N. W. Van Yperen, et al., "Achievement Goals and Interpersonal Behavior: How Mastery and Performance Goals Shape Information Exchange", *Personality & Social Psychology Bulletin*, 2007, 33 (10): 1435-1447.

⑧ See C. Midgley, A. Kaplan, and M. Middleton, "Performance-Approach Goals: Good for What, for Whom, under What Circumstances, and at What Cost?", *Journal of Educational Psychology*, 2001, 93 (1): 77-86; P. M. Poortvliet, O. Janssen, N. W. Van Yperen, et al., "Low Ranks Make the Difference: How Achievement Goals and Ranking Information Affect Cooperation Intentions ", *Journal of Experimental Social Psychology*, 2009, 45 (5): 1144-1147.

⑨ 参见 J. M. Friedel, S. C. Kai, J. C. Turner, and C. Midgley, "Achievement Goals, Efficacy Beliefs and Coping Strategies in Mathematics: The Roles of Perceived Parent and Teacher Goal Emphases", *Contemporary Educational Psychology*, 2007, 32 (3): 434-458；李斑斑、徐锦芬：《成就目标定向对英语自主学习能力的影响及自我效能感的中介作用》，《中国外语》2014 年第 3 期。

乎输赢与结果，追求的学习目标在于掌握技能而非只是表面上的优异成绩。继而，面对外在诱惑，相对两类成绩目标个体，掌握目标个体虽然在乎优异成绩带来的发展机会，却可能对外呈现相对低的利益感知水平。据此，大学英语学习中，作弊对于掌握目标个体是一种目标阻碍行为，因此他们对此类行为可能持排斥或鄙夷态度。据此，本书认为，对比成绩趋近目标与成绩回避目标个体，掌握目标个体很可能在相对较低的利益感知水平基础上，对外呈现最低的英语考试作弊倾向。综上所述，围绕前文提出的三个研究问题，本节提出三个假设并构建了相应的理论模型（见图4-3）。

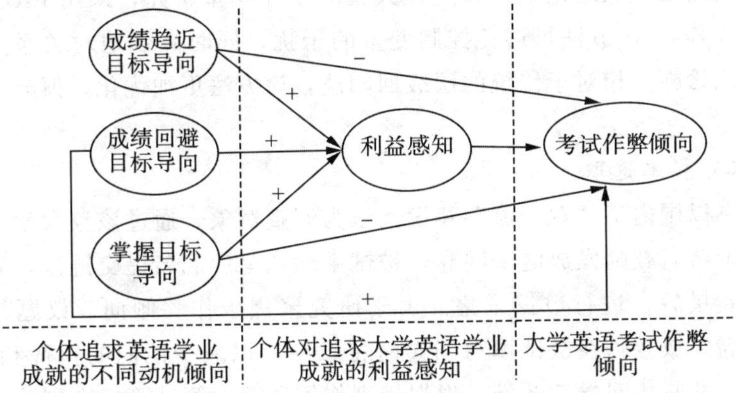

图 4-3　子研究四的理论模型

该理论模型主要包含三个部分，即成就目标导向对考试作弊倾向的影响路径（H4-1），成就目标导向对利益感知的影响路径（H4-2）和利益感知的中介路径（H4-3）。具体可表述为：

H4-1：个体成绩趋近目标导向（H4-1a）、成绩回避目标导向（H4-1b）与掌握目标导向（H4-1c）分别对考试作弊倾向具有反向、正向与反向预测作用；

H4-2：个体成绩趋近目标导向（H4-2a）、成绩回避目标导向（H4-2b）与掌握目标导向（H4-2c）均对学业成就的利益感知存在正向预测作用，但预测力具有较大差异；

H4-3：学业成就的利益感知在个体成绩趋近目标导向（H4-3a）、成绩回避目标导向（H4-3b）及掌握目标导向（H4-3c）与考试作弊倾向的关系中均具中介效应。

二、研究设计

（一）研究方法

本书采用 SPSS 26.0 软件，通过以下三个步骤完成实证分析：第一步，检验测量量表的信效度，以保障量表的科学性与可行性；第二步，对研究变量进行皮尔森与斯皮尔曼相关分析、共线性诊断与共同方法变异诊断，以初步判断模型的合理性，排除共线性问题及同源误差的干扰；第三步，采用 PROCESS V2.16.3 插件的 Bootstrap 法检验中介效应。本书的目的在于明晰大学生成就目标导向通过学业成就的利益感知对考试作弊倾向的影响路径，从理论上理解这是典型的中介模型研究，采用 PROCESS V2.16.3 Bootstrap 法可避免控制变量的干扰，同时高效地对关系路径进行一步式诊断。相对于传统的层级回归法，该方法更加优化，摒弃了烦琐步骤。

（二）样本选取

本书以国内某“双一流”建设大学为调查对象，通过该校大学外语教学部的十余名教师发放电子问卷，被试手动填写后匿名提交链接，笔者则通过问卷星后台进行数据采集。由于研究聚焦于作弊倾向，议题较为敏感，问卷发放教师在被试填写问卷时特意回避以减少他们的担忧和焦虑。发放后，共收集问卷 703 份，根据规则作答和反向测试等标准剔除 51 份，获有效问卷 652 份，有效率达 92.7%。其中，性别上，男生占 45.4%，女生占 54.6%；学科上，文科占 42%，理工科占 58%。

（三）变量测度

子研究四涉及的量表主要通过翻译、回译、自编与改编等方式形成，按照李克特五点量表标准设计，选项包括“1＝完全不符合，2＝不符合，3＝不确定，4＝符合，5＝完全符合”，采用 SPSS 26.0 检验信度与效度。

成就目标导向（AGO，13 个题项）量表涵括成绩趋近目标导向（AGO1，4 个题项）、成绩回避目标导向（AGO2，4 个题项）和掌握目标导向（AGO3，5 个题项）三种类型，三个子量表的 Cronbach's α 系数分别为 0.884、0.846 和 0.871。通过探索性因子分析，KMO 值为 0.865，Bartlette 球形检验的显著性达到 0.001，通过主成分与直接转轴的最大变异法分析，抽出三因子的方差累积解释度达 70.085%。

利益感知（IST，4 个题项）。关于大学英语学业成就的利益感知测度，外语学界尚未有现成量表，笔者根据文献研究引用管理学界莫罗等的交易承诺量表①。该量表从理论上反映的内涵与本书的研究意义较为相似，但由于适用领域不一致，笔者根据研究需求重新设计后形成涵括4个题项的量表（如题项2为“如果英语考砸了，我会失去很多发展机会。”，题项4为“如果英语考砸了，我的代价会比较大。”）。经统计分析，该量表的 Cronbach's α 系数为 0.895。探索性因子分析显示，KMO 值为 0.838，Bartlette 球形检验达 0.001 的显著水平，通过主成分与直接转轴的最大变异法分析，抽出的单因子解释度达 76.023%。

考试作弊倾向（CHT，4个题项）。若通过该量表进行实际作弊行为的自我汇报，可能会加深被试的心理担忧，甚至引致被试无法如实作答。为了回避社会期待效应，降低样本心理压力引致的误差，笔者以委婉的行为态度作为研究目标，而不直接出现“作弊行为”字眼，自编了测度量表。例如，题项1为“准备不充分的情况下，我可能在考试中求助他人(物)。”，题项2为“确保安全的情况下，我可能在考试中求助他人(物)。”。经统计分析，该量表的 Cronbach's α 系数为 0.852。探索性因子分析显示，KMO 值为 0.838，Bartlette 球形检验达 0.001 的显著水平，通过主成分与直接转轴的最大变异法分析，抽出的单因子解释度达 87.109%。

三、研究结果

（一）相关分析

如表 4-3 所示，三类成就目标导向与考试作弊倾向均呈现显著负相关，其中，在关联强度上，掌握目标导向的负相关最强（$r=-0.404$，$p<0.01$），成绩趋近目标导向居中（$r=-0.297$，$p<0.01$），成绩回避目标导向则最弱（$r=-0.236$，$p<0.01$）。与此同时，三类成就目标导向与利益感知存在显著正相关，但不一致的是，成绩回避目标导向的关联度最强（$r=0.488$，$p<0.01$），成绩趋近目标导向居中（$r=0.281$，$p<0.01$），掌握目标导向与之相关性则最弱（$r=0.132$，$p<0.01$）。此外，利益感知与考试作弊倾向的相关性并未达到显著性水平。从总体上观测，变量关系符合预期，但这些结果可能受到性别与学科等因素干扰，有必要在随后的模型验证中将其作为控制变量考虑在内。

① See P. C. Morrow, *The Theory and Measurement of Work Commitment*, London: JAI Press, 1993.

表 4-3 子研究四相关分析（$n=652$）

变量	均值	标准差	AGO1	AGO2	AGO3	IST	CHT
AGO1	3.4518	0.96289	1	—	—	—	—
AGO2	3.5752	0.95351	0.618**	1	—	—	—
AGO3	3.7051	0.89042	0.517**	0.408**	1	—	—
IST	3.1717	1.08260	0.281**	0.488**	0.132**	1	—
CHT	1.4970	0.98852	−0.297**	−0.236**	−0.404**	0.008	1
性别	—	—	−0.014	0.012	0.064	−0.077*	−0.083*
学科	—	—	−0.042	−0.009	0.055	−0.016	0.132**

注：① * $p<0.05$，** $p<0.01$。

②AGO1＝成绩趋近目标导向，AGO2＝成绩回避目标导向，AGO3＝掌握目标导向，IST＝利益感知，CHT＝考试作弊倾向。

由于三类成就目标导向存在中等相关，本书对以利益感知和考试作弊倾向为解释变量的回归模型进行多元共线性诊断，成绩趋近目标导向（TOL＝0.991，VIF＝1.000，Eigenvalue＝0.023，CI＝12.966）、成绩回避目标导向（TOL＝0.985，VIF＝1.002，Eigenvalue＝0.022，CI＝13.289）和掌握目标导向（TOL＝0.987，VIF＝1.004，Eigenvalue＝0.021，CI＝13.554）并未超出常鉴指标范围，DW 值均较接近 2，共线性问题并未对本书造成干扰。随后，采用 Harman 单因素检验法，抽出最大公因子后进行偏相关分析，发现整体趋势依旧，共同方法偏差在可接受范围内。

（二）直接效应分析

本书基于 PROCESS V2.16.3 中 Bootstrap 的 Model 4，将样本量设为 5000，Bootstrap 取样选择偏矫正的非参数百分位法，置信区间为 95%，统计结果如表 4-4 所示。

首先，考察三类成就目标导向对考试作弊倾向的预测作用。根据 M4-3、M4-7 和 M4-11，未加入中介前，成绩趋近目标导向负向预测考试作弊倾向（$\beta=-0.3271$，LLCI＝−0.4038，ULCI＝−0.2504），假设 H4-1a 通过；成绩回避目标导向负向预测考试作弊倾向（$\beta=-0.3055$，LLCI＝−0.3942，ULCI＝−0.2169），假设 H4-1b 未通过；掌握目标导向同样负向预测考试作弊倾向（$\beta=-0.4614$，LLCI＝−0.5384，ULCI＝−0.3843），假设H4-1c通过。通过对比三个标准回归系数可知，三种学习主体均抗拒作弊，但程度有别，掌握目标个体的抗拒意愿最为强烈，成绩趋近目标个体居中，成绩回避目标个体的抗拒水平最低。

表 4-4　子研究四中介回归分析（$n=652$）

自变量	效应	假设路径	Coeff/Effect	Se	T	P 值	LLCI	ULCI	Effect	Bootse	BootLLCI	BootULCI	对应假设	检验结果
AGO1	总效应	M4-1：AGO1→CHT	−0.3009	0.0376	−7.9950	0.0000	−0.3748	−0.2270					H4-1a	通过
		M4-2：AGO1→IST	0.3148	0.0419	7.5089	0.0000	0.2325	0.3971					H4-2a	通过
	直接效应	M4-3：AGO1→CHT	−0.3271	0.0391	−8.3734	0.0000	−0.4038	−0.2504					—	—
	中介效应	M4-4：AGO1→IST→CHT							0.0263	0.0129	0.0026	0.0538	H4-3a	通过
AGO2	总效应	M4-5：AGO2→CHT	−0.2358	0.0396	−5.9603	0.0000	−0.3136	−0.1581					H4-1b	通过
		M4-6：AGO2→IST	0.5591	0.0402	13.9041	0.0000	0.4801	0.6380					H4-2b	通过
	直接效应	M4-7：AGO2→CHT	−0.3055	0.0451	6.7697	0.0000	0.3942	0.2169					—	—
	中介效应	M4-8：AGO2→IST→CHT							0.0697	0.0242	0.0240	0.1183	H4-3b	通过
AGO3	总效应	M4-9：AGO3→CHT	−0.4523	0.0389	−11.6241	0.0000	−0.5287	−0.3759					H4-1c	通过
		M4-10：AGO3→IST	0.1676	0.0469	3.5764	0.0004	0.0756	0.2597					H4-2c	
	直接效应	M4-11：AGO3→CHT	−0.4614	0.0392	−11.7592	0.0000	−0.5384	−0.3843					—	—
	中介效应	M4-12：AGO3→IST→CHT							0.0090	0.0066	−0.0009	0.0266	H4-3c	未通过

注：AGO1＝成绩趋近目标导向，AGO2＝成绩回避目标导向，AGO3＝掌握目标导向，IST＝利益感知，CHT＝考试作弊倾向。

其次，考察三类成就目标个体对利益感知的预测作用。根据 M4-2、M4-6 和 M4-10，成绩趋近目标导向正向预测利益感知（$\beta=0.3148$，LLCI=0.2325，ULCI=0.3971），假设 H4-2a 通过；成绩回避目标导向正向预测利益感知（$\beta=0.5591$，LLCI=0.4801，ULCI=0.6380），假设 H4-2b 得到印证；掌握目标导向同样正向预测利益感知（$\beta=0.1676$，LLCI=0.0756，ULCI=0.2597），假设 H4-2c 通过。总体而言，三者虽然均正向预测利益感知，但差异较大，其中成绩回避目标个体的利益感知水平最高，成绩趋近目标个体居中，掌握目标个体的利益感知水平最低。

（三）中介效应分析

如表 4-4 所示，根据 M4-1 和 M4-4，加入中介后，成绩趋近目标导向对考试作弊倾向具有负向预测作用（$\beta=-0.3009$，LLCI=−0.3748，ULCI=−0.2270），利益感知的间接效应达到显著性水平（Effect=0.0263，BootLLCI=0.0026，BootULCI=0.0538），假设 H4-3a 通过。根据 M4-5 和 M4-8，成绩回避目标导向对作弊倾向同样具有负向预测作用（$\beta=-0.2358$，LLCI=−0.3136，ULCI=−0.1581），利益感知的间接效应达到显著性水平（Effect=0.0697，BootLLCI=0.0240，BootULCI=0.1183），假设 H4-3b 通过。根据 M4-9 和 M4-12 掌握目标导向负向预测作弊倾向（$\beta=-0.4523$，LLCI=−0.5287，ULCI=−0.3759），由于利益感知的中介效应置信区间包含 0，（Effect=0.0090，BootLLCI=−0.0009，BootULCI=0.0266），间接效应未达到显著性水平，假设 H4-3c 未得到印证。需要特别指出的是，通过直接效应与总效应对比可以发现，在利益感知的中介下，两种成绩目标个体对考试作弊的抗拒意愿有所下滑，换言之，当这两种学生从英语考试中感受到的利益关联增强，两者作弊的倾向水平将有所提升，且成绩回避目标个体的变化尤其显著，这是本书的重大发现。

四、研究结论与讨论

基于以上实证结果，本书得出以下三个结论。

第一，在现实的大学英语学习中，掌握目标个体最抗拒作弊行为，成绩趋近目标个体居中，成绩回避目标个体的排斥程度最弱。在大学英语学习中，虽然三类大学生对作弊倾向均存在显著的负向预测作用，但程度差异大。成绩回避目标个体的微弱抗拒意愿是一个令人意外的发现，此类人的表现与预期并不一致，重要原因可能在于社会期许效应（social desirability），即社会个体总是按照大众所期待和喜欢的方式展示自身行为。早期实验研究证实，相对于掌握目标个体，两类成绩目标个体出现更多作弊行为，但也同时强调，由于社会期许效应，被试通常不愿意真实汇报自身作弊数据，他们在现实中的作弊行为很可能比实际情况更加严重。①

针对中国高教背景下的大学英语这一核心必修课，作弊是严重违规的消极行为，被试出于一定的心理担忧，为了达到社会对自身的期许，很可能在问卷中相对隐晦地反映自身作弊倾向，数据虽然已经通过严格的信效度检验，但可能在一定程度上被群体美化，因而导致成绩回避目标导向与作弊行为存在较弱的负相关，而非预期的正相关。本书的另一个重要发现是，针对大学英语考试作弊倾向，成绩趋近目标个体确实存在与西方大学生相反的表现。② 受本土文化影响，此类人的作弊行为并未像西方人那样直接与负面，中国大学生表现得更加保守与积极。然而，与掌握目标个体形成参照，成绩趋近目标个体的自律表现是有限制、有条件的，这类人对作弊的排斥程度并不强烈。换言之，当大学英语学习情境对成绩趋近目标个体施加足够的压力刺激时，他们可能为了获得理想的英语学业成就而不择手段。

第二，成绩回避目标个体最在乎大学英语学业的利益得失，成绩趋近目标个体居中，而掌握目标个体对相关利益的得失感最弱。三类成就目标导向对大学英语学业成就的利益感知均存在显著正向预测作用，但成绩趋近目标个体与成绩回避目标个体的利益感知水平显著较强，掌握目标个体则表现得较弱，这与研究预期完全一致。需要明确的是，由于持有不同的学习目标，成绩回避目标个体追求“不输”，成绩趋近目标个体则追求“完胜”，这两种外在动机的强烈刺激使两类学习群体均持有较高的利益感知水平，过于在乎结果的特质使他们的学习行为更容易以结果为导向，从而忽略学习过程的重要性。

大学英语是一门集合听、说、读、写、译五种能力的综合课程，学业成就的提升与学习技能的掌握取决于持之以恒的概念学习和行为学习，这既要求个体在认知上带着既定目标，保持足够强烈的动机水平，更要求个

① See N. W. Van Yperen, M. R. W. Hamstra, and V. D. K. Marloes, “To Win, or Not to Lose, at Any Cost: The Impact of Achievement Goals on Cheating”, *British Journal of Management*, 2011, 22 (1): 5-15.

② See B. T. Murdock and E. M. Anderman, “Motivational Perspectives on Student Cheating: Toward an Integrated Model of Academic Dishonesty”, *Educational Psychologist*, 2006, 41 (3): 129-145; E. M. Anderman and F. Banner, “Achievement Goals and Academic Cheating”, *Revue Internationale De Psychologie Sociale*, 2008, 21 (1): 155-180; N. W. Van Yperen, M. R. W. Hamstra, and V. D. K. Marloes, “To Win, or Not to Lose, at Any Cost: The Impact of Achievement Goals on Cheating”, *British Journal of Management*, 2011, 22 (1): 5-15.

体重视学习过程，对语言学习任务的坚持具有持久性。显然，以结果为导向的学习行为体现出较为功利的外在需求，这容易滋生各种不良品行。据此，成绩趋近目标个体与成绩回避目标个体对待英语学业成就的态度应引起外语教学管理与实践者重视，这两类人将自身成败与否寄托于能力参照标准，设置外在常模的心理需求不仅脆弱，还容易引致仇视与敌对消极情绪。[①] 此外，他们设置的常模通常是学习群体中的同伴[②]，这容易产生逐利般的学习品行，甚至引致恶性竞争氛围。研究结果直接证实了成绩回避目标个体的消极性与成绩趋近目标个体的两面性，有必要良性干预这两类学生的英语学习态度以减少其不良学习品行。

第三，大学生成绩趋近目标导向与成绩回避目标导向均通过利益感知对作弊倾向产生加强作用，利益感知对成绩回避目标个体的刺激作用尤其显著，但它并未在掌握目标导向与作弊倾向之间产生中介作用。简而言之，利益感知水平越高，两类成绩目标个体越可能产生作弊行为。然而，掌握目标个体对作弊的抗拒意愿并不受利益感知的干扰，这意味着，无论面对多大的利益诱惑，这类人始终抗拒作弊。这是本书的重要发现，也是研究的意义所在。研究结果充分表明，利益感知确实能够激发一部分学习群体的消极学习行为倾向。两类成绩目标个体面对学业成就表现得更加患得患失，追求学业成功的欲望强烈，在利益得失感足够强的情况下，这两类人的学习品行均容易出现问题。

通过对比可发现，利益感知对成绩回避目标个体的刺激作用最为显著，换言之，此类人最容易受情境的暗示与引导，当大学英语学习情境出现竞争性和功利性等特征时，他们对情境的应激最为强烈。对比成绩趋近目标个体，成绩回避目标个体不追求好评，只回避差评，对道德的设限标准更低，“不输”的本能需求驱使其不计后果地利用作弊手段赢得所求。令人欣慰的是，掌握目标个体在现实的英语学习中，虽然存在微弱的相关利益得失感，但英语学业成就情境引致的利益感知并未对其构成外在刺激。这说明，此类人的自律性比预期更强，掌握语言和提升能力的内在动机完全屏蔽了外在利益的诱惑作用。总体而言，这类人对不良学习品行具有“自动屏蔽功能”，属于大学英语教师最无须“操心”的理想学习群体。

---

① See A. J. Elliot and A. C. Moller, “Performance-Approach Goals: Good or Bad Forms of Regulation?”, *International Journal of Educational Research*, 2003, 39 (4-5): 339-356.

② See B. T. Murdock and E. M. Anderman, “Motivational Perspectives on Student Cheating: Toward an Integrated Model of Academic Dishonesty”, *Educational Psychologist*, 2006, 41 (3): 129-145.

第四节　子研究五：大学英语教学评估情境对不良品行的干预影响——以执行性求助为例

执行性求助（executive help seeking）是学习者不经过任何努力而获取直接帮助以实现目标的行为[①]，例如，作弊、剽窃和抄袭等。它作为一种问题品行，广泛存在于中国大学生群体中[②]，在大学英语学习中尤为普遍[③]。显然，此类行为对大学生英语学习十分不利，也是导致教学质量严重下滑的重要因素。[④] 近年来，已有学者意识到中国大学生的英语写作剽窃问题[⑤]，但学术品行的相关议题在外语学界仍处于起步阶段，如何识别和干预执行性求助尚不明确，这是本书的聚焦所在。

大学英语作为中国高校的必修课，学生的大学英语学习行为往往受到动机驱使。[⑥] 个体由于追求不同的成就，在认知上会形成不一样的成就目标导向[⑦]，这可能会刺激个体在不同程度上采取执行性求助以满足其功利性需求。近年研究证实，成就目标与大学生外语学习行为存在重要关联。[⑧] 学者们呼吁将成就目标理论引入外语学界，以此挖掘外语学习的障碍因素。据此，本书尝试基于该理论，探究英语学习不良品行的动机内

---

① See A. M. Ryan, H. Patrick, and S. O. Shim, "Differential Profiles of Students Identified by Their Teacher as Having Avoidant, Appropriate, or Dependent Help-Seeking Tendencies in the Classroom", *Journal of Educational Psychology*, 2005, 97 (2): 275-285.

② See Y. Chen and C. Chou, "Are We on the Same Page?: College Students' and Faculty's Perception of Student Plagiarism in Taiwan", *Ethics & Behavior*, 2017, 27 (1): 53-73.

③ See G. Hu and J. Lei, "Chinese University Students' Perceptions of Plagiarism", *Ethics & Behavior*, 2015, 25 (3): 233-255.

④ See S. Shih, "The Role of Motivational Characteristics in Taiwanese Sixth Graders' Avoidance of Help Seeking in the Classroom", *The Elementary School Journal*, 2007, 107(5): 473-495.

⑤ See G. Hu and J. Lei, "Chinese University Students' Perceptions of Plagiarism", *Ethics & Behavior*, 2015, 25 (3): 233-255; M. X. James, G. J. Miller, and T. W. Wyckoff, "Comprehending the Cultural Causes of English Writing Plagiarism in Chinese Students at a Western-Style University", *Journal of Business Ethics*, 2019, 154 (3): 631-642.

⑥ 参见田瑾、王芳妮：《成就目标理论与大学英语学习之相关性》，《外语教学》2014 年第 2 期。

⑦ See E. S. Elliott and C. S. Dweck, "Goals: An Approach to Motivation and Achievement", *Journal of Personality & Social Psychology*, 1988, 54 (1): 5-12.

⑧ 参见田瑾、王芳妮：《成就目标理论与大学英语学习之相关性》，《外语教学》2014 年第 2 期；李斑斑、徐锦芬：《成就目标定向对英语自主学习能力的影响及自我效能感的中介作用》，《中国外语》2014 年第 3 期；周小兰、马文：《动机视角下大学英语评估模式对执行性求助的影响》，《现代外语》2019 年第 5 期。

因，了解什么性格特质的大学生更容易为达目的不择手段。

除了动机内因，情境外因也应引起关注。大学英语教学主要存在形成性评估与总结性评估两种模式①，它们是评价个人学业成就的重要情境，其操作结果直接关乎个人的学业成败。不同的评估设计与操作容易引致不一样的学习氛围，进而对个体的竞争与合作态度产生影响。② 最新研究证实，以结果和优劣对比为导向的评估方式容易引起学习主体的心理焦虑，并迅速降低他们分享知识的意愿。③ 据此，评估操作不当可能成为一种情境刺激，引发大学生英语学习的恶性竞争行为。作为教与学的监督手段，外语教学评估模式对英语学业成就起决定性作用，而它对执行性求助存在什么影响，能否通过评估情境减少此类不良学习品行是一个亟须关注的研究议题，具有较强的操作性和较高的应用价值。

综合以上分析，本书尝试通过实证解决以下两个问题：第一，大学英语教学评估情境是否对大学生的执行性求助行为产生影响；第二，成就目标导向是否通过评估模式对执行性求助行为产生影响。整个研究拟通过理论研究、构建假设模型和检验路径关系等一系列过程，厘清英语学习的动机内因与情境外因对执行性求助的影响过程，从而为外语教学管理与实践者有效干预不良学习品行提供科学的参考依据与操作启示。

一、理论模型构建

（一）大学英语教学评估模式对执行性求助的直接影响

根据评估目的的差异，大学英语教学评估模式主要存在形成性评估与总结性评估两种类型。形成性评估，也称为过程评价，指教师在教学过程中对外语学习进行评价，旨在发现个人不足、提供及时反馈并挖掘学生潜力，以此改进教与学的效果。④ 与之形成对比，总结性评估是一种传统评价方法，也称为事后评价，旨在通过学习结果的诊断形成优劣对比或等级

---

① See M. Scriven, "The Methodology of Evaluation", in R. Tyler, R. Gagne, and M. Scriven, eds., *Perspectives of Curriculum Evaluation*, Chicago: Rand McNally, 1967, pp. 39-83.

② See T. Chen, P. Wu, and K. Leung, "Individual Performance Appraisal and Appraisee Reactions to Workgroups: The Mediating Role of Goal Interdependence and the Moderating Role of Procedural Justice", *Personnel Review*, 2011, 40 (1): 87-105.

③ 参见周小兰、李贞、张体勤：《绩效考核干预下个体成就目标导向对知识共享意愿的影响研究》，《科研管理》2018 年第 3 期。

④ See C. Leung and B. Mohan, "Teacher Formative Assessment and Talk in Classroom Contexts: Assessment as Discourse and Assessment of Discourse", *Language Testing*, 2004, 21 (3): 335-359.

区分，进而服务于分班、分级、教材与教学策略采用等多重目的。我国高校的大学英语教学管理偏好同时采用两种评估手段，但以总结性评估为主，形成性评估为辅。基于课程设置及语言基础差异等因素，我国高校管理者将两种评价方法以不同组合模式广泛运用于大学英语教学中。

大学英语教师在教学中向大学生传达评估模式时，不同评估目的可能通过个体认知对英语学习行为产生干扰作用。形成性评估忽略学习结果，引导个体在英语学习中关注个人不足，注重学习过程与能力成长。有研究发现，当个体意识到评价目的在于发展自身时，对外往往展现出积极的合作态度。① 从行为动机看，这种方式使个体不再需要一味追求成绩，在一定程度上弱化了大学生英语学习的功利性需求。与之形成参照，总结性评估是一种助长竞争氛围的评价模式，它以结果为导向，以选拔优秀学生为目的，其相应的评价结果对大学生英语成就具有“一招定成败”的决定性作用。当评估传达强烈的评价对比取向时，容易激起个体间的竞争氛围②，从而可能使个体持有较强的执行性求助倾向。

综上，本节提出以下假设。

H4-4：大学英语教学总结性评估对执行性求助具有正向预测作用。

H4-5：大学英语教学形成性评估对执行性求助具有反向预测作用。

（二）成就目标导向的中介作用

根据成就目标理论，三种特质在个体认知上均有所体现，但某一种占据主导地位并对大学生的英语学习态度和学习行为产生引导作用。③ 然而，这种性格特质的稳定性是相对的，在一定的情境刺激下，个体的动机行为可能会产生变化。④ 大学英语教学总结性评估以一次考试诊断“个人成败”⑤，从本质上推崇竞争，与两类成绩目标个体的价值观较为相似。研究证实，这两类人为了获取成功，会不择手段地打击对手以增加他们失

---

① See T. Chen, P. Wu, and K. Leung, “Individual Performance Appraisal and Appraisee Reactions to Workgroups: The Mediating Role of Goal Interdependence and the Moderating Role of Procedural Justice”, *Personnel Review*, 2011, 40 (1): 87-105.

② See M. D. Johnson, J. R. Hollenbeck, S. E. Humphrey, et al., “Cutthroat Cooperation: Asymmetrical Adaptation to Changes in Team Reward Structures”, *Academy of Management Journal*, 2006, 49 (1): 103-119.

③ 参见周小兰、马文:《动机视角下大学英语评估模式对执行性求助的影响》,《现代外语》2019 年第 5 期。

④ S. Shih, “The Role of Motivational Characteristics in Taiwanese Sixth Graders' Avoidance of Help Seeking in the Classroom”, *The Elementary School Journal*, 2007, 107 (5): 473-495.

⑤ See C. Leung and B. Mohan, “Teacher Formative Assessment and Talk in Classroom Contexts: Assessment as Discourse and Assessment of Discourse”, *Language Testing*, 2004, 21 (3): 335-359.

败的可能性，例如，刻意篡改信息[①]，提供低质量信息[②]，隐藏有价值的学习信息[③]等。然而，掌握目标个体偏好把集体当成一个共同学习和提升能力结构的平台[④]，不在乎外在成败，不断追求自我突破，此类特质很可能弱化总结性评估对执行性求助的消极影响。反之，两类成绩目标导向则可能起到强化作用。

不同于总结性评估，形成性评估向学习主体传递“重过程、轻结果，重成长、轻竞争”[⑤] 的意识。当英语成绩不再是教师的关注焦点时，大学生追求学业成就的功利动机水平会显著降低。研究发现，当评估传递以发展为目的的信号时，学习主体的合作意识[⑥]、正面态度[⑦]与信息共享意愿[⑧]会明显提升。此类评估有利于大学生对英语学习过程投予更多关注，使他们将注意力聚焦于与学习能力相关的各环节，如发现不足、识别需求、获取反馈和解决问题等方面。因此，形成性评估能够通过动机认知有力减少学生的不良学习品行。

综上，本节提出以下假设。

H4-6：成绩趋近目标导向、成绩回避目标导向和掌握目标导向对执

---

① See P. M. Poortvliet, O. Janssen, N. W. Van Yperen, et al., "Perverse Effects of Other-Referenced Performance Goals in an Information Exchange Context", *Journal of Business Ethics*, 2012, 106 (4): 401-414; Y. Gong, M. Wang, J. C. Huang, et al., "Toward a Goal Orientation-Based Feedback-Seeking Typology: Implications for Employee Performance Outcomes", *Journal of Management*, 2017, 43 (4): 1234-1260.

② See S. H. Yong, B. Kim, H. Lee, et al., "The Effects of Individual Motivations and Social Capital on Employees' Tacit and Explicit Knowledge Sharing Intentions", *International Journal of Information Management*, 2013, 33 (2): 356-366.

③ See C. Toma and F. Butera, "Hidden Profiles and Concealed Information: Strategic Information Sharing and Use in Group Decision Making", *Personality & Social Psychology Bulletin*, 2009, 35 (6): 793-806.

④ See Y. Gong, J. Huang and J. Farh, "Employee Learning Orientation, Transformational Leadership, and Employee Creativity: The Mediating Role of Employee Creative Self-Efficacy", *Academy of Management Journal*, 2009, 52 (4): 765-778.

⑤ See C. Leung and B. Mohan, "Teacher Formative Assessment and Talk in Classroom Contexts: Assessment as Discourse and Assessment of Discourse", *Language Testing*, 2004, 21 (3): 335-359.

⑥ See T. Chen, P. Wu, and K. Leung, "Individual Performance Appraisal and Appraisee Reactions to Workgroups: The Mediating Role of Goal Interdependence and the Moderating Role of Procedural Justice", *Personnel Review*, 2011, 40 (1): 87-105.

⑦ See M. D. Johnson, J. R. Hollenbeck, S. E. Humphrey, et al., "Cutthroat Cooperation: Asymmetrical Adaptation to Changes in Team Reward Structures", *Academy of Management Journal*, 2006, 49 (1): 103-119.

⑧ 参见周小兰、李贞、张体勤:《绩效考核干预下个体成就目标导向对知识共享意愿的影响研究》,《科研管理》2018 年第 3 期。

行性求助分别具有正向、正向和反向预测作用。

H4-7：三类成就目标导向在总结性评估对执行性求助的影响中均具有中介作用。

H4-8：三类成就目标导向在形成性评估对执行性求助的影响中均具有中介作用。

围绕研究问题，本书构建了相应的理论模型（见图 4-4）。该模型涵括两部分：第一，大学英语教学评估模式对执行性求助的影响路径（H4-4 和 H4-5）；第二，大学英语教学评估模式通过成就目标导向对执行性求助的间接影响路径（H4-6、H4-7 和 H4-8）。

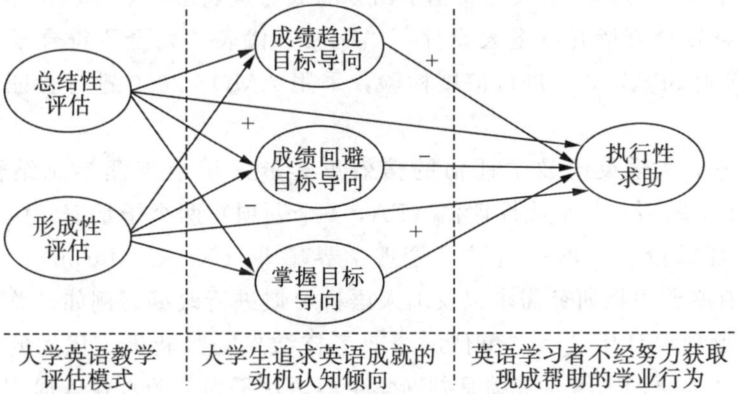

图 4-4　子研究五的理论模型

二、研究设计

（一）研究方法

本书采用 SPSS 26.0 和 AMOS 26.0 软件，通过以下三个步骤完成实证分析。第一步，通过 SPSS 26.0 检验测量量表的信度，通过 AMOS 26.0 检验量表效度，以保障量表的科学性与可行性。由于本书涉及的执行性求助在语言学中是一个比较新的概念，笔者在预调查时采用了探索性因子分析法，在正式研究时采用了验证性因子分析法以判断构念的合理性。第二步，对研究变量进行皮尔森与斯皮尔曼相关分析以初步判断模型的合理性，采用 Harman 单因素检验法排除同源误差的干扰。第三步，采用 SPSS 26.0 的逐层回归法检验直接效应和中介效应。本书的目的在于明晰大学英语教学评估情境是否通过成就目标导向作用于执行性求助行为，这是典型的中介效应路径。由于需要清晰地了解评估情境对执行性求助、成就目标导向对执行性求助的直接效应，采用逐层回归法可清晰地了解每个直接效应，并同时诊断中介效应，实现直接效应与总效应的平行比较，而逐层回归法可恰到好处地满足研究需求。

本书以国内某“双一流”建设大学的非英语专业大二学生为研究对象，通过大学外语教学部的二十余名教师发送电子问卷，以匿名方式从网络平台回收，以此减少被调查对象的心理顾虑。在预测试后，本书通过正式调查发放850份电子问卷，剔除规律作答、乱答和雷同等问题问卷，最终获得640份有效问卷，有效率为75.3%。性别上，男生占44.2%，女生占55.8%；专业上，文科占41.6%，理工科占58.4%。

（二）变量测度

本书采用的测度量表主要基于西方的成熟量表进行翻译、回译和改编而成，依据李克特五点量表设计，“1～5”代表“完全不符合至完全符合”，采用SPSS 26.0进行信度检验，采用AMOS 26.0进行验证性因子分析。

第一，大学英语教学评估的信效度检验。该量表涵括总结性评估（SA，4个题项）与形成性评估（FA，4个题项）两个子量表。由于外语界尚无现成量表，本书引进了管理学界墨菲（K. R. Murphy）等的量表①，有必要根据研究需求以及国人语言习惯进行改编。例如，总结性评估量表题项设计中，将“单位的绩效考核结果是判断员工优劣的依据。”改编为“英语期末考试成绩是判断学生英语水平高低的重要依据。”。经分析，总结性评估和形成性评估量表的Cronbach's α系数分别为0.704和0.851

第二，成就目标导向的信效度检验。该量表由A. J. 埃利奥特和丘奇的量表②改编而成，涵括成绩趋近目标导向（AGO1，4个题项）、成绩回避目标导向（AGO2，4个题项）和掌握目标导向（AGO3，5个题项）三个子量表，Cronbach's α系数分别为0.817、0.759和0.887。

第三，执行性求助的信效度检验（EHS，4个题项）。该量表是根据里安（A. M. Ryan）和茜思（H. Shin的）量表③改编而成，经分析，该量表的Cronbach's α系数为0.897。

---

① See K. R. Murphy, J. N. Cleveland, A. L. Skattebo, et al. “Raters Who Pursue Different Goals Give Different Ratings”, *Journal of Applied Psychology*, 2004, 89 (1): 158-164.

② See A. J. Elliot and M. A. Church, “A Hierarchical Model of Approach and Avoidance Achievement Motivation”, *Journal of Personality & Social Psychology*, 1997, 72 (1): 218-232.

③ See A. M. Ryan and H. Shin, “Help-Seeking Tendencies During Early Adolescence: An Examination of Motivational Correlates and Consequences for Achievement”, *Learning & Instruction*, 2011, 21 (2): 247-256.

第四，通过多种因子组合判断区分效度，基于 CFA 结果，六因子模型的拟合度最好，其相应的常鉴指标均在标准范围内，能较合理地诠释因子结构（见表 4-5）。

表 4-5　六因子模型的 CFA 结果（$n=640$）

模型	χ^2/df	RMSEA	GFI	IFI	CFI
单因子	16.425	0.155	0.573	0.518	0.516
二因子	14.176	0.144	0.629	0.589	0.587
三因子	9.374	0.114	0.724	0.741	0.740
四因子	4.687	0.076	0.862	0.887	0.887
五因子	3.973	0.068	0.888	0.911	0.910
六因子	3.265	0.060	0.912	0.933	0.933

三、研究结果

（一）相关分析

本书采用 SPSS 26.0 对变量进行皮尔森与斯皮尔曼相关分析，如表 4-6所示。大学英语教学的总结性评估与执行性求助的正相关未达到显著性水平（$r=0.074$），形成性评估与执行性求助存在显著负相关（$r=-0.112$，$p<0.01$）；成绩趋近目标导向和掌握目标导向与执行性求助均存在显著负相关，但后者的负相关性显著大于前者（成绩趋近目标导向：$r=-0.182$，$p<0.01$；掌握目标导向：$r=-0.473$，$p<0.01$）；有趣的是，成绩回避目标导向与执行性求助虽然存在正相关（$r=0.072$），但未达到显著性水平。通过相关分析，可初步判断变量关系总体符合预期，为了避免其他因素的干扰，有必要在随后的模型验证中将性别和学科专业等控制变量纳入考量。随后，采用 Harman 单因素检验法，抽出最大公因子后进行偏相关分析，发现整体趋势依旧，共同方法偏差在可接受范围内。

表 4-6　子研究五相关分析（$n=640$）

变量	均值	标准差	SA	FA	AGO1	AGO2	AGO3	EHS
SA	3.1195	0.74192	1	—	—	—	—	—
FA	3.3660	0.78792	0.441**	1	—	—	—	—
AGO1	3.4691	0.85301	0.344**	0.287**	1	—	—	—
AGO2	3.3063	0.83776	0.273**	0.089*	0.491**	1	—	—

续表

变量	均值	标准差	SA	FA	AGO1	AGO2	AGO3	EHS
AGO3	3.9231	0.83587	0.128**	0.290**	0.348**	0.041	1	—
EHS	1.8016	0.97063	0.074	−0.112**	−0.182**	0.072	−0.473**	1
性别	—	—	−0.033	0.094*	0.079*	0.073	0.002	−0.063
学科	—	—	0.059	−0.002	−0.041	−0.037	0.0250	0.036

注：①* $p<0.05$，** $p<0.01$。

②SA＝总结性评估，FA＝形成性评估，AGO1＝成绩趋近目标导向，AGO2＝成绩回避目标导向，AGO3＝掌握目标导向，EHS＝执行性求助。

（二）直接效应分析

本书采用 SPSS 26.0 对变量进行逐层回归分析，如表 4-7 所示。模型 M4-2 的数据显示，总结性评估对执行性求助的正向影响未达到显著性水平（$\beta=0.071$，$p>0.05$），假设 H4-4 未通过，这表明总结性评估虽然刺激了执行性求助的产生，但它的消极影响并未如预期强烈。M4-3 的数据显示，形成性评估对执行性求助的负向影响达到显著性水平（$\beta=-0.107$，$p<0.01$），该结果充分证实了假设 H4-5，即形成性评估有力地削弱了学习主体的执行性求助，此类评估方式可以当成执行性求助的良性干预情境。综合上述分析，聚焦外语教学评估方式影响的第一个研究问题得到清晰解答。

（三）中介效应分析

第一步，判断三类成就目标导向对执行性求助的影响。如表 4-7 所示，M4-4a、M4-5a 和 M4-6a 的数据显示，成绩趋近目标导向和掌握目标导向对执行性求助呈显著负向预测作用（成绩趋近目标导向：$\beta=-0.177$，$p<0.01$；掌握目标导向：$\beta=-0.474$，$p<0.01$），成绩回避目标导向则正向预测执行性求助（$\beta=0.078$，$p<0.01$），假设 H4-6 获得印证。由于总结性评估对执行性求助的影响并未达到显著，不符合继续做中介检验的条件，假设 H4-7 未通过，这表明总结性评估不适合作为情境对外语学习的动机行为进行干预。第二步，对比 M4-3 与 M4-4b 可见，形成性评估的解释度从 M4-3 的 −0.107（$p<0.01$）转变为 −0.062（$p>0.05$），表明成绩趋近目标导向起到完全中介作用。第三步，对比 M4-3 与 M4-5b，形成性评估的解释度从 M4-3 的 −0.107（$p<0.01$）降到 −0.115（$p<0.01$），这表明回避目标导向起到部分中介作用。第四步，对比 M4-3 和 M4-6b，形成性评估的解释度从 M4-3 的 −0.107（$p<0.01$）转变为 0.034（$p>0.05$），表明掌握目标导向起到完全中介作用。

综合以上的结果分析，H4-8 得到印证。

表 4-7　子研究五中介回归分析（$n=640$）

变量	M4-1	M4-2	M4-3	M4-4a	M4-4b	M4-5a	M4-5b	M4-6a	M4-6b
	EHS			EHS					
性别	−0.058	−0.057	−0.048	−0.045	−0.040	−0.063	−0.053	−0.054	−0.057
学科	0.022	0.019	0.025	0.018	0.020	0.024	0.027	0.035	0.035
SA		0.071							
FA			−0.107**		−0.062		−0.115**		0.034
AGO1				−0.177**	−0.160**				
AGO2						0.078*	0.088**		
AGO3								−0.474**	−0.484**
F	1.430	2.020	3.424*	7.847**	6.482**	2.253	3.813**	62.927**	47.398**
Adjust. R^2	0.001	0.005	0.011**	0.031**	0.033	0.006*	0.017**	0.225**	0.225
$\triangle R^2$	0.004	0.005	0.011**	0.031**	0.004	0.006*	0.013**	0.224**	0.001

注：①* $p<0.05$，** $p<0.01$。

②SA＝总结性评估，FA＝形成性评估，AGO1＝成绩趋近目标导向，AGO2＝成绩回避目标导向，AGO3＝掌握目标导向，EHS＝执行性求助。

上述结果表明，成绩趋近目标个体与掌握目标个体均抗拒执行性求助；但通过对比 β 值可见，掌握目标个体的抵抗倾向明显比成绩趋近目标个体强烈，后者只是有限度地抗拒。此外，持有成绩回避目标导向的大学生偏好执行性求助，此类人是执行性求助的主流群体；在成绩趋近目标导向与掌握目标导向的中介作用下，形成性评估对执行性求助的影响得到显著增强，而在成绩回避目标导向的中介作用下，相应的影响却被削弱。显然，动机与情境起到交叉作用，动机在整个过程中作为桥梁产生了重要影响，形成性评估可作为外界情境对大学生英语学习的动机行为产生重要的干预作用。至此，第二个研究问题被清晰揭示。

四、研究结论与讨论

围绕问题一，本书证实了大学英语教学形成性评估对大学生英语学习行为具有重要影响，可作为一种干预手段有效抑制个体的执行性求助。形成性评估在外语学习中以发展能力为导向，使大学生更加聚焦于英语学习问题，避免他们在功利性需求驱使下一味追求英语成绩，弱化他们产生学术不端行为的可能性。研究发现验证了理论设想的可行性，即外语评估情境对学习行为具有直接刺激作用。外语教师可借鉴该原理对大学生英语学习的不良品行施加良性干预。然而，数据还表明，大学英语教学总结性评估虽然激发了执行性求助行为，但它的消极性并未如设想那么强烈。根据成就目标理论，个体的动机行为由认知、情境和行为能力三者相互作用而成，学习主体通过认知调节情境刺激，进而通过认知和行为能力控制个人行为。据此，针对执行性求助的行为倾向为何被掩盖，有必要同时考量认知的影响。此外，前人基于理性行为理论的研究发现，惩罚力度、利弊权衡和行为障碍等也是学术不端态度与行为的重要影响因素。① 显然，这些客观因素很可能同时通过个体认知导致执行性求助倾向，它们与外在情境如何交错产生影响是一个值得探究的语言学议题。未来可沿用该范式将更多主客观因素纳入研究框架，对外语学习的障碍因素开展系统探究。

围绕研究问题二，本书首先证实了在认知上持有成绩趋近目标与掌握目标导向的大学生在英语学习中均不易采取执行性求助，但前者的抗拒程度较弱，成绩回避目标个体却偏好通过执行性求助获取英语学业成就。不同于掌握目标个体的强烈抗拒与成绩回避目标个体的不择手段，成绩趋近目标个体更多地呈现两面性，即有条件地拒绝行为不端。西方研究指出，此类人十分消极，因此研究者偏好在理论上将其与成绩回避目标个体合并成一类人②，并认为该群体在学习中倾向于不循正轨以达目标，容易产生妒忌情绪，甚至擅长使诈、作弊和欺骗。然而，也有学者在理论上对成绩趋近目标个体的消极性特质提出质疑③，认为他们的“好”与“坏”依情境而异。本书的重要突破在于从实证上支持 A. J. 埃利奥特和默勒的理论设想，发现这类人的性格确实存在矛盾性，他们有限度地采取正面行为以掩饰真实动机。据此，两类成绩目标个体合为一体的划分方式是否合理，应在未来做进一步探究。此外，虽然成绩趋近目标导向被本书证实具有积

---

① See Y. Chen and C. Chou, “Are We on the Same Page?: College Students' and Faculty's Perception of Student Plagiarism in Taiwan”, *Ethics & Behavior*, 2017, 27 (1): 53-73; Y. Zhang, H. Yin, and L. Zheng, “Investigating Academic Dishonesty among Chinese Undergraduate Students: Does Gender Matter?”, *Assessment & Evaluation in Higher Education*, 2018, (5): 812-826.

② See E. M. Anderman, T. Griesinger, and G. Westerfield, “Motivation and Cheating During Early Adolescence”, *Journal of Educational Psychology*, 1998, 90 (1): 84-93; B. T. Murdock and E. M. Anderman, “Motivational Perspectives on Student Cheating: Toward an Integrated Model of Academic Dishonesty”, *Educational Psychologist*, 2006, 41 (3): 129-145; P. M. Poortvliet, O. Janssen, N. W. Van Yperen, et al., “Perverse Effects of Other-Referenced Performance Goals in an Information Exchange Context”, *Journal of Business Ethics*, 2012, 106 (4): 401-414.

③ See A. J. Elliot and A. C. Moller, “Performance-Aapproach Goals: Good or Bad Forms of Regulation?”, *International Journal of Educational Research*, 2003, 39 (4-5): 339-356.

极的一面，但其本身潜在的负能量应引起注意，一旦竞争需求被激发，其个体同样是不择手段的群体。

研究进一步证实，大学英语教学形成性评估完全通过成绩趋近目标导向与掌握目标导向影响执行性求助，但只是在一定程度上通过成绩回避目标导向影响执行性求助。这意味着，成就目标导向作为一种动机认知，在形成性评估对消极学习行为的影响中是十分重要的媒介。研究还发现，形成性评估能够十分有力地对前两种学习主体产生良性干预作用，以发现和解决问题为目的的评估手段和教学方法应得到进一步推广，这能切实减少大学生英语学习的不良品行。有所不同的是，成绩回避目标个体的执行性求助虽得到一定控制，但并未被有力遏制。这表明，这类人的消极特质更不易受外在情境影响，由于害怕失败，他们在学习中更易产生焦虑、分心和努力不足等负面表现。① 由此可见，即便身处良性学习情境中，此类人始终是产生不良学习品行的主流群体。

第五节　本章小结

本章以大学生在英语学习中的作弊倾向及执行性求助为结果变量，通过子研究三从理论上构建了英语考试作弊倾向的心理发生机制，指出利弊权衡、心理不安全感与学习压力等因素作为重要的心理变量预测了考试作弊倾向，并诠释了前三个变量如何以链式中介的方式作用于作弊倾向。在子研究三的基础上，通过子研究四和子研究五证实了两个重要理论设想：第一，成就目标导向是大学生英语考试作弊倾向的重要预测变量，不同性格特质的大学生在作弊倾向上具有十分显著的差异；第二，成就目标导向是大学生英语学业求助的重要驱力，不同类型的成就目标个体具有截然不同的执行性求助行为，且这种不择手段的学习品行受情境因素干扰。本章继续第三章的情境研究，以外语教学评估模式为情境外因，探究其对英语学习不良品行的动机行为存在何种影响。研究结果证实，以结果为导向的

① See A. J. Elliot and M. A. Church, "A Hierarchical Model of Approach and Avoidance Achievement Motivation", *Journal of Personality & Social Psychology*, 1997, 72 (1): 218-232; A. J. Elliot and A. C. Moller, "Performance-Approach Goals: Good or Bad Forms of Regulation?", *International Journal of Educational Research*, 2003, 39 (4-5): 339-356; S. Shih, "The Role of Motivational Characteristics in Taiwanese Sixth Graders' Avoidance of Help Seeking in the Classroom", *The Elementary School Journal*, 2007, 107 (5): 473-495.

总结性评估会刺激大学生在英语学习中采用执行性求助手段，而以过程为导向的形成性评估却会降低其不择手段的行为倾向。三个子研究的系列发现对外语教学实践具有十分现实的启发意义，充分表明外语教学管理与实践者可通过动机行为规律获知英语学习不良品行的内在驱力与心理发生机制，并尝试通过情境干预遏制不良学习品行，引导大学生朝着理想的学习行为方向发展。

第五章 大学英语学习良好品行养成研究

第一节 本章研究思路

根据成就目标理论，大学英语学习的不良品行是由动机内因与情境外因共同促成的，由动机认知衍化而成的性格是可动态干预的。换言之，可借助一定的外在手段改变个体追求英语学业成就的行为倾向。从一个笼统的框架看待外语教学过程，它往往是由教师主体、学生主体、外语教学以及教学评估四者共同构成的一个动态循环。对于学生而言，外语教学设计与教学评估模式是直接或者间接的“教学情境”。根据成就目标理论的情境特质说，这些都是十分关键的外在因素，对语言学习品行具有直接影响或者间接干扰。

据此，本章的研究焦点在于，如何通过大学英语教学设计促成大学生积极的语言学习态度及学习行为，以培养其良好的学习品行。本章从外语教学任务、教学情境以及教学目标三个视角提出相关理论设想，通过系列实证研究证实大学英语学习的良好品行可以借助科学合理的外在设计和干预得到逐步培养，具体内容由以下三个子研究构成。

第一，子研究六聚焦外语教学的任务设计。基于任务型教学法(task-based language teaching，TBLT)对当代语言教学的重要性与现实意义，笔者借助 TBLT 的理论基础与教学理念，尝试探究以需求为导向的教学任务能否促成积极的学习态度与学习效果。

第二，子研究七聚焦外语教学的情境设计。笔者尝试从教学方法与策略方面进行探索性研究，采用了当下具有一定争议性的“同侪压力”这一变量，研究其是否能够作为积极的心理变量对外语学习品行产生重要的干预影响，旨在为外语教学实践者的主动性介入提供操作策略。

第三，子研究八聚焦外语教学的目标设计。笔者尝试从学生视角看待教师的动机认知，研究课堂教学的教师成就目标结构对大学生的有效教学感知存在何种影响，研究发现对外语教师在课堂上传递何种导向具有重要意义。

第二节　子研究六：外语教学任务设计——以需求为导向

2015 年教育部出台了《大学英语教学指南 2015》，向全国高校提倡任务型教学法。然而，TBLT 在我国高校英语教学中的实际效果并不理想，换言之，通过完成任务提升语言能力的教学法并未对大学生英语学习带来显著的积极影响。针对 TBLT 的影响因素，当前的研究积累主要沿着两条主线展开：第一，探究教师对 TBLT 理解、设计与实施中的难题，如理念与实践脱节、对方法存在误解、教师角色定位不清、对概念理解不足等①；第二，探究客观现实对教师推行 TBLT 的阻碍，如缺乏 TBLT 教材、本土研究对象差异较大、教师培训机会不足及培训专家稀缺等②。总体而言，现有研究主要从教师视角探究效果不佳的外因。事实上，不仅是 TBLT，多数外语教学策略并不能以教师为主导，其任务设计、材料提供以及活动要求必须以学生需求为中心。③ 目前，鲜有研究通过学习主体的需求挖掘学习品行的内在制约因素，而本书的关注焦点在于可否借助 TBLT 概念，通过改变学习主体的需求来提升个体的任务感知、改变语言学习认知，以促成大学生语言学习良好品行。

当下高校并未集体推行 TBLT，但多数教师是以任务形式开展和完成教学，其效果不佳应引起反思。任务设计与推行囿于类似于 TBLT 的原

① 参见 D. Nunan, *Task-Based Language Teaching*, Cambridge: Cambridge University Press, 2004; R. Ellis, "Task-Based Language Teaching: Sorting Out the Misunderstandings", *International Journal of Applied Lingus*, 2009, 19 (3): 221-246; K. Brandl, "2016 Task-Based Instruction and Teacher Training", in N. Van Deusen-Scholl and S. May, eds., *Second and Foreign Language Education Encyclopedia of Language and Education*, Cham, Switzerland: Springer, 2016；谢元花、陈秋丽：《高校英语教师对任务型教学的理解与实施探究》，《现代外语》2019 年第 2 期。

② 参见陈锫：《针对任务型教学实施现状的实验性研究》，《外语研究》2009 年第 2 期；邓海龙：《"产出导向法"与"任务型教学法"比较：理念、假设与流程》，《外语教学》2018 年第 3 期；韩照红、孙海妹：《国际汉语教师培训——任务型教学法中的任务型学习》，《华文教学与研究》2019 年第 4 期。

③ See M. Long, *Second Language Acquisition and Task-Based Language Teaching*, Oxford, England: Wiley-Blackwell, 2015.

始设想，缺乏对个体学习动机的深层考量，这很可能是学习效果不佳的重要内因。比如，TBLT 源于欧洲，初衷在于满足学生的生存交际需求[①]，该理念并不完全符合我国高等教育情境。相比而言，我国大学生的英语学习需求更加多元化，这与个体多重的成就动机紧密相关[②]，比如提高英语成绩、促进学术交流、赢得奖学金或升学机会等。大学生追求学业成就的动机在大脑中会形成一种稳定的认知倾向，并作为一种性格特质引导其学习态度，心理学称之为"成就目标导向"。[③] 根据成就目标理论的情境特质说，这种性格特质并非完全固化，在外界刺激下，个体原本的特质会被掩盖[④]，甚至对外执行与性格相悖的行为。新近研究证实，针对英语学习，成就目标导向是否可塑，关键在于外界刺激。[⑤] 这为本书提供了一个重要思路，当研究立足于如何通过教学任务培养大学生英语学习的良好品行时，成就动机是一个值得切入的视角，它能够从认知层面挖掘学习行为的内在动因，而教师可通过外界刺激影响成就目标个体对教学任务的感知，从而从根本上提升其学业成就。

当问题聚焦于何种外在刺激能够影响大学生成就目标导向时，课程内在价值这一变量获得重点关注。根据动机行为的期望价值理论，个体的学习动机在很大程度上受任务本身所赋予的价值影响。[⑥] 从本质上理解，课程价值感知程度反映了学习主体的内在需求，当个体持较高的课程价值感知水平时，其在知识输入上更依赖课程内容，在认知上更容易接受教学任务，在行为上更能主动完成任务和实现产出，这显然会促成积极的外语学习行为与态度。综合以上分析，着眼于如何培养大学生英语学习品行，课程价值感知是一个十分重要的情境变量，大学英语教师可通过该情境影响

---

① See P. J. More, "Task-Based Language Teaching", in J. Liontas, ed., *The TESOL Encyclopedia of English Language Teaching*, New Jersey: John Wiley & Sons, 2018.

② 参见周小兰、马文:《大学英语评估取向对学业成就的影响——基于成就目标导向的中介作用研究》,《外语教学理论与实践》2019 年第 2 期。

③ See A. J. Elliot and M. A. Church, "A Hierarchical Model of Approach and Avoidance Achievement Motivation", *Journal of Personality & Social Psychology*, 1997, 72 (1): 218-232.

④ See C. M. Jagacinski, J. L. Madden, and M. H. Reider, "The Impact of Situational and Dispositional Achievement Goals on Performance", *Human Performance*, 2001, 14 (4): 321-337.

⑤ 参见周小兰、马文:《动机视角下大学英语评估模式对执行性求助的影响》,《现代外语》2019 年第 5 期。

⑥ See P. R. Pintrich and E. V. De Groot, "Motivational and Self-Regulated Learning Components of Classroom Academic Performance", *Journal of Educational Psychology*, 1990, 82 (1): 33-40.

动机主体，以此提高大学生以需求为导向的任务感知水平，从而切实提升其英语学业成就。研究议题对外语教学实践者如何培养学生的良好学习品行具有重要的操作意义。

一、理论模型构建

根据成就目标理论的情境特质说，由于动机认知结构的差异，不同类型的成就目标个体具有截然不同的学习态度①，在执行学习任务过程中通常伴随不一样的兴奋与任务专注度，甚至引致迥异的外语学业成就。② 然而，成就目标导向会随着环境条件的变化而产生改变，使个体呈现与性格不一致的目标行为。鉴于这种可干预的性格特质，本书拟将成就目标理论运用于任务型教学研究，尝试利用反映大学生需求感知的外在情境条件影响大学生的动机认知结构，从根本上改变学习主体对教学任务的感知水平。

在当下的主流分类中，成就目标导向包括掌握目标导向、成绩趋近目标导向与成绩回避目标导向，这三种类型在能力参照标准与成就需求方面存在显著差异，对个体英语学习态度及品行具有直接的引导作用。研究证实，不同类型的成就目标个体在英语学习中呈现迥异的学习行为③，这种可塑的动机认知结构很可能使他们对教学任务感知水平存在迥异认知。本书的核心思想在于，大学英语教学任务设计及其学习效果很可能与大学生学习动机衍化而成的成就目标导向紧密相关。既然这种性格特质是可塑的，英语教师可通过以需求为导向的课程价值感知这一情境变量干预个体成就目标导向，进而提高他们的任务感知水平及其英语学业成就，这是本书拟证实的理论设想。

基于该设想，本书在动机、情境相依的 TBLT 研究框架下构建了相应的理论模型。该模型主要由三个自变量（掌握目标导向、成绩趋近目标导向、成绩回避目标导向）、一个调节变量（课程价值感知）、一个中介变量（任务感知）以及因变量（大学英语学业成就）构成（见图 5-1）。在理论意义上，验证理论设想需要解答以下两个研究问题：第一，动机内因的影响路径，即三种成就目标导向是否与任务感知存在重要关联，并通过任

① See A. J. Elliot, M. Jury, and K. Murayama, "Trait and Perceived Environmental Competitiveness in Achievement Situations", *Journal of Personality*, 2018, 86 (3): 353-367.

② 参见周小兰、马文:《大学英语评估取向对学业成就的影响——基于成就目标导向的中介作用研究》,《外语教学理论与实践》2019 年第 2 期。

③ 参见周小兰、马文:《大学英语评估取向对学业成就的影响——基于成就目标导向的中介作用研究》,《外语教学理论与实践》2019 年第 2 期。

务感知水平影响个体英语学业成就；第二，情境外因的影响路径，即能否通过课程价值感知影响大学生成就目标导向这一方式，改善 TBLT 效果，进而提升个体英语学业成就。从统计学意义上理解，前者是典型的中介路径，后者则是被调节的中介路径。笔者将结合研究问题开展大范围实证调研，通过国内众多高校的样本数据检验理论模型，以期为我国大学英语教学管理与实践者培养大学生良好的英语学习态度与行为提供科学的参考依据与操作建议。

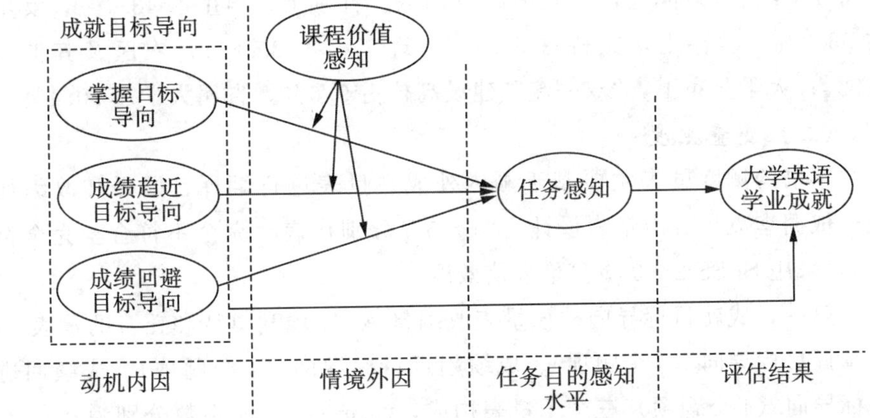

图 5-1　子研究六的理论模型与研究框架

二、研究设计

（一）研究方法

本书采用 SPSS 26.0，通过以下四个步骤完成实证分析。第一步，通过 SPSS 26.0 检验测量量表的信效度，以保障量表的科学性与可行性；第二步，对变量进行皮尔森与斯皮尔曼相关分析，以此初步判断模型的路径关系是否符合预期，与此同时，采用 Harman 单因素检验法排除同源误差的干扰；第三步，参照海耶斯（A. F. Hayes）的研究①，采用 SPSS 26.0 和 PROCESS V2.16.3 中的 Bootstrap 法检验模型，该方法可避免控制变量的干扰，对关系路径做一步式诊断，十分高效便捷；第四步，根据针对调节效应的标准回归系数做出调节模式图，以真实了解课程价值感知作为情境变量对不同动机主体的任务感知产生的干预作用。

① See J. H. Bolin, Review of the Book *Introduction to Mediation, Moderation, and Conditional Process Analysis* by A. F. Hayes, *Journal of Educational Measurement*, 2013, 51 (3): 335-337.

（二）样本选取

本书以国内20余所高校（清华大学、山东大学、厦门大学、武汉大学、山东师范大学、安徽师范大学、辽宁师范大学、南京林业大学等）非英语专业本科生为研究对象，通过某“双一流”建设高校大学外语教学部的多名教师以滚雪球方式发放电子问卷，大学生匿名提交，笔者从信息后台回收，以最大限度减少被调查者的心理顾虑。预调查后，于正式调查中共发放5400份电子问卷，剔除规律作答、乱答和雷同等问题问卷，最终获得4864份有效问卷，有效率达90.1％。性别上，男生占43.7％，女生占56.3％；学科上，文科占58.7％，理工科占39.8％，农医及其他占1.5％；大学分布上，“双一流”建设高校占9.6％，省属大学占90.4％。

（三）变量测度

本书的测度量表主要基于国内外成熟量表进行翻译、回译和改编而成，依据李克特五点量表设计，“1～5”分别代表“完全不符合至完全符合”，采用SPSS 26.0检验量表信效度。

第一，成就目标导向。该量表改编自A. J. 埃利奥特和丘奇的量表①，由掌握目标导向（5个题项）、成绩趋近目标导向（4个题项）、成绩回避目标导向（4个题项）三个子量表构成，Cronbach's α系数分别为0.882、0.877和0.795。根据探索性因子分析，KMO值为0.888，Bartlette球形检验在0.001的水平上显著，通过主成分分析与正交转轴的方差最大法提取三个因子，方差累计解释度达64.760％，效度理想。

第二，任务感知水平（5个题项）。由于该变量的构念从理论上与TBLT的概念基本一致，结合本书的需求，笔者参照谢元花和陈秋丽的TBLT量表②并对其进行改编。此外，由于我国学生的大学英语学习需求多样化，并非仅仅局限于交际需求，笔者删除了“任务设计以交际为目的”这一条款，以从理论上更契合本书的任务感知概念。经计算，该量表的Cronbach's α系数为0.704。根据探索性因子分析，KMO值为0.854，Bartlette球形检验在0.001的水平上显著，通过主成分分析提取一个因子，方差累计解释度达64.714％，五个题项的因子载荷均大于0.7，效度比较理想。

① See A. J. Elliot and M. A. Church, “A Hierarchical Model of Approach and Avoidance Achievement Motivation”, *Journal of Personality & Social Psychology*, 1997, 72 (1): 218-232.

② 参见谢元花、陈秋丽:《高校英语教师对任务型教学的理解与实施探究》,《现代外语》2019年第2期。

第三，课程价值感知（8 个题项）。该量表改编自平特里奇和德格鲁特（E. V. De Groot）的内在价值量表①，Cronbach's α 系数为 0.897。根据探索性因子分析，KMO 值为 0.915，Bartlette 球形检验在 0.001 的水平上显著，通过主成分分析提取一个因子，方差累计解释度达 62.729%，五个题项的因子载荷均大于 0.7，效度比较理想。

第四，大学英语学业成就（1 个题项）。该量表参照周小兰等的测度方式②改编而成，根据英语教师对学生的综合评估（总结性评估与形成性评估），学习主体评价自身英语基础。其中，基础比较弱＝1，基础弱＝2，基础一般＝3，基础良好＝4，基础比较扎实＝5。

三、研究结果

（一）相关分析

如表 5-1 所示，三类成就目标导向均与任务感知水平存在程度有别的正相关，其中掌握目标导向与任务感知水平的相关性最强（$r=0.628$，$p<0.01$），成绩趋近目标导向居中（$r=0.556$，$p<0.01$），成绩回避目标导向则最弱（$r=0.336$，$p<0.01$）；掌握目标导向和成绩趋近目标导向均与大学英语学业成就存在显著正相关，但前者的相关度明显高于后者（掌握目标导向：$r=0.311$，$p<0.01$；成绩趋近目标导向：$r=0.173$，$p<0.01$），而成绩回避目标导向与大学英语学业成就存在显著负相关（$r=-0.052$，$p<0.01$）。据此，可初步判断变量关系，并且得知三类动机主体的任务感知水平与大学英语学业成就存在较大差异，但该结果可能受到控制变量干扰，本书将在后续的模型验证中将大学类型、学科及性别等因素纳入综合考量。

表 5-1　子研究六相关分析（$n=4864$）

变量	均值	标准差	AGO3	AGO1	AGO2	TASK	VALUE	SCORE
AGO3	3.8711	0.63919	1	—	—	—	—	—
AGO1	3.7540	0.72063	0.487**	1	—	—	—	—
AGO2	3.6216	0.70484	0.252**	0.453**	1	—	—	—

① See P. R. Pintrich and E. V. De Groot, "Motivational and Self-Regulated Learning Components of Classroom Academic Performance", *Journal of Educational Psychology*, 1990, 82 (1): 33-40.

② 参见周小兰、马文:《大学英语评估取向对学业成就的影响——基于成就目标导向的中介作用研究》,《外语教学理论与实践》2019 年第 2 期。

续表

变量	均值	标准差	AGO3	AGO1	AGO2	TASK	VALUE	SCORE
TASK	3.7991	0.62016	0.628**	0.556**	0.336**	1	—	—
VALUE	3.8984	0.62377	0.700**	0.456**	0.290**	0.598**	1	—
SCORE	2.90	1.041	0.311**	0.173**	−0.052**	0.190**	0.322**	1
大学类型	—	—	0.008	0.006	0.016	0.028*	0.027	−0.041**
学科	—	—	−0.007	−0.006	−0.041**	−0.011	−0.048**	0.018
性别	—	—	0.068**	0.034*	0.064**	0.031*	0.088**	0.086**

注：①* $p<0.05$，** $p<0.01$。

②TASK＝任务感知水平，VALUE＝课程价值感知，SCORE＝大学英语学业成就。

（二）成就目标导向、任务感知与英语学业成就的关系

本书基于 PROCESS V2.16.3 中的 Bootstrap 的 Model 4，将样本量设为 50000，Bootstrap 取样选择偏矫正的非参数百分位法，置信区间为 95%，结果如表 5-2 所示。

首先，探究三类成就目标导向与任务感知水平的关联。根据 M5-2、M5-7 和 M5-12，掌握目标个体的任务感知水平最强（$\beta=0.3943$），成绩趋近目标个体居中（$\beta=0.3029$），成绩回避目标个体最低（$\beta=0.1604$）。这表明，三种性格特质与任务感知水平存在迥异关联。

其次，考察三类成就目标导向是否通过任务感知水平影响大学英语学业成就。如 M5-1、M5-6 和 M5-11 所示，掌握目标导向与成绩趋近目标导向均正向预测学业成就，但是前者显著高于后者（掌握目标导向：$\beta=0.5068$；成绩趋近目标导向：$\beta=0.1366$），而成绩回避目标导向却负向预测学业成就（$\beta=-0.1990$）。根据 M5-3、M5-8 和 M5-13 数据，任务感知水平在掌握目标导向与大学英语学业成就间的中介效应未达到显著（Effect＝−0.0050），而在另外两种成绩目标导向与学业成就间的中介效应均达到显著（成绩趋近目标导向：Effect＝0.1100；成绩回避目标导向：Effect＝0.1157）。

至此，第一个研究问题被清晰揭示，在英语学习中，三类性格特质均正向预测任务感知水平，但掌握目标个体的任务感知水平最高，成绩趋近目标个体趋中，成绩回避目标个体最低；三类个体的大学英语学业成就更加迥异，掌握目标个体的大学英语学业成就最为优异，成绩趋近目标个体表现一般，成绩回避目标个体则表现较差；中介检验中，掌握目标导向并未通过任务感知平影响学业成就，而另外两种成绩目标导向则反之。

表 5-2　子研究六中介回归分析（$n=4864$）

自变量	模型	路径	Coeff/Effect	Se	T	*P* 值	LLCI	ULCI	Effect	Bootse	BootLLCI	BootULCI	Sig.
AGO1	M5-6	AGO1→SCORE	0.1366	0.0243	5.6311	0.0000	0.0890	0.1841					√
	M5-7	AGO1→TASK	0.3029	0.0102	29.7327	0.0000	0.2829	0.3229					√
	M5-8	AGO1→TASK→SCORE							0.1100	0.0154	0.0812	0.1408	√
	M5-9	AGO1×VALUE	−0.0574	0.0091	−6.2987	0.0000	−0.0753	−0.0395					√
	M5-10	Moderated mediation							−0.0132	0.0036	−0.0212	−0.0068	√
AGO2	M5-11	AGO2→SCORE	−0.1990	0.0218	−9.1146	0.0000	−0.2418	−0.1562					√
	M5-12	AGO2→TASK	0.1604	0.0103	15.5525	0.0000	0.1402	0.1807					√
	M5-13	AGO2→TASK→SCORE							0.1157	0.0117	0.0946	0.1404	√
	M5-14	AGO2×VALUE	−0.0581	0.0100	−5.7954	0.0000	−0.0777	−0.0384					√
	M5-15	Moderated mediation							−0.0229	0.0080	−0.0381	−0.0065	√
AGO3	M5-1	AGO3→SCORE	0.5068	0.0285	17.7844	0.0000	0.4509	0.5626					√
	M5-2	AGO3→TASK	0.3943	0.0147	26.8879	0.0000	0.3655	0.4230					√
	M5-3	AGO3→TASK→SCORE							−0.0050	0.0199	−0.0441	0.0339	×
	M5-4	AGO3×VALUE	−0.0256	0.0092	−2.7789	0.0055	−0.0437	−0.0075					√
	M5-5	Moderated mediation							0.0002	0.0010	−0.0014	0.0031	×

注：①Sig. 为显著性。

②AGO1＝成绩趋近目标导向，AGO2＝成绩回避目标导向，AGO3＝掌握目标导向，TASK＝任务感知水平，VALUE＝课程价值感知，SCORE＝大学英语学业成就。

（三）课程价值感知的调节效应

首先，探究课程价值感知对成就目标导向与任务感知水平两者关系的调节作用。如表 5-2 中 M5-4、M5-9 和 M5-14 数据所示，三个交叉项的回归系数均达到显著（成绩趋近目标导向：$\beta=-0.0574$；成绩回避目标导向：$\beta=-0.0581$；掌握目标导向：$\beta=-0.0256$）。如图 5-2、图 5-3、图 5-4 所示，课程价值感知对成绩趋近目标与成绩回避目标个体的影响较大，对掌握目标个体的影响相对较小。

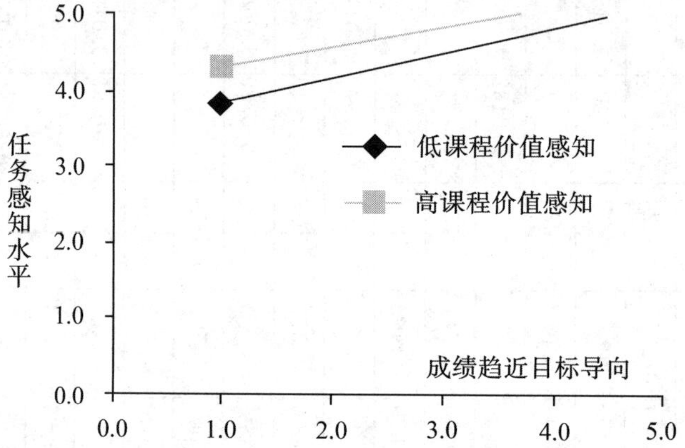

图 5-2　课程价值感知对成绩趋近目标导向与任务感知水平关系的调节效应

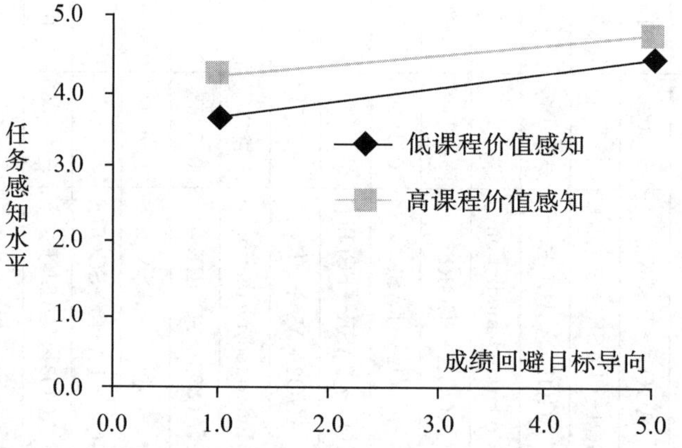

图 5-3　课程价值感知对成绩回避目标导向与任务感知水平关系的调节效应

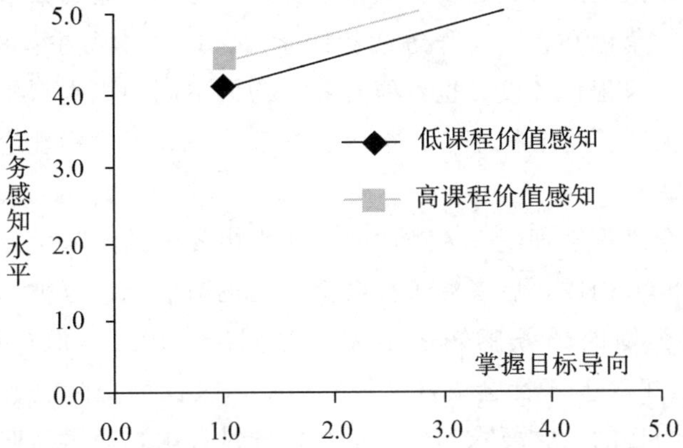

图 5-4　课程价值感知对掌握目标导向与任务感知水平关系的调节效应

其次，考察课程价值感知对整体中介效应的干预作用，即检验被调节的中介效应是否成立。如表 5-2 中 M5-5 所示，掌握目标导向的交叉项进入中介模型后，回归效应未达到显著（BootLLCI＝－0.0014，BootULCI＝0.0031）；然而，根据 M5-10 和 M5-15 的数据，成绩趋近与成绩回避目标导向的交叉项在主效应中的回归系数均达到显著（成绩趋近目标导向：Effect＝－0.0132；成绩回避目标导向：Effect＝－0.0229）。这表明，课程价值感知有力影响了成绩趋近与成绩回避目标个体的学业成就，却未能影响掌握目标个体的大学英语学业成就。

至此，第二个研究问题获得解答，随着课程价值感知水平的提升，各类动机主体的任务感知水平也随之提升；其中，成绩回避目标个体受影响最大，成绩趋近目标个体居中，掌握目标个体最小；此外，课程价值感知仅提升了掌握目标个体的任务感知水平，却同时提升了另外两类成绩目标个体的任务感知水平和大学英语学业成就。

四、研究结论与讨论

（一）成就目标导向与任务感知水平的关联及任务感知水平的中介效用

围绕研究问题一，三类成就目标导向与任务感知水平存在迥异的正向关联，且成绩趋近目标和成绩回避目标导向均通过任务感知水平对英语学业成就产生重要影响。通过对比，掌握目标个体的任务感知水平最高，其大学英语学业成就表现最为优异（高度正相关），成绩趋近目标个体的任务感知水平及其大学学业成就居中（微弱正相关），而成绩回避目标个体的任务感知水平相对最低，其大学英语学业成就较差（显著负相关）。据此，本书的理论设想得到证实：大学生英语学习的任务感知水平不高不可仅归咎于教师角色和教学操作等制约因素，忽略了学习主体的动机因素，再科学合理的课程任务设计也不能奏效。为何不同动机类型与任务感知水平存在迥异关联？本书拟基于社会语言学理论与成就目标理论对该问题做进一步阐释。

根据社会语言学理论，人类的语言能力由先天的语言学习机制与后天的语言运用能力构成，后者源于社会交际而逐渐形成，也被称为“交际能力”。[①] 本书强调的任务感知虽不完全等同于 TBLT，但从根本上源于 TBLT。TBLT 是基于社会语言学的教学法，被视为交际法的延伸，以提升交际能力为目的。它要求学生在执行任务过程中，通过新旧知识交互促进“意义共建和语言运用”[②]；换言之，TBLT 以过程为导向，坚持“做中学”理念，旨在通过执行任务提升语言运用能力[③]，这与本书的理念是一致的。然而，根据成就目标理论，成绩趋近目标与成绩回避目标个体持能力固定观，在学习中以结果为导向，具有较强功利性，这从本质上与 TBLT 理念相悖。[④] 研究证实，这两类群体在执行学习任务时偏好快速记忆、猜测、回忆信息等表层加工的认知策略，该模式显然不利于二语习得。[⑤] 对他们而言，学习任务并无实际意义，能力提升并非关注焦点，这直接导致其任务感知水平较低。

然而，为何成绩趋近目标与成绩回避目标个体的大学英语学业成就存在显著差异？根据成就目标理论，前者以优秀同伴为比较对象，渴望获得认同并树立完美形象；而后者相对自卑被动，以成就不如自己的学生为比较对象，在语言学习中十分抗拒挑战以规避差评。[⑥] 因此，即便两者均以结果为导向，但由于学习目标与能力参照标准差异较大，成绩趋近目标个

① See R. Ellis, “Task-Based Language Teaching: Sorting Out the Misunderstandings”, *International Journal of Applied Lingus*, 2009, 19 (3): 221-246.

② See J. P. Lantolf, “Second Language Learning as a Mediated Process”, *Language Teaching*, 2000, 33: 79-96.

③ See M. Long, *Second Language Acquisition and Task-Based Language Teaching*, Oxford, England: Wiley-Blackwell, 2015.

④ See A. J. Elliot and M. A. Church, “A Hierarchical Model of Approach and Avoidance Achievement Motivation”, *Journal of Personality & Social Psychology*, 1997, 72 (1): 218-232.

⑤ See M. Soltaninejad, “Investigating Predictive Role of 2×2 Achievement Goal Orientations on Learning Strategies with Structural Equation Modeling”, *Malaysian Online Journal of Educational Sciences*, 2015, 3 (3): 21-30.

⑥ 参见周小兰、马文:《大学英语评估取向对学业成就的影响——基于成就目标导向的中介作用研究》,《外语教学理论与实践》2019 年第 2 期。

体的大学英语学业成就明显优越于成绩回避目标学生。与前两者形成对比，掌握目标个体认为能力是动态提高的①，以自身为参照标准，偏好挑战性任务，努力寻求不足以不断突破自我②，在学习中擅长采用深加工策略③，通过深入分析、理解、内化来建立新旧知识联系，该学习方法显然有利于 TBLT 的推行，也较好地诠释了为何掌握目标群体持较高的任务感知水平。令人费解的是，为何此类群体有别于其他类型，即无须通过任务设计提升英语学业成就？就此，笔者拟结合第二个研究问题，随后做进一步分析。

（二）课程价值感知对成就目标导向与任务感知水平关系的调节作用

围绕研究问题二，本书证实，课程价值感知对大学生的学习动机具有显著预测力。随着课程价值感知的提升，三类动机主体的任务感知水平逐渐提高，成绩回避目标个体所受影响最大，成绩趋近目标个体次之，掌握目标个体则最少；不同的是，课程价值感知仅提升了掌握目标个体的任务感知水平，却同时提升了另外两类成绩目标个体的任务感知水平和英语学业成就。这充分表明，课程价值感知作为情境变量，切实加强了大学生对课堂任务的重视，驱使他们将英语学习目标化、任务化和流程化。

为何课程价值感知能够通过任务感知水平改善成绩趋近目标与成绩回避目标个体的大学英语学业成就，却无法改变掌握目标个体的大学英语学业成就？换言之，无论课程价值感知多高，掌握目标个体仅在任务感知水平上有所提升，而大学英语学业成就并无显著改变。近期研究发现，该群体在英语学习中以提高个人能力为导向，他们在信息交互过程中秉承“互惠互利”的原则④，将集体视为改变知识结构的学习平台⑤，属于主动性

---

① See A. J. Elliot and M. A. Church, “A Hierarchical Model of Approach and Avoidance Achievement Motivation”, *Journal of Personality & Social Psychology*, 1997, 72 (1): 218-232.

② 参见周小兰、马文:《大学英语评估取向对学业成就的影响——基于成就目标导向的中介作用研究》,《外语教学理论与实践》2019 年第 2 期。

③ See M. Soltaninejad, “Investigating Predictive Role of 2×2 Achievement Goal Orientations on Learning Strategies with Structural Equation Modeling”, *Malaysian Online Journal of Educational Sciences*, 2015, 3 (3): 21-30.

④ 参见周小兰、马文:《动机视角下大学英语评估模式对执行性求助的影响》,《现代外语》2019 年第 5 期。

⑤ See Y. Gong, S. Y. Cheung, M. Wang, et al., “Unfolding the Proactive Process for Creativity: Integration of the Employee Proactivity, Information Exchange, and Psychological Safety Perspectives”, *Journal of Management*, 2012, 38 (5): 1611-1633.

极强的学习群体。根据社会语言学的教学理论，以任务为导向的教学方法强调“言语”，而非“语言”[①]；注重功能性知识，而非结构性知识；致力于通过模拟语用情境和完成语用任务提升语言能力。这种理念与掌握目标个体“重过程、轻结果”的能力观不谋而合。这类人的内驱力源于不断追求突破的动机倾向，在英语学业上一贯表现优秀。因此，该群体非但无须借助课程价值感知与教学任务设计等外因提升个人原本就十分优异的学业成就，更是外语教师眼中理想的“学习型”人才，往往能够以十分严厉的方式要求自身的学习习惯与学习态度，抗拒不良学习品行，坚持良好学习品行是他们一贯的学习信念。

与掌握目标个体形成反差，在课程价值感知的刺激下，另外两类成绩目标个体的大学英语学业成就产生了显著改变。这表明，这两种性格特质存在不稳定性，更易受外界影响。早期的理论研究指出，虽然成绩趋近目标个体追求优秀，但这类人与成绩回避目标个体相似，将自身成败嫁接于他人，社会比较的本能使他们存在脆弱的一面。[②] 因此，这种心理依附性很可能是他们易受外界干扰的主要原因。新近研究发现，当大学英语总结性评估占比降低而形成性评估占比提高时，这两类学生原本闭塞的信息状态发生显著改变，更愿意以交互性方式学习英语。[③] 可见，情境刺激使他们的学习态度与学习行为产生直接变化，一旦意识到英语课程价值所在，他们便更能接受教学任务，以更投入的形式主动参与学习，其大学学业成就也因此显著提升。显然，这种以个人需求为导向的价值引导方式及其任务设计方式，有利于刺激这两类人形成良好的学习品行，往理想的目标方向发展。该研究的重要突破在于实证验证了成就目标理论的情境特质说及其对外语教学的重要意义，证实任务感知可在动机内因与条件情境相依的模式下发生，外语教学实践者可大胆通过情境干预动机这一策略引导大学生形成良好的学习态度，并塑造其良好的学习品行。

① See P. J. Lantolf, “Second Language Learning as a Mediated Process”, *Language Teaching*, 2000, 33: 79-96.

② See A. J. Elliot and A. C. Moller, “Performance-Approach Goals: Good or Bad Forms of Regulation?”, *International Journal of Educational Research*, 2003, 39 (4-5): 339-356.

③ 参见周小兰、左宁：《大学英语评估情境对学业求助的交互影响研究》，《外语与外语教学》2020 年第 1 期。

第三节 子研究七：外语教学情境设计——以同侪压力为例

一、实验研究设想

同侪压力（peer pressure），顾名思义，指源于同龄人的压力，是人类社会普遍存在的一种心理学现象。它使个体改变态度、价值观、信念和行为以顺应群体期待。[①] 这种压力源于幼儿期，并非一种盲从，而是出于社交与自我定义的根本目的[②]，个体用符合群体期望的形式展示个人态度与行为，以此迅速融入社交圈，并通过群体塑造自我以建立归属感。同侪压力的相关研究始于20世纪50年代，90年代起发展于心理学与教育学领域，相关研究主要基于消极心理学视角探究同侪压力对个体的心理状态及社会行为存在何种消极影响，如心理健康[③]、欺凌行为[④]、滥用药品[⑤]、酗酒[⑥]和危险驾驶[⑦]等。

近年来，同侪压力的积极作用开始引起各学界关注。这主要源于阿尔伯特（D. Albert）等学者的实验研究，其课题组通过核磁共振检测大脑发现，相比个人独处的情况，个体在同侪瞩目下的学习速度与学习效果显

---

① See P. Baruah and B. Bokha, "Positive Peer Pressure and Behavioral Support", *Indian Journal of Positive Psychology*, 2016, 7 (2): 241-243.

② See E. L. Paluck, "Peer Pressure against Prejudice: A High School Field Experiment Examining Social Network Change", *Journal of Experimental Social Psychology*, 2011, 47 (2): 0-358.

③ 参见吴愈晓、张帆:《"近朱者赤"的健康代价:同辈影响与青少年的学业成绩和心理健康》,《教育研究》2020年第7期。

④ 参见曾欣然、汪玥、丁俊浩、周晖:《班级欺凌规范与欺凌行为:群体害怕与同辈压力的中介作用》,《心理学报》2019年第8期。

⑤ See A. W. Blöte, A. C. Miers, and P. M. Westenberg, "Adolescent Social Anxiety and Substance Use: The Role of Susceptibility to Peer Pressure", *Child Development Research*, 2016, 10.

⑥ See M. T. Mckay and J. C. Cole, "The Relationship between Alcohol Use and Peer Pressure Susceptibility, Peer Popularity and General Conformity in Northern Irish School Children", *Drugs: Education, Prevention, and Policy*, 2012, 19 (3): 213-222.

⑦ See J. L. Shepherd, D. J. Lane, R. L. Tapscott, et al., "Susceptible to Social Influence: Risky 'Driving' in Response to Peer Pressure", *Journal of Applied Social Psychology*, 2011, 41 (4): 773-797.

著更高。[①] 继而，学者们开始尝试从积极心理学视角探究同侪压力对学习行为、信息行为以及经济行为的积极影响，并逐步深化同侪压力在教育学、社会学以及经济管理学等领域的应用研究。[②] 作为一种"褒贬不一"的学习情境，同侪压力这一现象亦开始引起语言学界关注，有学者注意到同侪压力对东亚大学生英语学习动机的负面影响[③]，也有学者发现同侪的观摩、评估及反馈等形式所产生的压力对个体英语写作能力的积极作用[④]。显然，同侪压力作为一把双刃剑，其积极影响亟待进一步挖掘。然而，语言学界尚未充分意识到客观存在的同侪压力对语言教学的重要意义，如何利用它的积极影响服务我国外语教学实践是一个操作意义较强的研究议题。

本书认为，在阿尔伯特等的实验中，学习者的学习效果之所以产生积极变化，在于同侪压力对个体的学习态度产生了高效干预，并引导其学习行为朝大众期待的方向发展，但相关设想主要是通过青少年群体的游戏实验证实。这一设想是否适用于我国大学生的英语学习，以及同侪压力对该群体的英语学习态度产生何种影响尚未得知，这正是本书尝试解答的问题。在积极心理学的视域下，本书拟将同侪压力引入应用语言学界，期望通过实证研究为我国大学英语教学理论与实践者妥当利用同侪压力改善大

---

① See D. Albert, J. Chein, and L. Steinberg, "The Teenage Brain: Peer Influences on Adolescent Decision Making", *Current Directions in Psychological Science*, 2013, 22 (2): 114-120; A. Weigard, J. Chein, D. Albert, et al., "Effects of Anonymous Peer Observation on Adolescents' Preference for Immediate Rewards", *Developmental Science*, 2014, 17 (1): 71-78.

② See 黄昊、赵玲:《分行业信息披露、同侪压力与企业税收遵从——基于准自然实验的研究》,《当代财经》2021 年第 5 期;毕达天、曹冉、杜小民:《人文社科科学数据共享意愿影响因素研究——基于同辈压力视角》,《情报资料工作》2020 年第 4 期;P. Baruah and B. Bokha, "Positive Peer Pressure and Behavioral Support", *Indian Journal of Positive Psychology*, 2016, 7 (2): 241-243; R. G. Meshram, "The Upside of Peer Pressure on Adolescent Behavior", *Indian Journal of Health & Wellbeing*, 2016, 7 (8): 845-847.

③ See L. Li, "Unveiling the Undercurrent in the Mainstream: Investigating Chinese College EFL Learners' Demotivation in WebQuests Contexts", *Journal of Applied Sciences*, 2014, 14 (5): 457-465; L. Li and C. Zhou, "Abstract: Different Faces of Demotivation: A Comparative Study on Chinese and Korean College EFL Learners Demotivators", *Journal of Applied Sciences*, 2013, 13 (6): 800-809.

④ See W. Wang, "How Proficiency-Pairing Affects Students' Peer-Mediated Revisions of EFL Writing: Three Case Studies", *English Language Teaching*, 2015, 8 (5); S. Yu and I. Lee, "An Analysis of Chinese EFL Students' Use of First and Second Language in Peer Feedback of L2 Writing", *System*, 2014, 47: 28-38; M. R. Moradi and Z. Karimpour, "The Effect of Online Peer Feedback on the Academic Writing Ability of Iranian EFL Learners", *International Education Studies*, 2012, 5 (5): 113-117.

学生学习态度提供重要的实践启示。

围绕以上研究设想，笔者拟通过纵向追踪的实验教学方式开展研究，具体理论模型如图 5-5 所示，本书尝试在同侪压力议题与研究方法上实现外语教学理论与实践研究的创新与突破。首先，通过问卷调查对样本的英语学习基本情况进行摸底调查；其次，采用纵向研究法对调查对象进行同侪压力干预；最后，通过长期观察、追踪与对比，证实同侪压力对大学生英语学习品行具有十分积极的干预影响。

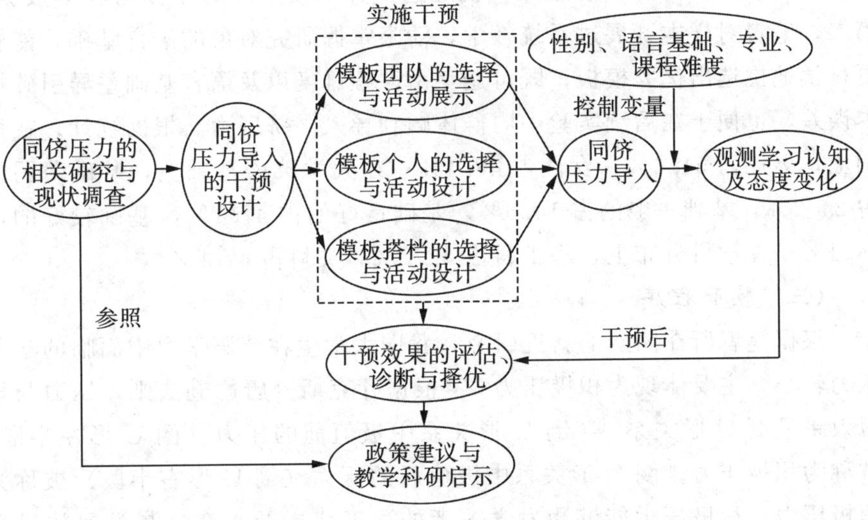

图 5-5　子研究七的理论模型

二、研究设计

（一）研究方法

本书通过教学实验法与统计分析法开展同侪压力情境对大学生英语学习态度与认知的影响研究，通过以下五个步骤完成实证研究。第一步，采用问卷调查方式，完成大学生英语学习态度与认知的实验前测工作，完成调查样本的摸底工作，并采用 SPSS 26.0 检验测度量表的信效度；第二步，通过模板团队、模板个人与模板搭档等实验完成同侪压力导入；第三步，对英语学习态度与认知的多个子变量进行皮尔森与斯皮尔曼相关分析，以此初步判断理论设想的合理性，并明确控制变量的影响；第四步，通过问卷调查对样本进行实验后测，对实验前测数据与后测数据进行配对 t 检验，明确大学生英语学习态度与认知的变化幅度，以此判断同侪压力是原因变量；第五步，通过 SPSS 26.0 检验同侪压力对大学生英语学习态度与认知的直接效应，以此判断同侪压力在多大程度上可以解释英语学习态度与认知的变化。

（二）样本选取

笔者以国内某“双一流”建设大学为研究机构，以英语口语课为试点课程，以课程授课对象为研究对象，并对此134名本科一年级非英语专业学生进行数字编码以方便追踪和采集测试数据。就近选择教学对象作为追踪对象，有以下两个原因：第一，纵向研究对时间和精力的要求较高，涉及实验与观测，需要长期追踪，就近选择样本便于随时干预与收集数据；第二，笔者对样本开展过系统教学，清晰掌握研究对象的语言基础，能够更科学地挑选出优秀模板，既可避免由课程难度以及语言基础差异引致样本误差，也便于在后续实验中向群体顺利导入同侪压力。根据统计，在性别上，男性占51.6%，女性占48.4%；在大学英语基础上，基础薄弱的占24.2%，基础一般的占14.6%，基础良好的占47.1%，基础较好的占14.1%；在学科分布上，理工科占52.2%，文科占47.8%。

（三）实验程序

根据笔者所在团队的新近研究，我国大学生在英语学习中面临的学习压力较小，主要体现为积极压力。① 根据叶克斯—唐德逊法则，压力与学习效果呈倒U形关系。② 倒U形关系中极值前的压力（倒U形左半段）被称为积极压力；倒U形关系中极值后的压力（倒U形右半段）被称为消极压力。积极压力能够激发学习者的适度焦虑及兴奋，与学习效果呈显著正相关。继而，从理论上理解，积极的同侪压力有利于提升大学生的英语学业成就，而验证同侪压力对英语学习的积极作用正是本书的关注焦点。

本书尝试通过选择模板、培训模板以及模板展示向群体导入同侪压力。根据布鲁阿（P. Baruah）和博卡（B. Bokha）的理论设想③与巴鲁克（E. L. Paluck）的操作建议④，本书基于以下原则设计同侪压力导入环节。第一，遵循语言学习规律，保障群体同质性，使群体的外语基础与学

① 参见周小兰、马文:《大学英语评估取向对学业成就的影响——基于成就目标导向的中介作用研究》,《外语教学理论与实践》2019年第2期。

② See R. M. Yerkes and J. D. Dodson, “The Relation of Strength of Stimulus to Rapidity of Habit-Formation”, *Journal of Comparative Neurology and Psychology*, 1908, 18: 459-482.

③ See P. Baruah and B. Bokha, “Positive Peer Pressure and Behavioral Support”, *Indian Journal of Positive Psychology*, 2016, 7 (2): 241-243.

④ See E. L. Paluck, “Peer Pressure against Prejudice: A High School Field Experiment Examining Social Network Change”, *Journal of Experimental Social Psychology*, 2011, 47 (2): 0-358.

习目标相对一致，以避免产生消极压力；第二，模板多元化，即模板选取不局限于单一个体，同时考虑以搭档和团队的形式体现，以规避个体间的恶性竞争；第三，保障任务与需求的匹配性，明确学习任务以需求和实用为导向，以此保障集体参与的主动性；第四，保障过程性评估的贯穿性，即任务评估以过程为导向，旨在提升技能并降低学习功利性，保障群体的全程参与。

具体操作体现于以下三个阶段。

第一阶段，编制大学生的英语学习态度量表。学习主体的学习态度由认知、情感与行为倾向三部分构成①；认知反映个体对学习价值的理解与评价，情感体现个体对学习的喜恶，行为倾向反映个体对学习行为的准备状态。笔者参照张征的研究②，基于半结构访谈梳理出七个关键条款以共同反映上述三个态度维度，囊括学习兴趣、学习动机、目标清晰度、适应性方法、知识面、话语能力以及知识储备等七个指标，题项设计则采用李克特五点量表，分别为“1＝非常不清晰，2＝不清晰，3＝不确定，4＝清晰，5＝非常清晰”。笔者在第二学期开启教学之初，要求 134 名研究对象以编码方式线上提交电子问卷。

第二阶段，导入同侪压力。根据布鲁阿和博卡的研究，同侪压力的积极作用取决于群体模板的示范表现。③ 一个群体中模板的言行与学习表现往往能够引导成员争相效仿，进而影响整个群体的学习态度与行为。因此，实验需要选取并培训优秀模板以保障模板行为的积极性及预见性，这是促成同侪压力的最佳方法。④ 此外，本书对象为“双一流”建设大学本科生，由于其海外深造或交流概率较高，研究群体具有比较强烈的英语口语学习意愿，据此，笔者设计三种模板以便顺利导入同侪压力（见表5-3）。

---

① See H. Nouri and A.Shahid, “The Effect of Powerpoint Presentations on Student Learning and Attitudes”, *Global Perspectives on Accounting Education*, 2005, 2 (1): 53-73.

② 参见张征:《多模态 PPT 演示教学与学生学习态度的相关性研究》,《外语电化教学》2013 年第 3 期。

③ See P. Baruah and B. Bokha, “Positive Peer Pressure and Behavioral Support”, *Indian Journal of Positive Psychology*, 2016, 7 (2): 241-243.

④ See E. L. Paluck, “Peer Pressure against Prejudice: A High School Field Experiment Examining Social Network Change”, *Journal of Experimental Social Psychology*, 2011, 47 (2): 0-358.

表 5-3 同侪压力导入设计

模板	任务要求	任务性质	教师角色	学生角色	形成性评估占比
模板个人	自选主题；选题高度匹配个人发展；备时一周；独立演讲；5 分钟展示	思辨性演讲（如科学家是否应该忽略物质并全心追求科学梦想？）	协助模板；统筹组织；信息反馈；提炼总结	群体观摩；群体学习；群体讨论；思维碰撞；个人陈述	10%
模板搭档	自选主题；选题紧随时代前沿；备时一周；搭档辩论；独自准备；7～8 分钟展示	即兴辩论（如 AI 发展对就业前景的影响？）	统筹组织，协助弱方；思路引导；反馈点评；提炼总结	群体观摩；群体学习；搭档交流；现场演习；搭档展示	10%
模板团队	自选主题；选题以需求为导向；备时两周；团队项目；30 分钟展示；团队内部互助，共同合作	团队演讲（如以“海外生存”为例，选择留学签证、海外急救、法律应援、社交禁忌等主题展开陈述）	展示前：动态管理、集中指导、培训团队；展示后：信息纠正、反馈点评、提炼总结	群体观摩；群体学习；群体提问；群体讨论；群体评价	20%

第三阶段，纵向追踪口语学习效果并采集实验数据。编制同侪压力量表，在历时一个学期（四个月）的课堂项目与口语学习后，以问卷形式对 134 个研究对象进行后测调研，采集同侪压力与学习态度的数据，实证检验理论设想。

三、研究结果

（一）信效度检验

本书基于努里（H. Nouri）等和张征的研究[①]改编出囊括 7 个题项的

① 参见 H. Nouri and A. Shahid, “The Effect of Powerpoint Presentations on Student Learning and Attitudes”, *Global Perspectives on Accounting Education*, 2005, 2 (1): 53-73;张征:《多模态 PPT 演示教学与学生学习态度的相关性研究》,《外语电化教学》2013 年第 3 期。

李克特五点量表。基于实验前测数据，英语学习态度量表的 Cronbach's α 值为 0.725，各题项的 CICT 指数均大于 0.4，信度良好。探索性因子分析显示，KMO 值为 0.699，Bartlette 球形检验在 0.001 上显著，主成分分析抽出三个因子的方差解释度累计为 72.623%，结构效度良好。

同侪压力量表，本书根据实验设计与半结构访谈，编制出囊括模板个人示范、模板搭档示范、模板团队示范、教师期待以及集体学习氛围等面向的李克特五点量表，包含 5 个题项。基于四个月的实验后测数据，量表的 Cronbach's α 值为 0.871，各题项的 CICT 指数均大于 0.4，信度理想。探索性因子分析显示，KMO 值为 0.753，Bartlette 球形检验在 0.001 上显著，主成分分析抽出单因子的方差解释度高达 67.079%，结构效度较佳。

（二）相关分析

如表 5-4 所示，本书将各变量与人口统计变量进行皮尔森与斯皮尔曼相关分析。需要指出的是，同侪压力是个体通过模板项目展示形成的个人认知。被试在亲历三个模板展示后，分别针对三个项目的压力感知进行评价。笔者以李克特五点量表模式设计量表与采集数据，取三个条款的加总平均值作为同侪压力的认知水平。根据相关分析结果，除了知识储备，其他六个学习变量均与同侪压力存在显著正相关。数据整体反映同侪压力对学习态度的积极作用，但性别、语言基础、课程难度和学科等要素可能对研究产生干扰，有必要在后续的回归分析中将其纳入控制变量范畴。

（三）配对样本 t 检验

根据配对样本 t 检验，表 5-5 验证了实验前后学习态度的七组指标均呈现十分显著的变化。在七个指标感知的均值上，学习兴趣从 3.04 提升到 3.78（$p<0.001$），目标清晰度从 3.15 提升至 4.05（$p<0.001$），适应性方法从 2.84 提升至 3.84（$p<0.001$），知识面从 3.00 提升至 4.11，话语能力从 2.90 提升至 4.09（$p<0.001$），知识储备从 3.45 提升至 4.21（$p<0.001$），学习动机从 2.96 提升到 3.75（$p<0.001$），且七组指标的配对差异均在 0.001 水平上达到显著。此外，通过对比标准差可见，变量的均值离散程度骤降，这意味着群体被导入同侪压力后，七个态度指标的变化趋势一致。

表 5-4　子研究七相关分析（$n=134$）

变量	均值	标准差	同侪压力	学习态度	学习兴趣	学习动机	目标清晰度	知识面	话语能力	适应性方法	知识储备
1. 同侪压力	3.5149	0.86842	1	—	—	—	—	—	—	—	—
2. 学习态度	3.9131	0.57827	0.440**	1	—	—	—	—	—	—	—
2a. 学习兴趣	3.78	0.873	0.286**	0.737**	1	—	—	—	—	—	—
2b. 学习动机	3.75	0.929	0.381**	0.786**	0.488**	1	—	—	—	—	—
2c. 目标清晰度	4.05	0.749	0.389**	0.685**	0.317**	0.353**	1	—	—	—	—
2d. 知识面	4.11	0.701	0.184*	0.513**	0.189*	0.193*	0.533**	1	—	—	—
2e. 话语能力	4.09	0.780	0.258**	0.689**	0.240**	0.373**	0.687**	0.628**	1	—	—
2f. 适应性方法	3.84	0.900	0.374**	0.582**	0.242**	0.313**	0.514**	0.290**	0.470**	1	—
2g. 知识储备	4.21	0.767	0.102	0.540**	0.228**	0.242**	0.426**	0.334**	0.572**	0.331**	1
性别	—	—	0.099	0.133	0.212*	0.109	0.013	−0.068	−0.033	0.034	0.110
语言基础	—	—	−0.044	0.186*	0.136	0.156	0.171*	0.025	0.112	0.160	0.046
学科	—	—	0.036	0.034	0.126	0.028	−0.127	0.018	−0.168	0.050	0.032
课程难度	—	—	0.181*	−0.047	−0.064	−0.022	−0.005	0.020	0.075	−0.088	−0.088

注：* $p<0.05$，** $p<0.01$。

表 5-5　子研究七配对样本 t 检验（$n=134$）

组别	变量	干预前		干预后		配对差异					t	显著性
		均值	标准差	均值	标准差	均值差	标准差	标准误	95%置信区间			
									下限	上限		
Pair 1	学习兴趣	3.04	1.110	3.78	0.873	−0.731	0.959	0.083	−0.895	−0.567	−8.827	0.000
Pair 2	学习动机	2.96	1.007	3.75	0.929	−0.791	1.269	0.110	−1.008	−0.574	−7.216	0.000
Pair 3	目标清晰度	3.15	1.147	4.05	0.749	−0.903	1.156	0.100	−1.101	−0.705	−9.042	0.000
Pair 4	适应性方法	2.84	1.136	3.84	0.900	−1.112	1.313	0.113	−1.336	−0.888	−9.803	0.000
Pair 5	知识面	3.00	1.144	4.11	0.701	−1.187	1.383	0.119	−1.423	−0.950	−9.933	0.000
Pair 6	话语能力	2.90	1.169	4.09	0.780	−1.000	1.251	0.108	−1.214	−0.786	−9.256	0.000
Pair 7	知识储备	3.45	1.161	4.21	0.767	−0.761	1.098	0.095	−0.949	−0.574	−8.025	0.000

（四）回归分析

M5-1 以性别、语言基础、课程难度和学科为控制变量。如表 5-6 所示，当同侪压力进入学习态度的回归模型中，标准回归系数为 0.453（$p<0.001$）；这意味着，同侪压力每变动 1 个标准差，个体的英语学习态度就会因此变化 0.453 个标准差，验证了同侪压力对大学生的英语学习态度发挥显著的积极影响。为了进一步证实同侪压力的积极性，笔者进一步将同侪压力的平方项置入学习态度的回归模型，如表 5-6 的M5-3所示，平方项的标准回归系数并未达到显著（$p=0.646$）。这意味着，当下的同侪压力并非与学习态度呈倒 U 形关系，而是处于倒 U 形左侧的正向关联区间。研究结果充分证实，本书设计产生的同侪压力是叶克斯—唐德逊法则中的积极压力。

表 5-6　同侪压力对口语学习态度的回归分析（$n=134$）

模型	R^2	调整后的 R^2	改变量统计		Durbin-Watson	变异解释度	
			R^2 改变量	F 改变量		标准回归系数	显著性
M5-1（控制变量）	0.050	0.020	0.050	1.687			
M5-2（同侪压力）	0.246	0.216	0.196	33.279		0.453	0.000
M5-3（同侪压力^2）	0.247	0.211	0.001	0.212	1.663	−0.333	0.646

四、研究结论与讨论

根据研究结果，同侪压力对大学生的英语学习态度具有十分显著的正向影响，前者对后者变异的解释度高达 45%，且群体英语学习态度的变化程度趋近一致。这意味着，布鲁阿等的理论设想①在我国大学生的英语学习中获得证实，换言之，同侪压力并非消极因素，而是作为积极的情境变量影响大学生的英语学习态度。因此，这一情境可被视为一种良性的外界刺激应用于我国大学英语教学实践。以往研究多聚焦于同侪压力的消极

① See P. Baruah and B. Bokha, "Positive Peer Pressure and Behavioral Support", *Indian Journal of Positive Psychology*, 2016, 7 (2): 241-243; R. G. Meshram, "The Upside of Peer Pressure on Adolescent Behavior", *Indian Journal of Health & Wellbeing*, 2016, 7 (8): 845-847.

影响，并将研究目的锁定于通过消除该因素以减少负面的从众行为。① 本书的重要意义在于突破这种认知局限，从积极心理学视角证实同侪压力对我国大学生英语学习的适用性及重要影响，将它转化为积极的教学策略并通过科学的方法引入外语学习课堂。结合当下的高等教育与社会竞争现状，我国大学生的升学就业以及职业发展普遍呈现“内卷”状态，从本质上理解多是同侪间的竞争。在笔者看来，针对此类不可回避的社会现象，与其着力于消除它的负能量，不如主动探究并挖掘其正能量，利用从众反应激发良性学习行为与社会行为，由此不仅能够更好地服务外语教学研究与实践，还体现了十分现实的社会价值。

为何同侪压力会对大学生的英语学习态度产生如此积极的影响？事实上，普林斯顿大学的巴鲁克已在早期的实验研究中探究同侪压力的积极作用。巴鲁克以应对种族偏见为实验主题，在群体中选取和培训模板个体，引导其妥善处理种族偏见问题，继而通过模板个体向同侪群体及其社会关系传达正确的应对态度与行为。实验证实，同侪压力激发个体在群体中的社交需求，驱使个人在言行上争相效仿，使个体逐渐从原本错误的行为态度往模板的方向转化。② 根据社会现实理论（social reality theory），个体在脱离原生家庭进入相对独立的社会生活后，从心理上需要迅速融入某一个群体并形成稳定的归属感。③ 融入群体是一个通过群体定位自我和树立共同价值观的过程，要求个体在行为和态度上迎合群体期望并形成一致性。这种个体与群体达成一致性的内在需求在本书中获得有力证实，经过系列模板展示后，群体学习态度的各项指标均朝着比较积极的方向发展。

---

① See J. L. Shepherd, D. J. Lane, R. L. Tapscott, et al., “Susceptible to Social Influence: Risky ‘Driving’ in Response to Peer Pressure”, *Journal of Applied Social Psychology*, 2011, 41 (4): 773-797; M. T. Mckay and J. C. Cole, “The Relationship between Alcohol Use and Peer Pressure Susceptibility, Peer Popularity and General Conformity in Northern Irish School Children”, *Drugs: Education, Prevention, and Policy*, 2012, 19 (3): 213-222; A. W. Blöte, A. C. Miers, and P. M. Westenberg, “Adolescent Social Anxiety and Substance Use: The Role of Susceptibility to Peer Pressure”, *Child Development Research*, 2016, 10.

② See E. L. Paluck, “Peer Pressure against Prejudice: A High School Field Experiment Examining Social Network Change”, *Journal of Experimental Social Psychology*, 2011, 47 (2): 0-358.

③ See. C. D. Hardin and T. D. Conley, “A Relational Approach to Cognition: Shared Experience and Relationship Affirmation in Social Cognition”, in G. B. Moskowitz, ed., *Cognitive Social Psychology: The Princeton Symposium on the Legacy and Future of Social Cognition*, Hillsdale, NJ: Lawrence Erlbaum Associates Publishers, 2001, pp. 3-17.

据此，聚焦外语教学领域，同侪压力可被视为一个亟待开发的积极情境，其潜在的应用价值应引起语言学界关注并得到深度挖掘。

为何大学生的英语学习态度在同侪压力刺激下产生如此一致的显著变化？针对该问题，笔者尝试通过团队规范理论（group norms theory）做进一步诠释。根据该理论，个体具有融入群体的社交需求，这要求个人首先获得群体认同，这种认同驱使其接纳、包容并呈现与群体一致的态度，以此确定自我与团队的同一性，即“团队身份”。① 在此过程中，模板发挥着引导团队行为的重要作用，任何与模板不一致的言行、态度和价值观都会被视为“不合规”，同侪压力应运而生。着眼于本书关注的议题，英语口语班是一个以掌握英语口语技能为目的的“小社会”，外语教师是具有知识权威性的评估者，这一角色便于迅速选择并培训理想型模板，以此作为能力参照标准评估群体的外语学习效果。优秀个人展示、搭档展示以及团队展示均是同侪压力导入的教学设计，学习群体在视听觉的冲击下迅速感知到外语学习情境中的同侪压力。由此，这种压力感知驱使群体以模板为标准，观摩学习、争相模仿甚至突破参照标准，以符合这个“小社会”的大众期待，最终收获群体认同与归属感。

综合上述分析，追求群体认同与同一性的社交规则促成的同侪压力，对外语学习态度产生十分积极的影响。笔者通过四个月的追踪、访谈与观测，发现群体成员因理想模板展示产生一定程度的焦虑，同时也将模范展示作为自己学习的参照标准，为符合所在群体期待而投入大量精力。最终，群体成员的口语学习表现基本能够达到模板展示水平，部分学习者甚至超越参照标准完成学习任务，实现“从普通生到优等生”的转变，并真正感知到归属“同一学习社交圈”。需要提及的是，调查访谈还发现，以需求为导向的项目对大学生英语学习的兴趣与动机具有最大的刺激作用。在同侪压力的影响下，当学生意识到学习需求和学生发展存在紧密关联时，内心自发地产生学习兴趣和动机驱力，个体的工具性动机迅速转化成综合性动机，外语学习态度因此从被动转化成主动。

本书在积极心理学视域下，通过实验研究考察同侪压力对大学生英语学习态度的影响，获得以下重要结论：同侪压力在国内高等教育情境中是一种积极的压力情境，显著改善了大学生的英语学习态度，主要体现在学习兴趣、学习动机、目标清晰度、适应性方法、知识面、话语能力以及知

---

① See C. S. Crandall, A. Eshleman, and L. O'Brien, "Social Norms and the Expression and Suppression of Prejudice: The Struggle for Internalization", *Journal of Personality and Social Psychology*, 2002, 82 (3): 359-378.

识储备等方面的显著提升。本书的贡献主要体现于：第一，将心理学界的同侪压力引入语言学界，突破传统的消极心理学视角，明确其可作为一种积极情境高效改善大学生的英语学习认知、情感以及行为倾向；第二，基于社会文化理论与团队规范理论，初步构建压力情境影响外语学习态度的理论框架，未来可将更多压力情境（如时间压力、任务难度、竞争情境等）纳入框架以深挖语言学习的压力影响模式；第三，纵向追踪法证实了变量间的因果关系，使研究过程和结果具有较强的操作性和可重复性。受制于时间与精力等条件，以往研究多基于横截面数据开展研究，使变量间的因果关系难以界定，本书克服了这个现实障碍，为我国大学外语教学研究及实践者利用积极压力干预大学生英语学习提供了一定的参考依据。

第四节　子研究八：外语教学目标设计——以课堂目标结构为例

根据成就目标理论，课堂目标结构（classroom goal structure），亦称为“教师成就目标导向”，反映了学生从整个课堂上感受到的与学习目标相关的信息①，对大学生的学习态度与学习行为具有重要引导作用②，比如适应性学习行为③、应对任务的价值观④、学习策略⑤、学习情绪⑥、个

---

① See H. Patrick, A. Kaplan, and A. M. Ryan, "Positive Classroom Motivational Environments: Convergence between Mastery Goal Structure and Classroom Social Climate", *Journal of Educational Psychology*, 2011, 103 (2): 367-382.

② See 韦晓保:《大学生外语学习目标定向、学习焦虑和自主学习行为的结构分析》,《外语界》2014 年第 4 期; E. M. Skaalvik, R. A. Federici, A. Wigfield, et al., "Students' Perceptions of Mathematics Classroom Goal Structures: Implications for Perceived Task Values and Study Behavior", *Social Psychology of Education*, 2017, 20 (1): 1-21.

③ See T. Urdan and C. Midgley, "Changes in the Perceived Classroom Goal Structure and Pattern of Adaptive Learning during Early Adolescence", *Contemporary Educational Psychology*, 2003, 28 (4): 524-551.

④ See M. A. R. Townsend and L. Hicks, "Classroom Goal Structures, Social Satisfaction and the Perceived Value of Academic Tasks", *British Journal of Educational Psychology*, 2011, 67 (1): 1-12.

⑤ See Y. Lin, B. L. Cherng, H. C. Chen et al., "The Moderating Effects of Goal Orientations and Goal Structures on Test-Preparation Strategies for Taiwanese Students", *Learning & Individual Differences*, 2017, 56: 68-75.

⑥ See N. Baudoin and B. Galand, "Effects of Classroom Goal Structures on Student Emotions at School", *International Journal of Educational Research*, 2017, 86: 13-22.

人目标①等。课堂目标结构表征了教师通过教学活动向学生传达的价值观与学习观，它作为一种动态情境对大学生的英语学习带来何种影响，可否借助这个情境改善大学生的英语学习效果尚未得知，而这些都是本书尝试破解的困惑。

在英语学习效果考量上，“有效教学”被本书重点关注，这是由于它直接反映了大学生对英语教学效果的感知。如果能够印证课堂目标结构对有效教学的干预作用，那外语教学实践者可以运用目标情境干预大学生英语学习，以此培养大学生对外呈现理想的学习品行。“有效教学”这一概念源于20世纪60年代，发展于80年代，21世纪被逐渐引入本土语言学界，对全球高等教育具有十分重要的指导作用。作为当下语言学界的热点，有效教学的相关研究已有一定积累，现有研究主要从教师视角探究有效教学的模式与特征等内在属性，如课程设计②、教学方法与策略③、教学互动④、评价标准⑤等。总体而言，国内大学英语有效教学研究多局限于理论分析⑥，研究范式偏定型化和单一化⑦。根据有效教学课程结果理论，学习主体对学习情境的感知差异促使其采用迥异的学习方法，进而带来截然不同的学习结果。⑧ 可见，外在情境本身对学习主体的有效教学感知存在重要影响。

---

① See M. Fokkens-Bruinsma, E. C. M. Van Rooij, and E. T. Canrinus, “Perceived Classroom Goal Structures as Predictors of Students' Personal Goals”, *Teachers and Teaching*, 2020, 26 (1): 88-102.

② 参见杨惠中:《提倡有效教学——从“外教社杯”全国大学英语教学大赛谈起》,《外语界》2011年第2期;刘丹:《课程设计是英语有效教学的前提——〈英语教育新论:多元目标英语课程〉的感悟》,《大学教育科学》2019年第4期。

③ 参见陈俊松:《英语文学阅读课程有效教学模式的建构——基于教学系统设计理论的探索》,《外语教学理论与实践》2016年第2期。

④ 参见张静华:《本科课堂教学中的师生互动:现状及其效果》,《教育发展研究》2019年第23期。

⑤ 参见 M. Devlin and G. Samarawickrema, “The Criteria of Effective Teaching in a Changing Higher Education Context”, *Higher Education Research & Development*, 2020, (2): 111-124;任庆梅:《大学英语有效课堂环境构建及评价的理论框架》,《外语教学与研究》2013年第5期;束定芳:《外语课堂有效教学的着力点与评估标准——第七届“外教社杯”高等学校英语教学比赛综合组赛况评点》,《外语教学理论与实践》2017年第1期。

⑥ 参见王峥:《建构主义学习理论观照下的大学英语课堂有效教学——以第四届“外教社杯”全国高校外语教学大赛为例》,《外语界》2014年第4期。

⑦ 参见张亚星、胡咏梅:《国外有效教学研究回顾及启示》,《课程·教材·教法》2014年第12期。

⑧ 参见 M. Prosser and K. Trigwell, *Understanding Learning and Teaching: The Experience in Higher Education*, Beijing: Peking University Press, 2007;任庆梅:《构建师生协同发展的大学英语课堂有效教学理论模式》,《外语界》2014年第3期。

通过进一步梳理发现，有效教学研究迄今仍囿于“描述性”层面①，尚未涉及“改进性”方向。为何同一教师采用同一策略在某一个情境下的教学效果良好，换个情境却可能出现效果不佳的窘况？追根究底，问题未必在于教师或者教学本身，而可能在于学生对教学情境感知的差异。当下，情境感知对有效教学的影响研究仍十分匮乏，这是一个值得挖掘的领域。以本书一直关注的评估情境为例，我国大学英语教学的主流评估方式为总结性评估与形成性评估。然而，评估目的的感知差异对大学生的英语学习行为存在重要影响。最新研究证实，总结性评估模式占比越高，大学生越偏好不择手段的英语学习方式；随着形成性评估占比提高，学生的负面学习品行明显减少，大学英语学业成就显著提升。② 这表明，评估情境本身很可能对大学英语教学有效性存在重要影响。对于多数外语教师而言，教学评估往往是难以改变的教学政策，被视为客观情境，但该情境与教学有效性存在何种关联尚未得知，能否通过主观情境改变客观情境对有效教学的潜在影响，是本书的关注焦点。

上述分析为本书提供了一条重要思路：以评估情境和目标情境为突破口开启有效教学的情境影响研究。本书认为，既然评估情境对有效教学的影响不可避免，可否通过课堂目标结构干预评估情境以提升大学生对有效教学的感知水平。为了厘清上述设想，本书拟通过实证研究破解以下两个研究问题：第一，大学英语评估情境与有效教学是否存在重要关联，关联何在？第二，课堂目标结构是否能够干预评估情境对有效教学感知的影响，如何干预以提升大学生的有效教学感知水平？

一、理论模型构建

有效教学被理解为关注学生并促进其学习进步的教学③，旨在实现有效的“学”，是一种以学生为中心的教学理念。根据教学过程结果理论④，评估教学是否有效应从教师的“教”与学生的“学”同时入手，判断两者

---

① 参见张亚星、胡咏梅：《国外有效教学研究回顾及启示》，《课程 · 教材 · 教法》2014 年第 12 期。

② 参见周小兰、马文：《大学英语评估取向对学业成就的影响——基于成就目标导向的中介作用研究》，《外语教学理论与实践》2019 年第 2 期；周小兰、左宁：《大学英语评估情境对学业求助的交互影响研究》，《外语与外语教学》2020 年第 1 期。

③ See M. Devlin and G. Samarawickrema, “The Criteria of Effective Teaching in a Changing Higher Education Context”, *Higher Education Research & Development* 2020, (2): 111-124.

④ See M. Prosser and K. Trigwell, *Understanding Learning and Teaching: The Experience in Higher Education*, Beijing: Peking University Press, 2007.

是否形成动态衔接。换言之，有效教学包括有效的教学活动与学习活动。前者意味着教师通过科学合理的教学目标、教学设计、教学策略以及教学评估实现有效教学，后者指学生“依据自身的学习经验与学习信念对所处情境产生个性化感知”①，采取适当的学习方法，实现有效学习。可见，学生能否形成有效学习在很大程度上取决于个体对教学情境的感知，然而这种感知并不仅源于教学，而是基于一个综合情境，比如课堂竞争氛围、评估手段、教师性格等主客观情境。这些教学情境与非教学情境共同促成学生的感知，并引导其采用不同学习方法，促成学习发生。

本书的核心思想在于，情境的重要影响应被引入有效教学的研究框架，它囊括客观与主观两种情境。笔者以课堂目标情境为试点变量，探究其作为主观情境对有效教学的重要影响，并继续以评估情境这一客观情境为例，观测主客观情境的交互作用与有效教学感知的关系。作为外语教学的主观情境，课堂目标结构表征了教师在教学中向学生传递的成就观，包括课堂掌握目标导向与课堂成绩目标导向两种类型。② 根据成就目标理论，课堂掌握目标导向在教学中传递能力发展观，引导学生通过努力不断提升能力，鼓励通过合作学习方式促进共同进步③，驱使学生以自身为能力参照标准并通过挑战实现自我突破，重视问题的及时发现、反馈与解决。课堂成绩目标导向在教学中传递能力固定观，即能力是不变的，要求学生以他人为能力参照标准④，通过对比他人来证明自身的能力、努力和优秀。这两种导向是独立于教学本身而存在的主观情境，因教师性格和偏好而异，却作为一种动态情境影响外语教学。然而，这种目标结构是可塑的⑤，英语教师可通过掌握语言教学的动机行为规律，借助这种动态情境干预和培养学生的学习态度与行为，在可预见的状态下使其按目标方向发展。

---

① 任庆梅:《构建师生协同发展的大学英语课堂有效教学理论模式》,《外语界》2014 年第 3 期。

② See H. Patrick, A. Kaplan, and A. M. Ryan, “Positive Classroom Motivational Environments: Convergence between Mastery Goal Structure and Classroom Social Climate”, *Journal of Educational Psychology*, 2011, 103 (2): 367-382.

③ See J. L. Meece, E. M. Anderman, and L. H. Anderman, “Classroom Goal Structure, Student Motivation, and Academic Achievement”, *Annual Review of Psychology*, 2006, 57 (1): 487-503.

④ See H. Patrick, A. Kaplan, and A. M. Ryan, “Positive Classroom Motivational Environments: Convergence between Mastery Goal Structure and Classroom Social Climate”, *Journal of Educational Psychology*, 2011, 103 (2): 367-382.

⑤ 参见周小兰、马文:《动机视角下大学英语评估模式对执行性求助的影响》,《现代外语》2019 年第 5 期。

验证上述研究设想需要厘清两条路径。第一，大学英语评估情境对有效教学的直接作用路径；第二，大学英语教师成就目标导向如何干预大学英语评估情境对有效教学的作用路径（见图 5-6）。从统计学意义看，这是一个典型的调节作用模型。根据研究需求，本书拟基于成就目标理论，构建一个客观评估情境与主观动机情境交互的理论框架，通过实证研究验证理论设想，为我国高校外语教学管理与实践者通过动机行为规律实现有效教学提供现实的参考依据。

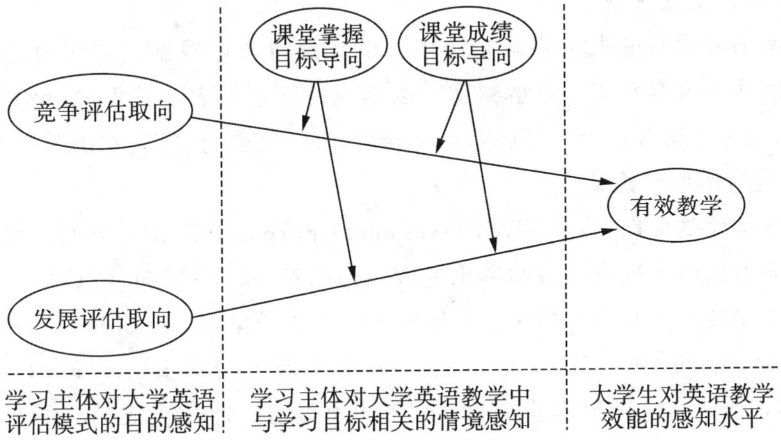

图 5-6　子研究八的理论模型

二、研究设计

（一）研究方法

本书采用 SPSS 26.0 软件，通过以下五个步骤完成实证研究。第一步，检验测度量表的信效度，以保障量表的科学性与可行性；第二步，对研究变量进行皮尔森与斯皮尔曼相关分析，以初步判断变量间的关系是否符合理论设想；第三步，根据 TOL、VIF、Eigenvalue、CI 与 DW 值诊断回归模型的系列共线性问题，并根据 Harman 单因素检验法诊断同源误差；第四步，基于 PROCESS V2.16.3 中的 Bootstrap 法对理论模型进行一步式检验，此方法快捷高效，避免了烦琐步骤；第五步，基于标准回归系数作调节模式图，以判断调节作用的走势。此外，笔者对解释变量进行数据的中心化处理，以规避多重共线性问题。

（二）样本选取

本书以山东省内十余所高校（山东大学、中国海洋大学、山东师范大学、曲阜师范大学、烟台大学、临沂大学、山东交通学院等）非英语专业大二学生作为研究对象，该学生群体已历经一年的大学英语学习。课题组通过其中一所高校大学外语教学部的多名教师以滚雪球方式发放电子问卷链接，被调查者从网上匿名提交。在预调查 100 名学生后，修订并完成正式量表，随后发放 1612 份电子问卷，剔除规律作答和胡乱作答等问卷，最终获得 1533 份有效问卷，有效率为 95%。在样本数据分布上，男生占 49.1%，女生占 50.9%；文科占 29.4%，理工科占 66.7%，农医及其他占 3.9%；大学分布中，“双一流”建设大学占 13%，其他省属大学占 87%。

（三）变量测度

本书采用的量表主要源于国内外的成熟量表，根据国内语言习惯翻译、回译和改编而成。变量测度采取李克特五点量表，其中“1=完全不符合，2=不符合，3=不确定，4=符合，5=完全符合”，本书采用 SPSS 26.0 进行信效度检验。

教学评估取向（perceived assessment purpose，PAP）方面，采用周小兰等根据西方量表改编的本土量表，包括竞争评估取向（PCP，4 个题项）与发展评估取向（PDP，4 个题项）两个子量表，Cronbach's α 系数分别为 0.808 和 0.920，信度佳。探索性因子分析显示，KMO 值为 0.891，Bartlette 球形检验在 0.001 水平上显著，通过主成分分析与直交转轴的最大变异法抽出两个因子，其对变量变异的解释度为 66.84%，结构效度较佳。

有效教学（effective teaching，ET）量表根据帕特里克（J. Patrick）和斯马特（R. M. Smart）的量表①进行翻译、回译以及改编而成。它由尊重学生（respects to students，8 个题项）、挑战性教学（ability to challenge students，5 个题项）以及组织和展示能力（Organization and presentation skills，7 个题项）三个维度构成，Cronbach's α 系数分别为 0.951、0.949 和 0.928，信度比较理想。根据探索性因子分析，KMO 值为 0.891，Bartlette 球形检验在 0.001 水平上显著，通过主成分分析与直交转轴的最大变异法抽出三个因子，其对变量变异的累计解释度为 75.436%，结构效度十分理想。

课堂目标结构（perceived goal structure，PGS）量表根据米奇利

① See J. Patrick and R. M. Smart, “An Empirical Evaluation of Teacher Effectiveness: The Emergence of Three Critical Factors”, *Assessment & Evaluation in Higher Education*, 1998, 23 (2): 165-178.

(C. Midgley) 等的量表①进行翻译、回译以及改编而成。它由课堂掌握目标导向 (perceived mastery goal orientation, PGS1, 5 个题项) 和课堂成绩目标导向 (perceived performance goal orientation, PGS2, 5 个题项) 两个子量表构成, Cronbach's α 系数分别为 0.920 和 0.820, 信度较佳。根据探索性因子分析, KMO 值为 0.891, Bartlette 球形检验在 0.001 水平上显著, 通过主成分分析与直交转轴的最大变异法抽出 2 个因子, 其对变量变异的累计解释度为 68.000%, 结构效度比较理想。

三、研究结果

(一) 相关分析

如表 5-7 所示, 根据皮尔森与斯皮尔曼相关分析, 竞争评估取向和发展评估取向均与有效教学存在显著正相关, 但是前者为轻微正相关 ($r=0.289$, $p<0.01$), 而后者为高度正相关 ($r=0.696$, $p<0.01$)。课堂掌握目标导向和课堂成绩目标导向同样与有效教学存在显著正相关, 但前者的相关性略高于后者 (课堂掌握目标导向: $r=0.623$, $p<0.01$; 课堂成绩目标导向: $r=0.510$, $p<0.01$)。本书选取了大学类型、性别和学科作为控制变量。有趣的是, 控制变量后在相关分析结果中存在意外发现。一方面, 在大学类型上, "双一流" 建设大学本科生持更高的课堂掌握目标取向及有效教学感知水平, 而其他省属大学本科生则持更高的课堂成绩目标导向和较低有效教学感知水平。另一方面, 男生相对于女生持有更高的竞争评估取向, 女生持有更高的课堂掌握目标导向, 且女生的有效教学感知水平显著高于男性。专业上, 相对于文科生, 理工科学生持有更高的竞争评估取向。

表 5-7　子研究八相关分析 ($n=1533$)

变变	均值	方差	PCP	PDP	PGS1	PGS2	ET
PCP	3.5703	0.68528	1	—	—	—	—
PDP	4.0972	0.60172	0.396**	1	—	—	—
PGS1	4.1148	0.61578	0.285**	0.452**	1	—	—
PGS2	3.8689	0.58734	0.491**	0.422**	0.581**	1	—

① See C. Midgley, M. L. Maehr, L. Z. Hruda, et al., *Manual for the Patterns of Adaptive Learning Scales*, Ann Arbor: University of Michigan, 2000.

续表

变变	均值	方差	PCP	PDP	PGS1	PGS2	ET
ET	4.2252	0.53860	0.289**	0.696**	0.623**	0.510**	1
大学类型	—	—	0.043	−0.019	−0.057*	0.067**	−0.095**
性别	—	—	−0.104**	0.032	0.079**	−0.040	0.080**
学科	—	—	0.071**	−0.049	−0.036	−0.024	−0.008

注：①* $p<0.05$，** $p<0.01$。

②PCP＝竞争评估取向，PDP＝发展评估取向，PGS1＝课堂掌握目标导向，PGS2＝课堂成绩目标导向，ET＝有效教学。

根据以上分析，本书虽然可以从整体上初步判断理论模型的作用路径，但结果可能受控制变量干扰，有必要通过随后的回归分析进一步佐证。与此同时，根据 TOL、VIF、Eigenvalue、CI 与 DW 值对回归模型的系列共线性问题进行诊断，并根据 Harman 单因素检验法诊断同源误差，发现两者均未对此研究造成显著干扰。

（二）直接效应分析

此步骤的意义在于考察大学英语教学评估取向对有效教学的预测作用。基于 PROCESS V2.16.3 中 Bootstrap 的 Model 7，样本量设为 5000，Bootstrap 取样选择偏矫正的非参数百分位法，置信区间为 95%，结果如表 5-8 的 M5-1 和 M5-8 所示，竞争评估取向与发展评估取向均正向作用于有效教学，但是前者对有效教学变异的解释度明显低于后者（竞争评估取向：$\beta=0.306$，$p<0.001$；发展评估取向：$\beta=0.695$，$p<0.001$）。这表明大学英语评估情境与有效教学切实存在紧密相关关系，大学英语教学评估取向能够直接预测有效教学水平；相对于竞争评估取向的中低水平，发展评估取向具有高度的正向预测力。至此，第一个研究问题得到揭示。

（三）调节效应分析

此步骤目的在于考察课堂目标结构对主效应的干预作用。首先，考察大学英语课堂目标结构对大学英语教学竞争评估取向与有效教学关系的调节作用。如表 5-8 的 M5-4 和 M5-7 所示，当课堂掌握目标导向与课堂成绩目标导向的交叉项分别进入回归模型后，回归系数均达到显著（课堂掌握目标导向交叉项：$\beta=0.0553$，$p<0.01$；课堂成绩目标导向交叉项：$\beta=0.1151$，$p<0.001$），具体的调节模式如图 5-7 与图 5-8 所示。

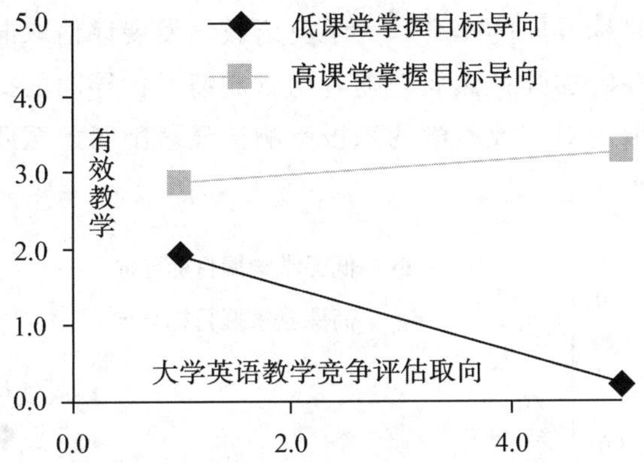

图 5-7　课堂掌握目标导向对大学英语教学竞争评估取向与有效教学关系的调节效应

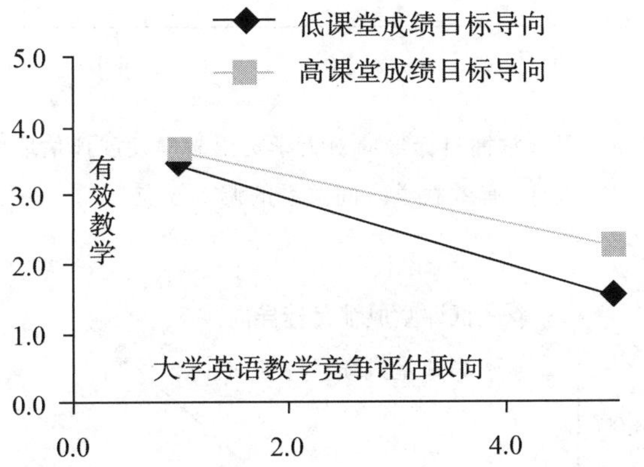

图 5-8　课堂成绩目标导向对大学英语教学竞争评估取向与有效教学关系的调节效应

研究结果显示，只有当课堂掌握目标导向处于较高水平时，大学英语教学竞争评估取向对有效教学才存在微弱的正向作用，随着课堂掌握目标导向降低，主效应的正向影响逐渐消失，并在最后反转成负向影响；然而，无论课堂成绩目标导向处于何种水平，主效应始终保持负向作用。由此可见，大学英语教学竞争评估取向十分不利于有效教学，但课堂掌握目标导向可在其中产生高效干预作用。

其次，考察两类课堂目标结构对大学英语教学发展评估取向与有效教学关系的调节效应。如表 5-8 的 M5-11 和 M5-14 所示，两类课堂目标导向的交叉项进入回归模型后，回归系数同样达到显著（课堂掌握目标导向交叉项：$\beta = -0.0537$，$p < 0.001$；课堂成绩目标导向交叉项：

$\beta=0.0894$，$p<0.01$），具体调节模式如图 5-9、图 5-10 所示。结果显示，随着课堂掌握目标导向的提升，大学英语教学发展评估取向对有效教学的正向作用得到一定加强；然而，随着课堂成绩目标导向的提升，大学英语教学发展评估取向对有效教学的积极影响被显著削弱。至此，第二个研究问题得到清晰揭示。

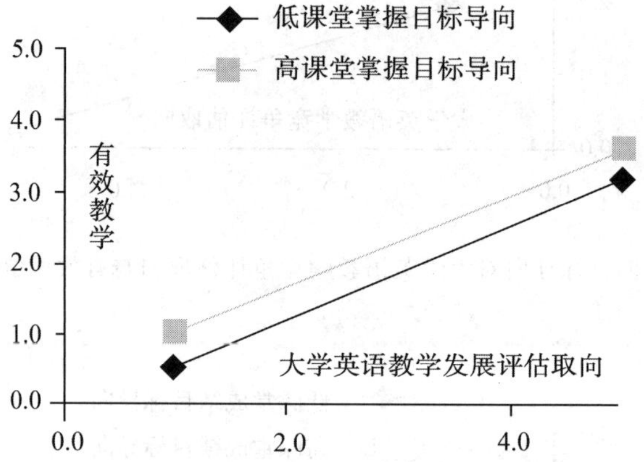

图 5-9　课堂掌握目标导向对大学英语教学发展评估取向与有效教学之间关系的调节效应

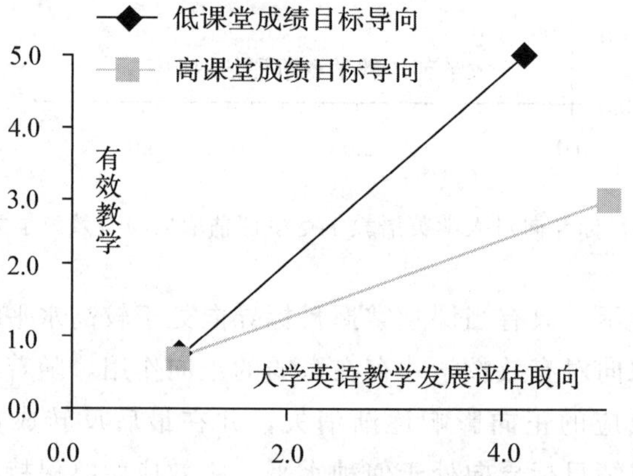

图 5-10　课堂成绩目标导向对大学英语教学发展评估取向与有效教学之间关系的调节效应

表 5-8　子研究八回归效应分析（$n=1533$）

自变量	模型	路径	Coeff	Se	T	P 值	LLCI	ULCI	Sig.
PCP	M5-1	PCP→ET（直）	0.306	0.019	12.522	0.000			√
	M5-2	PGS1→ET	0.3212	0.0651	4.9350	0.0000	0.1935	0.4488	√
	M5-3	PCP→ET	−0.1329	0.0802	−1.6564	0.0979	−0.2903	0.0245	×
	M5-4	PCP×PGS1→ET	0.0553	0.0185	2.9843	0.0029	0.0190	0.0917	√
	M5-5	PGS2→ET	0.0584	0.0718	0.8138	−0.4159	0.0824	0.1992	√
	M5-6	PCP→ET	−0.4098	0.0820	−4.9998	0.0000	−0.5706	−0.2491	√
	M5-7	PCP×PGS2→ET	0.1151	0.0200	5.7613	0.0000	0.0759	0.1543	√
PDP	M5-8	PDP→ET（直）	0.695	0.016	38.118	0.0000			√
	M5-9	PGS1→ET	0.5527	0.0703	7.8636	0.0000	0.4148	0.6905	√
	M5-10	PDP→ET	0.6879	0.0711	9.6693	0.0000	0.5484	0.8275	√
	M5-11	PDP×PGS1→ET	−0.0537	0.0169	−3.1738	0.0015	−0.0869	−0.0205	√
	M5-12	PGS2→ET	0.6279	0.0852	7.3723	0.0000	0.4608	0.7949	√
	M5-13	PDP→ET	0.8579	0.0778	11.0316	0.0000	0.7054	1.0104	√
	M5-14	PDP×PGS2→ET	0.0894	0.0199	4.4932	0.0000	0.1284	0.0504	√

注：PCP＝竞争评估取向，PDP＝发展评估取向，PGS1＝课堂掌握目标导向，PGS2＝课堂成绩目标导向，ET＝有效教学。

四、研究结论与讨论

（一）大学英语教学评估取向对有效教学的作用

从实证结果可见，大学英语教学评估取向与大学生对有效教学的感知水平切实存在重要关联，竞争评估取向与发展评估取向均正向预测有效教学水平，但后者相对于前者具有显著更强的预测力。这意味着，当外语教学评估模式偏向于竞争性目标时，大学生对有效教学的感知水平无法得到保障，总体处于较低水平；而当评估模式以学生发展为目的时，大学生对有效教学的感知水平普遍较高。需要指出的是，这些结果可能受其他因素干扰，笔者将结合课堂目标结构进一步分析多重情境对有效教学的作用。该发现的重要意义在于，证实了大学英语有效教学研究不能局限于内涵分析，其边界条件应引起重视。遗憾的是，它的情境外延仍是一个被忽略的空间，相应的理论研究框架仍有待进一步拓展。

为何评估手段能够预测有效教学水平？新近研究证实，除了功能性目的以外，大学英语教学评估对学生而言也是一个重要的学习情境。[①] 外语教师在教学中往往传达不一样的评估目的，这驱使大学生对教学情境产生不同解读。于教师而言，教学评估只是监督和考察学习效果的一种手段，是独立于教学活动而存在的一个反馈模式。然而，于学生而言，它不仅决定个人的英语学业成就，还关乎其他多重切身利益。以总结性评估为例，除了考察教学结果，该评估方式还服务于分班、分级、择优等决策性目的。[②] 根据建构主义的生成性学习理论，语言学习是一个主动过程，大学生在已有的知识存储与认知结构基础上，选择性地获取外界信息，对外来刺激进行个性化解读与加工，进而构建新的知识联系。[③] 当总结性评估模式在外语教学评估中占较大比重时，大学生通常持较强的竞争评估取向，在认知上偏向以"结果为导向"。教学内容无法满足其功利性需求，就意味着学习群体无法从中获得有利于结果的信息，此时的教学很可能被视为低效或无效。

与之形成反差，当形成性评估成为主要评估模式时，个体在认知上持发展评估取向，这驱使大学生在语言学习中重视能力成长。有效教学的三个核心维度是尊重学生、教学具有挑战性、教学提升学生的组织与展示能力[④]，传达一种"能够促进学生学习与发展"的教学理念[⑤]。就教育目的而言，形成性评估与有效教学传达的理念是一致的，两者均重视"过程"与"能力"[⑥]。它们的差异在于，形成性评估是一种过程性评价，旨在通过评估发现问题、提供反馈、挖掘潜力、促进成长[⑦]；而有效教学则是从学生视角上感知"教"与"学"的有效性。根据生成性学习理论，当评估

---

① 参见周小兰、马文：《大学英语评估取向对学业成就的影响——基于成就目标导向的中介作用研究》，《外语教学理论与实践》2019 年第 2 期。

② See C. Leung and B. Mohan, "Teacher Formative Assessment and Talk in Classroom Contexts: Assessment as Discourse and Assessment of Discourse", *Language Testing*, 2004, 21 (3): 335-359.

③ See M. C. Wittrock, "Generative Processes of Comprehension", *Educational Psychologist*, 1989, 24 (4): 345-376.

④ See J. Patrick and R. M. Smart, "An Empirical Evaluation of Teacher Effectiveness: The Emergence of Three Critical Factors", *Assessment & Evaluation in Higher Education*, 1998, 23 (2): 165-178.

⑤ 参见张亚星、胡咏梅：《国外有效教学研究回顾及启示》，《课程·教材·教法》2014 年第 12 期。

⑥ 参见余文森：《能力导向的课堂有效教学》，《全球教育展望》2018 年第 1 期；周小兰、马文：《动机视角下大学英语评估模式对执行性求助的影响》，《现代外语》2019 年第 5 期。

⑦ See C. Leung and B. Mohan, "Teacher Formative Assessment and Talk in Classroom Contexts: Assessment as Discourse and Assessment of Discourse", *Language Testing*, 2004, 21 (3): 335-359.

手段传达以能力为导向的信号时，能力信息的重要性被凸显，这直接引导学生主动注意、选择、发现和汲取与能力相关的信息，通过建立新旧知识的联系促进自身语言能力发展，这也清晰地诠释了为何发展评估取向能够强烈预测有效教学水平。

（二）课堂目标结构的调节作用

本书证实，课堂目标结构在评估情境对有效教学的影响中切实起到十分重要的调节作用。在竞争评估取向对有效教学的消极作用中，课堂掌握目标导向对主效应起到反转作用，显著地提升了大学生对有效教学的感知水平；不同的是，在发展评估取向对有效教学的积极作用中，课堂成绩目标导向却起到消极干预影响，使有效教学的感知水平显著降低。可见，课堂掌握目标导向对有效教学是一个积极有效的促进因素。根据成就目标理论，课堂目标结构对学习群体的认知、行为与情感具有直接的引导作用①，其中的课堂掌握目标导向在大学英语教学中传递了一种能力发展观，鼓励大学生以自我为能力参照对象，通过持续努力突破自我。在这种课堂环境中，英语教师协助学生发现和解决问题，旨在提升学习群体的能力，这有利于群体以合作态度投入学习②，促使学习群体具有更强烈的交互意愿③、愉悦感与满足感④，有助于大学生在语言学习中完成自我形象的构建⑤。从本质上理解，课堂掌握目标导向与发展评估取向具有高度一致的价值观，均鼓励学生将注意力投向学习过程，这使两者的交互显著强化了发展评估取向对有效教学感知的积极影响。与此同时，随着课堂掌握目标导向不断凸显，学习结果的重要性被逐渐弱化，学习主体得以深度参与教学，这能够强力缓冲竞争评估取向对有效教学的负面影响，也不难理解为何两者的负向关系最终反转为正向关系。由此可见，课堂掌握目标导

① See C. O. Walker, "Student Perceptions of Classroom Achievement Goals as Predictors of Belonging and Content Instrumentality", *Social Psychology of Education*, 2012, 15 (1): 97-107.

② See J. L. Meece, E. M. Anderman, and L. H. Anderman, "Classroom Goal Structure, Student Motivation, and Academic Achievement", *Annual Review of Psychology*, 2006, 57 (1): 487-503.

③ See T. Chen, P. Wu, and K. Leung, "Individual Performance Appraisal and Appraisee Reactions to Workgroups: The Mediating Role of Goal Interdependence and the Moderating Role of Procedural Justice", *Personnel Review*, 2011, 40 (1): 87-105.

④ See S. R. Moulik and S. Mazumdar, "Exploring the Relationship Between Perceived Uses of Appraisals and Performance Appraisal Satisfaction in the Indian It Sector: An Empirical Study", *International Journal of Business & Social Research*, 2012, 2 (2): 2145-2155.

⑤ 参见韦晓保:《大学生外语学习目标定向、学习焦虑和自主学习行为的结构分析》,《外语界》2014 年第 4 期。

向对于大学生英语学习品行是积极有效的主观情境，外语教师应强化这种导向，这能够促进学习主体在英语学习中养成良好的学习品行。

与课堂掌握目标导向截然相反，课堂成绩目标导向极大地干扰了大学生对有效教学的感知水平，直接强化了竞争评估取向与有效教学的负相关，弱化了发展评估取向与有效教学的正相关。根据成就目标理论，大学生持较强的课堂成绩目标导向，意味着教师在课堂上强调通过结果证明能力的教学理念，胜出一方被默认为成功者①，这使学习主体树立赢过他人的学习目标并激发了群体间的竞争氛围②。研究发现，大学生在这种课堂情境的影响下，往往不再重视学习任务与创造性技能的使用③，却十分在乎英语教师对自身的能力评价，迫于压力会极力获取好评、回避差评。④这种课堂目标结构注重结果，易驱使大学生产生功利性学习行为，这显然会强化竞争评估取向的负面影响，阻碍发展评估取向的积极作用，不利于大学生英语学习良好品行的养成。由此可见，课堂成绩目标导向对有效教学而言是一个不利因素，该发现不仅证实了课堂目标结构与评估情境对有效教学的交互作用，也再一次从理论上印证了大学英语有效教学的边界条件值得进一步探究。

第五节　本章小结

本章聚焦于大学生英语学习良好品行养成议题，通过三个子研究检验多个理论设想，获得了系列重要发现。首先，子研究六证实，三类成就目标个体对教学任务存在迥异认知，当教学任务越发以需求为导向时，三类学习主体的任务感知水平越高，其英语学业成就的提升程度越显著；与此同时，若在英语教学过程中对课堂教学进行价值导入，三类学生的任务感

---

① See M. Bong, "Within-Grade Changes in Korean Girls' Motivation and Perceptions of the Learning Environment across Domains and Achievement Levels", *Journal of Educational Psychology*, 2005, 97 (4): 656-672.

② See J. L. Meece, E. M. Anderman, and L. H. Anderman, "Classroom Goal Structure, Student Motivation, and Academic Achievement", *Annual Review of Psychology*, 2006, 57 (1): 487-503.

③ See E. Hong, S. A. Hartzell, and M. T. Greene, "Fostering Creativity in the Classroom: Effects of Teachers' Epistemological Beliefs, Motivation, and Goal Orientation", *Journal of Creative Behavior*, 2009, 43 (3): 192-208.

④ 参见韦晓保:《大学生外语学习目标定向、学习焦虑和自主学习行为的结构分析》,《外语界》2014年第4期。

知水平及其学习效果将获得显著提升，这意味着，价值导入是培养大学生英语学习良好品行的高效方式。其次，子研究七发现，同侪压力能够显著改善群体的英语学习态度与学习认知；通过模板展示导入同侪压力的实验中，被试群体在学习兴趣、目标清晰度、适应性方法、知识面、话语能力、知识储备以及学习动机等方面均呈现了十分显著且积极的变化。最后，子研究八发现，外语教学评估取向作为不可避免的客观情境，竞争评估取向对有效教学的积极影响显著弱于发展评估取向对有效教学的影响；课堂目标结构作为主观情境会放大这种影响，课堂掌握目标导向能够显著提升两种评估取向的积极影响，而课堂成绩目标导向会显著弱化两种评估取向的作用，甚至使其原本的积极影响转化为消极影响。三个子研究的结果充分证实了外语教学情境的积极干预作用，科学利用大学英语教学的任务情境、压力情境与目标情境，能够显著改善大学生的语言学习行为与态度认知、高效提升其外语学业成就，从根本上促进其良好学习品行的养成。

第六章　高教管理与教学实践启示

第一节　大学英语学习品行的动机行为规律及其实践启示

根据子研究一、子研究二和子研究三，本书对我国大学生英语学习的动机行为规律进行了摸索与验证，基于研究结果获得以下两点重要启示。

第一，持不同成就目标导向的大学生在英语学习中具有十分迥异的信息行为态度，我国高校外语教学管理与实践者应借助其动机行为规律区别三类性格，并根据其特质对个体采取干预行为。

针对掌握目标个体，其在众多研究中被证实具有极强的学习力与适应力，自我效能感较强，此类学生的信息开放性通常远高于其他类型，因此这个群体是大学英语教师心目中比较理想的学习型人才。对于此类人，外语教师可考虑为其制造人为“困境”，设置挑战性目标与学习障碍，激发其挑战性，助力其突破自我以实现语言技能提升。

针对成绩趋近目标群体，与西方研究不同的是，这类大学生在个体与团队层面的信息行为表现相对理想，此类性格特质在总体上还算符合外语教师的期待，并未表现出西方人身上的“负面品行”。总体而言，他们属于力争上游的优秀学习群体，本能地偏好证明自身的学习机会与学习任务，大学英语教师可针对该特质在情境中设置优秀的能力参照标准，提升团队能力结构的金字塔尖水平，这会在很大程度上激发此类人在外语学习中的潜在“战斗力”与竞争力。需要警惕的是，这类人本能地与优秀参标进行比较，大学英语教师应对其英语基础具有比较清晰的认识，切勿设置能力差距过大的社会比较对象，这容易造成消极压力，使其产生挫败感。

针对成绩回避目标群体，这类人的信息开放性较弱，相对于团队学习方式，他们更适合独立的学习模式。若置入团队，在成员能力结构上可适度提升最低水平的参照标准，教师可通过刻意改变参照标准以达到适当施压的目的，从而有力激发此类人的学习潜力，从现实意义上提升个人的英语学业成就。然而，成绩回避目标导向作为个人的性格特质，存在一定的不稳定性，其个体表现为自卑、缺乏自信、害怕失败，大学英语教学实践者可通过情境设置高效干预其原本的性格劣势、消极的外语学习模式、行为动因及其他制约因素。例如，根据其特质设置学习团队外的能力参照标准，以转移内部矛盾；鼓励个体在教师指定的范围内自我设定学习目标与学习任务，给予这类人充分的学习自主性；避免公开问责并私下有针对性地纠正个人学习态度与行为问题等。这些外在干预措施可切实降低此类人在英语学习中滋生负面品行的概率。

第二，大学英语教学管理与实践者可通过教学评估情境干预大学生英语学习的信息行为，以提升学习群体的信息开放性。

在现实的教学实践中，首先，大学英语教师应遵循叶克斯—唐德逊法，利用外语教学总结性评估方法对学生达到施压目的，并同时探寻该评估手段的峰值，继而最大化提升大学生英语学习的信息开放性和信息运用能力，但切勿由于过度采用该方法而引致学习群体的消极压力。其次，教师应重视形成性评估的考核方法，可将其作为重要手段用于减少总结性评估的负面影响。两种评估手段主辅相搭的模式既能够切实保障大学生的个人利益，又能够充分挖掘个人的学习潜力，张弛有度的物质刺激与精神刺激能够保证个体在信息输出上具有较强的动机水平。最后，当大学英语教师尝试通过大学生的信息行为提升大学生英语学业成就时，应清晰掌握学习主体的动机类型并给予及时反馈。例如，在形成性评估中，了解学生不足之处时给予及时反馈与指导，在识别学生潜能时有针对性地分享高效的学习策略，积极评价学生时进一步指派具有挑战性的任务，这些设计会强烈刺激大学生在英语学习中的信息输出意愿与信息运用能力。

第二节 大学英语学习不良品行的应对建议

基于子研究三、子研究四和子研究五的系列研究，本书针对减少大学英语学习不良品行提出以下五点操作建议。

第一，我国高校管理者应尝试减少大学英语学科的利益关联，弱化学习主体的功利性动机，这能够显著降低大学生在英语学习中的作弊倾向。

毋庸置疑，当前的大学英语作为一门中国大学生的必修公共课，与学生个人利益息息相关，获取优异成绩能够为学习主体的评优、考研和保研等带来巨大优势。国内众多高校甚至将学历学位颁发与国家英语等级考试挂钩，明令规定未通过四级考试的学生不得授予学位。这些现状虽然在很大程度上刺激了大学生学习英语的主动性，但也使多数学习主体在英语学习上带有强烈的功利性，作弊难以避免地成为一些学生的捷径。利益关联过密反映了以外在物质刺激内在积极性的一种非理性教育模式，这容易引致学习群体忽视学习的原本兴趣与根本目的。当学习主体通过各种应试方式成功获取所需后，持续学习的可能性会骤降甚至消失。据此，高等教育管理层应尝试将大学英语学科与其他众多不相关的利益适当脱钩，鼓励大学英语教师根据学习群体的兴趣以及动机类型开发其语言学习需求，布置的课程任务旨在满足语言学习的功能性及交际性，传导掌握语言的真正目的与应用意义，驱使学习主体的功利性外在动机转化成以兴趣和需求为驱动力的内在动机。

第二，大学英语教师应尝试在教学设计中提升大学生对学习过程与学习结果的可控性，通过增强学习主体信心降低心理不安全感，这能够有力削弱其作弊倾向。

在实际的教学中，大学英语教师应向学生传输以提升语言应用技能为目的的教学观及“努力就有改进”的价值观，根据学习者的语言基础设计现实可行的阶段性目标。在弱化总结性考试的同时，提高阶段性小考的难度与频率，根据学习问题及时监督、跟进与反馈。鼓励学生通过自主学习获得足够的信息输入，在课上给予学生充分的时间与机会实现信息输出(如即兴演讲、即兴对话、新闻播报和生活情景剧等)。通过这样一个循序渐进的目标追逐过程，大学生在英语学习中可预测和掌握学习任务与学业成就，这不仅能够有力提升个体的自我效能感，更能够缓解其焦虑情绪及心理不安全感，进而削弱群体的考试作弊倾向。

第三，针对作弊和执行性求助等英语学习不良品行，高校外语教学管理与实践者应采用“形成性评估为主，总结性评估为辅”的反传统评估模式。

具体而言，管理者应尝试大力提升形成性评估比重，在评估上变革以结果为导向的陈旧方式，强调以过程为导向的评估意义，酌情考虑将学习态度纳入占比，以此减少大学生一味追求成绩的学习行为。根据叶克斯—唐德逊法则，适当的压力有利于个体发挥最佳学习状态，并实现最佳的学习效果，相应的压力状态在心理学上也被称为“积极压力”。当前我国大部分高校在大学英语教学评估中仍以总结性评估为主，这意味着大学生的学习压力多来自于期末考试，个人对学习结果会持相对较高的不确定性感知，这容易引发个人的消极压力、焦虑情绪与冒险行为，甚至引致系列不良后果，如忽略语言能力的培养过程、产生逐利性学习行为、繁衍恶性竞争氛围和滋生不良学习品行等。与之形成参照，以形成性评估为主的评估模式使大学生的注意力从传统的“以结果为导向”转化成“以解决问题为本”，这显然有利于从根本上提升大学生的英语学习能力，弱化其不择手段的行为倾向。此外，虽然本书并未证实总结性评估对执行性求助的直接影响，但这种诊断性评估并未对大学英语不良学习品行产生任何积极作用。在现实的大学英语教学管理中，这种主流评估方式对大学生功利性需求的唤醒刺激应引起警惕，以划分等级和选择优劣为目标的评估模式确实应遭到质疑。

第四，高校教师应意识到成绩趋近目标群体的双面性特质，尝试通过教学过程降低其学习功利性，规避此类学生滋生不良学习品行的刺激源。

在性格特质上，持成绩趋近目标导向的大学生追求“完胜他人”的目标，具有强烈的成就欲望，在学习中是典型的完美主义者，十分上进，但害怕输给认知上的假想敌，容易在成就需求刺激下滋生逐利性学习态度。大学英语教师应意识到这类矛盾性格，清晰地掌握其能力范畴与英语基础，切记不恰当的目标设置会刺激其“铤而走险”，为了学业成功从积极走向消极。面对这类学生，大学英语教师可基于实用性原则在教学过程中采用文化导入、语言交际法、自然法和任务教学法等，通过激发兴趣点促使其工具性动机转化成综合性动机。此外，英语教师还应有针对性地纠正这类人以成绩和结果为导向的学习态度，以减少其逐利性学习品行，例如，通过教学过程引入问题情境以传导语言学习的实用性与功能性，通过课堂翻转刺激学生对语言知识进行主动性探索，以及开展以团队为单位的语言交际与学习模式以弱化竞争氛围等。

第五，持成绩回避目标导向的大学生对语言学习情境的应激效果应引起谨慎关注，此类人在大学英语学习中具有最高的作弊行为倾向，是产生负面学习品行的主要群体。

持成绩回避目标导向的大学生在性格特质上十分消极被动，敏感自卑，他们逃避困难，尤其关注不利于自身的负面评价。为了不沦为“最差”，作弊和抄袭等方式很容易成为他们在大学英语学习中的惯用手段。学习品行不端是该群体的一个标志性行为特征，本书所关注的形成性评估情境只能对其消极行为起部分干预效果。在教学操作上，大学英语教师可尝试在公众面前多给予这类人正面鼓励，切忌施加超出其心理负荷的学习压力；问题反馈以及过程评价应选择私下进行，在平时沟通中注意措辞以避免他们被消极暗示；利用此类人“怕输和爱攀比”的特质，协助树立与之匹配的能力参照标准，以有力提升其语言学习力。此外，针对考试作弊，高校管理层不应只聚焦于考试监控与惩戒措施，更应鼓励英语教师根据成绩回避目标特质，对此类学生主动提供帮助以及时解决学习障碍，通过公众表扬以提升学业成就感，在照顾自尊心的同时增强其自信心，借助类似情境教学法、交际法和暗示法等方式，将他们的关注焦点从学习成绩转移至学习意义，继而使这类人的不择手段行为倾向能够得到有效控制。

第三节　大学英语学习良好品行的培养建议

子研究六、七、八证实了外语教师可通过外在情境干预大学英语学习的积极态度与认知，有效提升教学感知水平，从而促进良好学习品行的养成。根据系列研究发现，笔者提出以下四点操作建议。

第一，在教学任务上，基于学生的动机类型了解其学习需求并有针对性地设计教学任务，这能够有的放矢地激发学习主体的潜力，促进其往积极的学习认知发展，切实提升英语学业成就。

首先，基于大学生在英语学习中的动机行为规律，大学英语教师应遵循“以学生为中心、以需求为导向”的原则，对学习主体的需求做预调研，尤其关注成绩趋近目标与成绩回避目标群体。在设计任务前，有必要结合学习需求做课程价值导入。一旦学生对课程价值形成充分认识，便更能接受教学设计，认同“执行任务即收获价值”。其次，在任务设计中，务必将学习基础一并纳入考虑。我国高考录取成绩存在差异，导致学生的英语基础和学习需求截然不同。以本书选择的“双一流”建设大学为例，该校大学生的英语基础扎实，出国深造比例较高，学习需求多体现于学术与生存层面，有必要设计诸如学术辩论、即兴演讲和海外生存等现实意义较强的任务，使大学生的学习不再停留于传统的综合英语能力提升，国家英语四级、六级考试和考研等方面。最后，有必要单独考量掌握目标个体的学习内容。大学英语课程内容的深度与广度是否具有挑战性对该群体至关紧要，若难度系数与其需求不匹配，实际的教学效果将大大减弱。根据三种成就目标个体截然不同的性格特质，笔者从任务的性质、形式和选题等三方面提出以下操作建议（见表 6-1）。

表 6-1　以需求为导向的英语教学任务设计

	成就目标导向		
	掌握目标导向	成绩趋近目标导向	成绩回避目标导向
性格特质	持能力发展观、偏好挑战、不怕失败、追求自我突破	持能力固定观、追求完美、追求好评、渴望优秀、重视结果	持能力固定观、自卑被动、害怕挑战、恐惧失败、回避差评
性质	抽象任务（如归纳总结或逻辑分析）	动态任务（如阐述观点或描述变化）	静态任务（如转述信息或描述形态）
形式	思辨性任务（如即兴辩论或时事点评）	陈述性任务（如讲解知识或描述事件）	复述性任务（如复述故事或回忆往事）
选题	教师指定（设定框架与边界条件）	个体选定（给予多重选择与适度自由）	个体指定（由个体自主决定、自行准备）

第二，在教学情境上，同侪压力导入可作为一种积极的教学情境与教学策略应用于外语教学课堂，进而显著改善大学生的英语学习态度与认知。

首先，模板设计和任务布置应高度匹配群体的外语基础、学习目标与学习需求。外语教师应意识到同侪压力是一把双刃剑，应妥善利用以避免产生负面效应。以外语课堂为例，同侪压力的科学应用一定要考虑到群体的语言基础，若个体间的语言基础差异过于悬殊，优秀模板的展示则容易给同侪带来超负荷的消极压力，使学习主体对任务持“不可能完成”的负面认知，同侪压力的积极影响显然难以奏效。此外，高度一致的学习目标与学习需求能够激发群体的学习兴趣与内在动机，有助于提升个体的自我效能感，使压力成为一种良性刺激。因此，外语教学管理与实践者可通过分级、分班等方法保障这个“小社会”的同质性，以此最大化地发挥同侪压力的积极效用。

其次，同侪压力导入作为一种外语教学策略，应摆脱模板与课堂的限制。它作为一种客观存在的社会心理现象，既可促进个体间的合作①，亦可在“圈外”扩散积极影响②。当个体感受到自身被同侪瞩目时，对外展示出符合群体标准行为的概率会显著提升。③ 因此，大学英语教师可利用这种潜在的群体认可需求，利用模板激发所有学习主体对外展现理想的外语学习行为。例如，了解学生的课外学习模式，向群体推荐优秀个体的学习策略；借助现代通信工具使群体及时了解同侪的积极改变与学习动态；鼓励能力参照标准从优等生走向全体，使每个学习主体均有机会成为模板，营造“学习圈”氛围，增强群体的学习动力。

最后，外语教师应将同侪压力注入学习过程，规避由于学习结果引起竞争。研究证实，相对于以结果为导向的评估方式，过程性评估更能够提升我国大学生的英语学业成就，换言之，外语教师对大学生学习过程的适时评估更能够提升其学习效果。④ 若外语教师利用纯粹的考试结果向集体导入同侪压力，会强化群体学习的竞争氛围，使个人忽略学习的本质及意义。因而，通过学习过程注入同侪压力不仅可以巧妙地弱化个人学习的功利性，更会激发群体加大过程投入以成为合格的“圈内人”。

第三，在教学评估上，大学英语教师可创新性地针对不同教学内容采取不一样的评估手段，以此催生大学生的语言学习需求与学习动力，进而高效提升学习群体的有效教学感知水平。

在教学中，若大学生英语教师可自主选择评估手段，可尝试加大形成性评估占比，以削弱竞争评估取向对有效教学的消极影响。与此同时，尝试将教学内容与评估内容建立紧密关联，这种“应试”方法貌似违背了当下的高等教育理念，却适用于阅读与听力教学。在缺乏语境的本土英语学习中，以词汇为基础的阅读和听力学习是典型的信息输入过程，这需要学生在“教”与“学”中具有足够的原始积累，以此内化并构建自身的知识体系。本书认为，总结性评估适用于这个积累阶段，它能够刺激学生对导入性基础知识的强烈需求与迅速积累，使教学和评估获得高度衔接，从而切实保障有效教学。与前者形成反差，表征形成性评估的发展评估取向高

---

① See A. Mani, I. Rahwan, and A. Pentland, “Inducing Peer Pressure to Promote Cooperation”, *Scientific Reports*, 2013, 3 (1): 1-9.

② See E. L. Paluck, “Peer Pressure against Prejudice: A High School Field Experiment Examining Social Network Change”, *Journal of Experimental Social Psychology*, 2011, 47 (2): 0-358.

③ See B. C. Lagomarsino, M. Gutman, L. Freira, et al., “Peer Pressure: Experimental Evidence from Restroom Behavior”, *Economic Inquiry*, 2017, 55 (3): 1579-1584.

④ 参见周小兰、马文:《大学英语评估取向对学业成就的影响——基于成就目标导向的中介作用研究》,《外语教学理论与实践》2019 年第 2 期。

度预测了有效教学水平，这种评估比较适用于写作和口语教学。这两种输出能力的内化需要一个循序渐进的培养与反馈阶段，外语教师可在长期教学中进行过程性评估，在教学输入与学生输出之间建立持续的互动关联，激发学生将更多精力投入课堂的“教”与“学”，促成课上、课下的人际交互与信息消化，以最大限度地激发学生的主动学习行为并切实提升其对有效教学的感知水平。这种内发的学习主动性与有效教学感知显然有利于良好学习品行的培养。

第四，在教学目标上，大学英语教师应清晰了解课堂目标结构对学习行为的影响规律，尝试通过人为设计和调整课堂目标结构培养大学英语学习的良好品行，保障英语教学的有效性。

虽然本书重点关注的评估手段是大学英语学习的有效干预方法，但多数大学英语教师在评估手段上并没有自主性，换言之，它多是自上而下既定的一种设置。此时，教师可通过课堂目标结构激发大学生的积极学习行为。具体而言，根据英语教学的动机行为规律，教师可尝试在教学目标结构设置中，主动地从成绩目标导向转化为掌握目标导向，弱化学习结果，突出学习过程；或者在原本的课堂情境下大力加强掌握目标导向，重视以能力为导向的教学理念，将教学内容与学生的能力体现同时揉进教学设计中。例如，提升教学过程与教学评估的开放性，增加即兴模块或增强问题挑战性，提升学业成就的不确定性，导入动态增长的能力观，以刺激学习群体重视“教”与“学”的过程；将学习内容与个人需求建立连接，通过需求导入进一步设计教学任务，推行任务型教学法或产出导向法等教学手段，刺激学生通过执行任务增加产出并切实提高语言能力；在思维引导上，尝试将语言学习与交际纳入个人职业生涯发展规划，鼓励学生通过主动性学习满足交际需求并提升专业素养。这些策略能够高效提升大学英语学习的动机水平，不仅能激发其良好的学习品行，也能够从根本上保障有效教学的实现。

第七章 研究贡献、局限与展望

第一节 研究贡献

本书的贡献主要体现在以下三个方面。

第一，将成就目标理论、计划行为理论与信息加工理论引入语言学界，融合语言学、管理学与心理学等多学科思维，从理论上创新性地提出并构建了系列动机内因与情境外因交互作用于大学英语学习品行的理论模型。在系列理论研究基础上构建了大学英语教学情境对英语学习信息行为、不良学习品行以及良好学习品行的交互影响模式，形成一个可待拓展的研究框架，为挖掘大学英语学习品行的前置变量、后置变量与边界条件提供了理论基础，更为外语教学理论与实践研究提供了一个全新的研究范式。今后可在本书基础上，将更多可管控因素纳入大学英语学习品行的研究设计，从理论上探究更多科学有效的干预方法。

第二，在语言学界首度探索了大学英语学习品行的动机行为规律及其心理机制，证实了通过教学情境干预不同动机主体学习品行的可行性，为外语教学管理与实践者高效应对不良学习品行与培养良好学习品行提供了系列政策建议与操作启示。本书通过8个子研究验证了大学生的动机认知倾向与英语教学情境对其学习行为的共同作用，针对大学生英语考试作弊、执行性求助等负面学习品行提出了科学的干预方法，并针对良好品行议题证实了语言学习的教学评估、同侪压力、教学任务以及课堂目标等众多学习情境对英语学习的积极作用，相关选题与系列研究议题在语言学界具有首创性。

第三，在新文科思想的指导下打破语言学界定性研究的主流模式，将多种数理工具与实证手段运用于语言学研究，科学严谨的研究设计及实证方法使系列研究具有较强的说服力及可行性，为语言学实证研究方法论的发展与应用提供了重要的参照依据。在传统的外语教学研究中，由于研究时间、难度与精力等方面的限制，多数学者采用定性研究方式，这导致相关研究无法进行因果关系的界定。本书聚焦于与高等教育理念相悖的语言学习品行问题，在动机认知视角下综合采用横向与纵向研究法，在历时四年的研究中采集了我国多家高校的1万余个样本数据，不仅利用横向切面的数据检验了众多理论模型，还采用了纵向追踪的实验研究方法证实了变量间的因果关系，从而科学地归纳和总结了大学英语学习的动机行为规律、不良学习品行的心理机制及其动机干预模式。

第二节 研究局限与展望

在未来研究中，本书可通过以下两个方面实现突破。

第一，大学英语学习品行的动机行为研究框架有待进一步拓展。由于时间和精力受限，笔者在系列实证研究中仅通过语言学习的信息开放性及信息运用能力了解大学英语学习的信息行为规律，仅通过考试作弊倾向与执行性求助探究语言学习不良品行的心理机制，仅通过教学评估情境、教学任务情境、同侪压力情境以及课堂目标情境探究学习品行的动机干预方式。事实上，仅用上述信息行为、不良学习品行以及情境因素代表语言学习的所有品行与边界条件，显然是不够的。这也为今后的进一步研究指明了清晰的方向。未来可将更多的教学情境及学习行为纳入动机内因与情境外因交互的理论框架，构建更复杂的理论模型以深度挖掘语言学习的影响因素（如有中介的调节、有调节的中介、多重中介或者多种调节等理论模型），并尝试进一步扩大样本量与样本覆盖区域，以此获得更具普适性的数据和研究结果，为我国高校的外语教学管理与实践提供更加科学合理的政策建议与研究依据。

第二，语言学习中的负面品行调查存在一定难度，这使实际情况难以完全通过研究获得精准反映。由于考试作弊与执行性求助均是十分敏感的研究变量，本书的数据获取采用了被试自我汇报的方式，调查样本出于心理担忧或者社会期许效应，可能在一定程度上隐藏真实的行为倾向。由于人具有社会属性，个体总是按照大众期待和喜欢的方式展示个人行为，这使大学生的实际作弊倾向很可能比本书呈现的结果更为严重。继而，未来的研究可尝试创新性地采用更多实证手段以突破这个局限，例如，压缩纵向研究法的追踪时限，采用实验法和观察法等手段观测被试反应，采用眼动仪等仪器追踪被试的眼动轨迹，通过第三方反馈调查样本的行为表现等。

附录　本书的相关测量量表

由于本书涉及 8 个子研究，研究前后跨度三年，笔者在研究期间完成横向与纵向的多次相关数据采集，所以本书采用的量表分别由 8 个子量表构成。但由于多个量表存在交叉部分，即可能存在反复测度的同一量表。据此，笔者将 8 个子量表进行汇总，以量表库的形式呈现于本书附录。

尊敬的________同学：

您好，这是一项面向高校本科生的匿名问卷调查，感谢您百忙之中抽空来参与本次调查。此问卷仅用于学术研究，不针对任何个人，不涉及任何秘密，匿名进行，因此您的回答不会被识别。您的答案无对错与好坏之分，但是回答真实与否会直接影响研究的质量，因此诚请您根据自身的实际情况来选择最接近的答案。

每一份问卷反馈都是本书的重要依据和支撑，感谢您的辛苦付出，在此向您表达深深的敬意。

第一部分：个人基本情况调查（请在相关问题的选项前划“√”）

个人基本情况

性别	□男　□女
年龄	□低于 18 岁　□18～20 岁　□21～24 岁　□25 岁及以上
所在学科	□文科　□理工科　□实验班　□民艺体
您在班上的英语成绩	□比较差　□中等偏下　□中等　□良好　□优秀

第二部分：请根据题目选择最接近您实际情况的答案，并在相应选项前划“√”

一、成就目标导向

◆1=完全不符合　◆2=不符合　◆3=不确定　◆4=符合　◆5=完全符合	
成绩趋近目标导向	
1. 我比较关心是否能表现得比其他同学更好。	□1　□2　□3　□4　□5
2. 我在学习上的一个重要目标就是能够获取比他人更优异的成绩。	□1　□2　□3　□4　□5
3. 我希望通过学习得到同学们的认可和老师的表扬。	□1　□2　□3　□4　□5
4. 我希望通过学习向同学和老师证明我挺棒。	□1　□2　□3　□4　□5
成绩回避目标导向	
5. 我时常担忧学习成绩不好带来的后果。	□1　□2　□3　□4　□5
6. 害怕成绩太差这种想法使我不敢在学习上过于懈怠。	□1　□2　□3　□4　□5
7. 我害怕老师和同学们觉得我在学习上挺差。	□1　□2　□3　□4　□5
8. 我不喜欢在课堂上主动发言，万一犯错会让人觉得我表现不佳。	□1　□2　□3　□4　□5
掌握目标导向	
9. 我想从课堂上学习尽可能多的知识。	□1　□2　□3　□4　□5
10. 我希望通过课堂学习获取更广的知识面。	□1　□2　□3　□4　□5

◆1=完全不符合 ◆2=不符合 ◆3=不确定 ◆4=符合 ◆5=完全符合	
11. 我偏好能激发我好奇心的课程，且最好具有一定的学习难度。	□1 □2 □3 □4 □5
12. 我偏好具有挑战性的学习任务，因为这能让我学习到新东西。	□1 □2 □3 □4 □5
13. 我会主动寻求能够获取新知识的机会。	□1 □2 □3 □4 □5

二、信息开放性

◆1=完全不符合 ◆2=不符合 ◆3=不确定 ◆4=符合 ◆5=完全符合	
外显信息开放性	
1. 我愿意跟他人分享我的英语学习资料，如 App、课堂笔记或者公众号等。	□1 □2 □3 □4 □5
2. 我愿意跟他人分享我的英语学习方法。	□1 □2 □3 □4 □5
3. 我愿意跟他人分享通过各种方式获得的英语知识。	□1 □2 □3 □4 □5
4. 我愿意提供给他人与大学英语相关的学习工具和软件等。	□1 □2 □3 □4 □5
内隐信息开放性	
5. 当他人需要时，我愿意在英语学习上分享个人的经验和诀窍。	□1 □2 □3 □4 □5
6. 他人求助时，我总是愿意提供我所知道的英语知识来源或者信息渠道。	□1 □2 □3 □4 □5
7. 由于学习需要，我愿意与他人分享个人独有的英语专业知识或听、说、读、写、译技能。	□1 □2 □3 □4 □5

◆1＝完全不符合　◆2＝不符合　◆3＝不确定　◆4＝符合　◆5＝完全符合	
8. 我愿意跟他人分享我的英语学习想法和建议。	□1　□2　□3　□4　□5
9. 我愿意他人通过观察或者模仿等方式来了解我的学习以达到领悟的目的。	□1　□2　□3　□4　□5
10. 我愿意跟他人分享创新又高效的英语学习模式。	□1　□2　□3　□4　□5

三、大学英语教学评估取向

◆1＝完全不符合　◆2＝不符合　◆3＝不确定　◆4＝符合　◆5＝完全符合	
总结性评估取向/竞争评估取向	
1. 英语期末考试成绩与大学生获取某方面的奖励（如奖学金、保研、转专业或对外交流等）息息相关。	□1　□2　□3　□4　□5
2. 英语期末考试成绩是判断学生英语水平高低的重要依据。	□1　□2　□3　□4　□5
3. 英语期末考试成绩决定了学生被英语老师认可的程度。	□1　□2　□3　□4　□5
4. 英语期末考试成绩有助于英语老师识别学生优势和不足。	□1　□2　□3　□4　□5
形成性评估取向/发展评估取向	
5. 英语评估模式有利于学生识别英语学习优势，挖掘潜力。	□1　□2　□3　□4　□5
6. 英语评估模式有助于学生识别英语学习需求。	□1　□2　□3　□4　□5

◆1=完全不符合　◆2=不符合　◆3=不确定　◆4=符合　◆5=完全符合	
7. 英语评估模式能够有效提供学生英语学习情况的反馈。	□1　□2　□3　□4　□5
8. 英语评估模式能够为学生提供清晰可见的个人英语学习目标。	□1　□2　□3　□4　□5

四、执行性求助

◆1=完全不符合　◆2=不符合　◆3=不确定　◆4=符合　◆5=完全符合	
1. 对于英语问题，我会不做任何尝试就向他人索取正确答案。	□1　□2　□3　□4　□5
2. 我会请他人替我完成英语作业。	□1　□2　□3　□4　□5
3. 遇到不会的英语问题，我会照抄他人的答案。	□1　□2　□3　□4　□5
4. 我会借助现代科技手段且不费劲地完成英语作业。	□1　□2　□3　□4　□5

五、语言信息运用能力

◆1=完全不符合　◆2=不符合　◆3=不确定　◆4=符合　◆5=完全符合	
1. 当英语学习遇到无法解决的障碍时，我能够迅速意识到通过何种途径寻求帮助。	□1　□2　□3　□4　□5
2. 我重视英语学习中的新问题，会去探索它对掌握语言的意义所在。	□1　□2　□3　□4　□5
3. 我总能在学习中探索出新方法以解决新出现的学习问题。	□1　□2　□3　□4　□5

◆1=完全不符合　◆2=不符合　◆3=不确定　◆4=符合　◆5=完全符合	
4. 别人的建议与分享总是有助于我发现和掌握新的学习方法。	□1　□2　□3　□4　□5
5. 我总能把学习中形成的想法付诸语言实践。	□1　□2　□3　□4　□5

六、学习压力

◆1=完全不符合　◆2=不符合　◆3=不确定　◆4=符合　◆5=完全符合	
1. 英语考试让我有压力。	□1　□2　□3　□4　□5
2. 英语学习中的竞争环境让我有压力。	□1　□2　□3　□4　□5
3. 英语学习内容的难度让我有压力。	□1　□2　□3　□4　□5
4. 英语老师布置的任务让我有压力。	□1　□2　□3　□4　□5
5. 英语学习的课堂环境让我有压力。	□1　□2　□3　□4　□5

七、心理不安全感

◆1=完全不符合　◆2=不符合　◆3=不确定　◆4=符合　◆5=完全符合	
1. 英语这个科目让我担心学业存在不确定性。	□1　□2　□3　□4　□5
2. 英语学习结果存在不可预测性。	□1　□2　□3　□4　□5
3. 我可能由于英语这个科目面临无力应对的消极处境。	□1　□2　□3　□4　□5
4. 我担心由于英语成绩不佳承担一定的后果。	□1　□2　□3　□4　□5
5. 我担心英语学习的失败影响我的就业。	□1　□2　□3　□4　□5

八、考试作弊倾向

◆1=完全不符合 ◆2=不符合 ◆3=不确定 ◆4=符合 ◆5=完全符合	
1. 准备不充分的情况下，我可能在考试中求助他人（物）。	□1 □2 □3 □4 □5
2. 确保安全的情况下，我可能在考试中求助他人（物）。	□1 □2 □3 □4 □5
3. 以防不及格，我可能在考试中求助他人（物）。	□1 □2 □3 □4 □5
4. 考试难度太大的情况下，我可能在考试中求助他人（物）。	□1 □2 □3 □4 □5

九、利弊权衡/利益感知

◆1=完全不符合 ◆2=不符合 ◆3=不确定 ◆4=符合 ◆5=完全符合	
1. 如果英语考砸了，我会陷入各种困境。	□1 □2 □3 □4 □5
2. 如果英语考砸了，我会失去很多发展机会。	□1 □2 □3 □4 □5
3. 如果英语考砸了，我会丧失很多利益。	□1 □2 □3 □4 □5
4. 如果英语考砸了，我的代价会比较大。	□1 □2 □3 □4 □5

十、课程价值感知

◆1=完全不符合 ◆2=不符合 ◆3=不确定 ◆4=符合 ◆5=完全符合	
1. 学习这个课程的内容对我很重要。	□1 □2 □3 □4 □5
2. 我喜欢从这个课程中所学的内容。	□1 □2 □3 □4 □5

◆1=完全不符合　◆2=不符合　◆3=不确定　◆4=符合　◆5=完全符合	
3. 我能够把在这个课程中所学的知识学以致用。	□1　□2　□3　□4　□5
4. 我总是选择能够有所收获的论文题目，哪怕需要付出更多努力。	□1　□2　□3　□4　□5
5. 即便英语考砸了，我也会尝试从失败中吸取教训。	□1　□2　□3　□4　□5
6. 从这个课程中我能学到有用的知识。	□1　□2　□3　□4　□5
7. 我从这个课程中学到的知识挺有趣。	□1　□2　□3　□4　□5
8. 了解这门课对我很重要。	□1　□2　□3　□4　□5

十一、任务感知水平

◆1=完全不符合　◆2=不符合　◆3=不确定　◆4=符合　◆5=完全符合	
1. 英语教学任务使我们具有明确的学习结果。	□1　□2　□3　□4　□5
2. 英语课程以教学任务是否有意义为基准。	□1　□2　□3　□4　□5
3. 英语教学任务是让学生使用目的语的活动。	□1　□2　□3　□4　□5
4. 英语教学任务以学生为中心。	□1　□2　□3　□4　□5
5. 英语教学任务有三个阶段：任务前、任务中、任务后。	□1　□2　□3　□4　□5

十二、纵向追踪研究

英语学习态度①	
◆1=非常不清晰　◆2=不清晰　◆3=不确定　◆4=清晰　◆5=非常清晰	
1. 我的英语学习兴趣____	□1　□2　□3　□4　□5
2. 我的英语学习动力____	□1　□2　□3　□4　□5
3. 我的英语学习目标____	□1　□2　□3　□4　□5
4. 我对自身英语知识面不足的认知____	□1　□2　□3　□4　□5
5. 我对英语学习方法的认知____	□1　□2　□3　□4　□5
6. 我对自身英语听、说、读、写、译能力的认知____	□1　□2　□3　□4　□5
7. 我对自身英语知识储备不足的认知____	□1　□2　□3　□4　□5
同侪压力	
◆1=完全不符合　◆2=不符合　◆3=不确定　◆4=符合　◆5=完全符合	
8. 同学的模板个人展示让我有压力。	□1　□2　□3　□4　□5
9. 同学的模板搭档（两人）展示让我有压力。	□1　□2　□3　□4　□5
10. 同学的模板团队展示让我有压力。	□1　□2　□3　□4　□5
11. 老师对同学们的期待让我有压力。	□1　□2　□3　□4　□5
12. 集体的学习氛围让我有压力。	□1　□2　□3　□4　□5
实验后的外语学习效果感知	
◆1=完全不符合　◆2=不符合　◆3=不确定　◆4=符合　◆5=完全符合	
13. 英语课让我学会新的学习方法。	□1　□2　□3　□4　□5
14. 英语课让我具有更明确的学习目标。	□1　□2　□3　□4　□5
15. 英语课让我获取大量知识。	□1　□2　□3　□4　□5
16. 英语课让我拓展了知识面。	□1　□2　□3　□4　□5
17. 英语课让我提升了语言运用能力。	□1　□2　□3　□4　□5
18. 英语课让我意识到自身不足。	□1　□2　□3　□4　□5
19. 英语课让我提升了学习兴趣。	□1　□2　□3　□4　□5
20. 英语课让我提升了学习动力。	□1　□2　□3　□4　□5

① 囊括学习兴趣、动机强度、目标清晰度、适应性方法、知识面、话语能力以及知识储备等七个指标。

十三、课堂目标结构

◆1=完全不符合　◆2=不符合　◆3=不确定　◆4=符合　◆5=完全符合	
课堂掌握目标导向	
1. 老师希望通过课堂拓展学生的知识面。	□1　□2　□3　□4　□5
2. 老师主动寻求机会让学生获取新知识。	□1　□2　□3　□4　□5
3. 老师主动寻求机会让学生锻炼自己。	□1　□2　□3　□4　□5
4. 老师比较在乎学生的学习过程。	□1　□2　□3　□4　□5
5. 老师重视学生学习能力的提升。	□1　□2　□3　□4　□5
课堂成绩目标导向	
6. 老师比较关心教学能否提高学生学习成绩。	□1　□2　□3　□4　□5
7. 老师希望通过教学得到同学们的肯定与承认。	□1　□2　□3　□4　□5
8. 老师希望通过教学证明自身能力。	□1　□2　□3　□4　□5
9. 老师比较在乎学生的学习结果。	□1　□2　□3　□4　□5
10. 老师担忧学生学习成绩不佳带来的后果。	□1　□2　□3　□4　□5

十四、有效教学

◆1=完全不符合　◆2=不符合　◆3=不确定　◆4=符合　◆5=完全符合	
尊重学生	
1. 老师的课堂教学灵活。	□1　□2　□3　□4　□5
2. 老师尊重学生。	□1　□2　□3　□4　□5
3. 老师对学生的观点感兴趣。	□1　□2　□3　□4　□5
4. 老师能够理解学生。	□1　□2　□3　□4　□5
5. 老师关心学生。	□1　□2　□3　□4　□5

◆1=完全不符合 ◆2=不符合 ◆3=不确定 ◆4=符合 ◆5=完全符合	
6. 老师有耐心。	□1 □2 □3 □4 □5
7. 老师的课堂教学氛围融洽。	□1 □2 □3 □4 □5
8. 老师备课充分。	□1 □2 □3 □4 □5
挑战性教学	
9. 老师讲课有条理。	□1 □2 □3 □4 □5
10. 老师精心组织教学内容。	□1 □2 □3 □4 □5
11. 老师合理利用课堂时间。	□1 □2 □3 □4 □5
12. 老师授课目标清晰。	□1 □2 □3 □4 □5
13. 老师的课堂展示清晰。	□1 □2 □3 □4 □5
组织和展示能力	
14. 老师清楚地表述他（她）所期望的作业水准。	□1 □2 □3 □4 □5
15. 老师向学生建议改进学习的方法。	□1 □2 □3 □4 □5
16. 老师能够激发出学生的最佳表现。	□1 □2 □3 □4 □5
17. 老师对书面作业给予充分反馈。	□1 □2 □3 □4 □5
18. 老师鼓励学生自立。	□1 □2 □3 □4 □5
19. 老师说明应如何完成作业。	□1 □2 □3 □4 □5
20. 老师激励学生探索课堂上提出的观点。	□1 □2 □3 □4 □5

参考文献

一、中文参考文献

白学军、刘旭、刘志军:《初中生社会比较在成就目标与学业自我效能感之间的中介效应》,《心理科学》2013 年第 6 期。

毕达天、曹冉、杜小民:《人文社科科学数据共享意愿影响因素研究——基于同辈压力视角》,《情报资料工作》2020 年第 4 期。

曾欣然、汪玥、丁俊浩、周晖:《班级欺凌规范与欺凌行为:群体害怕与同辈压力的中介作用》,《心理学报》2019 年第 8 期。

常亚平、覃伍、阎俊:《研究生团队隐性知识共享机制研究》,《科研管理》2010 年第 2 期。

车文博、张林、黄冬梅、张旭东:《大学生心理压力感基本特点的调查研究》,《应用心理学》2003 年第 3 期。

陈俊松:《英语文学阅读课程有效教学模式的建构——基于教学系统设计理论的探索》,《外语教学理论与实践》2016 年第 2 期。

陈兰江:《高中生成就目标定向、自我效能感和学业成绩之间的关系》,《中国健康心理学杂志》2011 年第 6 期。

陈锫:《针对任务型教学实施现状的实验性研究》,《外语研究》2009 年第 2 期。

邓海龙:《"产出导向法"与"任务型教学法"比较:理念、假设与流程》,《外语教学》2018 年第 3 期。

杜鹏程、倪清、贾玉立:《压力促进还是抑制了创新:基于组织支持感的双元压力与创新行为关系研究》,《科技进步与对策》2014 年第 16 期。

杜占河、张新元、朱晓明等:《基于共享途径分析的知识共享机制研究》,《科技进步与对策》2009 年第 14 期。

段斌斌:《替考入刑:政策演进、制度逻辑与现实局限》,《高校教育管理》2016 年第 5 期。

桂亚胜:《组织考试作弊罪若干问题研究》,《华东政法大学学报》2016 年第 2 期。

方阳春:《工作压力和社会支持对高校教师绩效的影响》,《科研管理》2013 年第 5 期。

高钦、刘儒德、贾玲等:《特质性与情境性成就目标定向对目标调节的影响》,《应用心理学》2010 年第 3 期。

桂亚胜:《组织考试作弊罪若干问题研究》,《华东政法大学学报》2016 年第 2 期。

韩照红、孙海妹:《国际汉语教师培训——任务型教学法中的任务型学习》,《华文教学与研究》2019 年第 4 期。

何春梅:《过程性评价、成就目标定向与学习投入:机制与路径》,《高教探索》2020 年第 11 期。

侯金芹:《成就目标定向的发展轨迹及其对中考的影响》,《中国临床心理学杂志》2019 年第 5 期。

侯金芹:《成就目标定向对学业成就影响的追踪研究——感恩的中介作用》,《中国特殊教育》2018 年第 12 期。

黄海艳:《绩效评价导向对研发人员的工作压力——工作绩效曲线关系的调节作用》,《科学学与科学技术管理》2014 年第 2 期。

黄昊、赵玲:《分行业信息披露、同侪压力与企业税收遵从——基于准自然实验的研究》,《当代财经》2021 年第 5 期。

黄庆双、李玉斌、任永功、郑玉敏、黄悦悦:《大学生成就目标定向对在线学习投入影响研究:学业拖延的中介作用》,《现代远距离教育》2019 年第 5 期。

黄家齐、黄荷婷:《团队成员目标导向对于自我与集体效能及创新之影响:一个多层次研究》,《管理学报》2006 年第 3 期。

纪林芹:《初中学生品行问题的发展轨迹、影响因素与干预》,《教育科学研究》2019 年第 12 期。

蒋京川、刘华山:《中学生成就目标定向与学习策略、学业成绩的关系研究》,《心理发展与教育》2005 年第 21 期。

雷雳、汪玲、Tanja 等:《目标定向在自我调节学习中的作用》,《心理学报》2001 年第 4 期。

李斑斑、徐锦芬:《成就目标定向对英语自主学习能力的影响及自我效能感的中介作用》,《中国外语》2014 年第 3 期。

李炯英、刘鹏辉:《我国外语学习动机研究:回顾与思考(2004—2013)》,《外语界》2015 年第 2 期。

李清华、曾用强:《外语形成性评估的效度理论》,《外语界》2008 年第 3 期。

李晓东、林崇德:《个人目标取向、课堂目标结构及文化因素与学业求助策略的关系研究》,《心理发展与教育》2001 年第 17 期。

梁宝勇、郝志红、卢国华:《大学生和研究生心理压力情况的调查研究》,《心理科学》2009 年第 1 期。

梁九清:《大学生成就目标定向、自我效能感和状态焦虑的关系研究》,《中国健康心理学杂志》2008 年第 1 期。

梁海梅、郭德俊、张贵良:《成就目标对青少年成就动机和学业成就影响的研究》,《心理科学》1998 年第 5 期。

刘丹:《课程设计是英语有效教学的前提——〈英语教育新论:多元目标英语课程〉的感悟》,《大学教育科学》2019 年第 4 期。

刘茜、李清平、刘卓澜:《成就目标问卷中文版的信效度检验及其在大学英语开放式教学中的应用》,《中国临床心理学杂志》2018 年第 5 期。

刘在花:《成就目标定向对听障学生学习投入的影响机制研究》,《中国特殊教育》2021 年第 1 期。

陆静怡、王越:《心理不安全状态下决策者的风险偏好》,《心理科学进展》2016 年第 5 期。

路琳、陈晓荣:《人际和谐取向对知识共享行为的影响研究》,《管理评论》2011 年第 1 期。

马君、张昊民、杨涛:《绩效评价、成就目标导向对团队成员工作创新行为的跨层次影响》,《管理工程学报》2015 年第 3 期。

孟林、杨慧:《心理资本对大学生学习压力的调节作用——学习压力对大学生心理焦虑、心理抑郁和主观幸福感的影响》,《河南大学学报》(哲学社会科学版)2012 年第 3 期。

任庆梅:《大学英语有效课堂环境构建及评价的理论框架》,《外语教学与研究》2013 年第 5 期。

任庆梅:《构建师生协同发展的大学英语课堂有效教学理论模式》,《外语界》2014 年第 3 期。

石雷山、高峰强、王鹏、陈英敏:《成就目标定向对学习倦怠的影响:学业自我效能的中介作用》,《心理科学》2012 年第 6 期。

束定芳:《外语课堂有效教学的着力点与评估标准——第七届"外教社杯"高等学校英语教学比赛综合组赛况评点》,《外语教学理论与实践》2017 年第 1 期。

宋雪芹、郭成、谢德光:《成就目标、学业情绪及学业成绩的关系研究述评》,《社会心理科学》2011 年第 9 期。

唐芳贵:《初二学生成就目标、自我效能及文化因素与学业求助的关系》,《中国临床心理学杂志》2004 年第 2 期。

田瑾、王芳妮:《成就目标理论与大学英语学习之相关性》,《外语教学》2014 年第 2 期。

王雁飞、凌文辁、朱瑜:《成就目标定向理论中的中介变量研究》,《心理科学》2003 年第 2 期。

王亦旻:《管理视角下英语四、六级考试作弊原因及对策研究》,《中国考试》2012 年第 4 期。

王峥:《建构主义学习理论观照下的大学英语课堂有效教学——以第四届“外教社杯”全国高校外语教学大赛为例》,《外语界》2014 年第 4 期。

韦晓保:《大学生外语学习目标定向、学习焦虑和自主学习行为的结构分析》,《外语界》2014 年第 4 期。

吴明隆:《结构方程模型——Amos 实务进阶》,重庆大学出版社 2013 版。

吴培冠、陈婷婷:《绩效管理的取向对团队绩效影响的实证研究》,《南开管理评论》2009 年第 6 期。

吴愈晓、张帆:《“近朱者赤”的健康代价:同辈影响与青少年的学业成绩和心理健康》,《教育研究》2020 年第 7 期。

谢晓非、陆静怡:《风险决策中的双参照点效应》,《心理科学进展》2014 年第 4 期。

谢元花、陈秋丽:《高校英语教师对任务型教学的理解与实施探究》,《现代外语》2019 年第 2 期。

徐扬:《虚拟科研组织中的知识共享管理》,《科技进步与对策》2010 年第 5 期。

杨惠中:《提倡有效教学——从“外教社杯”全国大学英语教学大赛谈起》,《外语界》2011 年第 2 期。

杨舒文、潘斌、王婷婷、司继伟:《小学生成就目标定向与学业成绩的双向关系:一项交叉滞后分析》,《心理与行为研究》2018 年第 1 期。

易芳、郭雅洁、俞宗火、徐霜雪:《中小学生学业成绩主要影响因素的元分析》,《心理学探新》2017 年第 2 期。

余文森:《能力导向的课堂有效教学》,《全球教育展望》2018 年第 1 期。

张静华:《本科课堂教学中的师生互动:现状及其效果》,《教育发展研究》2019 年第 23 期。

张可军、廖建桥、文鹏:《学习型组织中知识共享的智障及治理策略研究》,《管理学报》2009 年第 5 期。

张娜:《内外学习投入及其学校影响因素研究综述》,《心理研究》2012 年第 2 期。

张守臣、于清华、井婷:《初中生成就目标定向和自我效能与学业求助关系研究》,《心理科学》2009 年第 3 期。

张文勤、王瑛:《团队中的目标取向对创新气氛与创新绩效影响的实证研究》,《科研管理》2011 年第 3 期。

张亚星、胡咏梅:《国外有效教学研究回顾及启示》,《课程·教材·教法》2014 年第 12 期。

张英丽、戎华刚:《2006—2020 年国内学术不端研究进展与文献述评》,《中国科技期刊研究》2021 年第 7 期。

张咏梅、方平、郭春彦:《成就目标分类及其动机模式的实验研究》,《心理科学》1999 年第 5 期。

张征:《多模态 PPT 演示教学与学生学习态度的相关性研究》,《外语电化教学》2013 年第 3 期。

赵慧军:《员工的信任结构与知识共享》,《经济管理》2006 年第 24 期。

周小兰:《认知视角下团队成就目标导向对团队学习的影响研究》,《软科学》2017 年第 1 期。

周小兰、李贞、张体勤:《绩效考核干预下个体成就目标导向对知识共享意愿的影响研究》,《科研管理》2018 年第 3 期。

周小兰、马文:《大学英语评估取向对学业成就的影响——基于成就目标导向的中介作用研究》,《外语教学理论与实践》2019 年第 2 期。

周小兰、马文:《动机视角下大学英语评估模式对执行性求助的影响》,《现代外语》2019 年 5 期。

周小兰、张体勤:《个体绩效评估导向对团队学习的影响机制》,《系统管理学报》2018 年第 4 期。

周小兰、张体勤:《基于知识分流模型的团队学习三维结构测量与影响因素》,《科技进步与对策》2015 年第 24 期。

周小兰、张体勤:《知识共享的绩效考核取向对团队学习绩效影响研究》,《东南学术》2016 年第 1 期。

周小兰、赵鹏、马文:《个体信息开放性对团队信息运用能力的影响研究》,《软科学》2017 年第 10 期。

周小兰、赵鹏、马文:《成就目标导向:三维结构的理论采纳与实证检验》,《科技进步与对策》2017 年第 12 期。

周小兰、左宁:《大学英语评估情境对学业求助的交互影响研究》,《外语与外语教学》2020 年第 1 期。

周炎根、桑青松、葛明贵:《大学生自主学习、成就目标定向与学业成就关系的研究》,《心理科学》2010 年第 1 期。

周卓钊、毛晋平:《大学生社会流动信念与学习投入的关系:成就目标定向和心理资本的作用》,《中国临床心理学杂志》2021 年第 1 期。

二、英文参考文献

A. C. Edmondson, "The Local and Variegated Nature of Learning in Organizations: A Group-Level Perspective", *Organization Science*, 2002, 13 (2): 128-146.

A. J. Elliot and A. C. Moller, "Performance-Aapproach Goals: Good or Bad Forms of Regulation?", *International Journal of Educational Research*, 2003, 39 (4-5): 339-356.

A. J. Elliot and H. A. Mcgregor, "A 2 × 2 Achievement Goal Framework", *Journal of Personality & Social Psychology*, 2001, 80 (3): 501-519.

A. J. Elliot and J. M. Harackiewicz, "Approach and Avoidance Achievement Goals and Intrinsic Motivation: A Mediational Analysis", *Journal of Personality & Social Psychology*, 1996, 70 (3): 461-475.

A. J. Elliot and M. A. Church, "A Hierarchical Model of Approach and Avoidance Achievement Motivation", *Journal of Personality & Social Psychology*, 1997, 72 (1): 218-232.

A. J. Elliot, H. A. Mcgregor, and S. Gable, "Achievement Goals, Study Strategies, and Exam Performance: A Mediational Analysis", *Journal of Educational Psychology*, 1999, 91 (3): 549-563.

A. J. Elliot, K. Murayama, and R. Pekrun, "A 3 × 2 Achievement Goal Model", *Journal of Educational Psychology*, 2011, 103 (3): 632-648.

A. J. Elliot, M. Jury, and K. Murayama, "Trait and Perceived Environmental Competitiveness in Achievement Situations", *Journal of Personality*, 2018, 86 (3): 353-367.

A. M. Imran and M. S. Nordin, "Predicting the Underlying Factors of Academic Dishonesty among Undergraduates in Public Universities: A Path Analysis Approach", *Journal of Academic Ethics*, 2013, 11 (2): 103-120.

A. M. Ryan and H. Shin, "Help-Seeking Tendencies during Early Adolescence: An Examination of Motivational Correlates and Consequences for Achievement", *Learning & Instruction*, 2011, 21 (2): 247-256.

A. M. Ryan and P. R. Pintrich, "'Should I Ask for Help?': The Role of Motivation and Attitudes in Adolescents' Help Seeking in Math Class", *Journal of Educational Psychology*, 1997, 89 (2): 329-341.

A. M. Ryan and S. S. Shim, "Changes in Help Seeking from Peers during Early Adolescence: Associations with Changes in Achievement and Perceptions of Teachers", *Journal of Educational Psychology*, 2012, 104 (4): 1122-1134.

A. M. Ryan, H. Patrick, and S. O. Shim, "Differential Profiles of Students Identified by Their Teacher as Having Avoidant, Appropriate, or Dependent Help-Seeking Tendencies in the Classroom", *Journal of Educational Psychology*, 2005, 97 (2): 275-285.

A. Mani, I. Rahwan, and A. Pentland, "Inducing Peer Pressure to Promote Cooperation", *Scientific Reports*, 2013, 3 (1): 1-9.

A. Stuhmcke, T. Booth, and J. Wangmann, "The Illusory Dichotomy of Plagiarism", *Social Science Electronic Publishing*, 2015 41 (7): 1-14.

A. U. Bolin, "Self-Control, Perceived Opportunity, and Attitudes as Predictors of Academic Dishonesty", *Journal of Psychology*, 2004, 138 (2): 101-114.

A. Weigard, J. Chein, D. Albert, et al., "Effects of Anonymous Peer Observation on Adolescents' Preference for Immediate Rewards", *Developmental Science*, 2014, 17 (1): 71-78.

A. W. Blöte, Anne C. Miers, and P. M. Westenberg, "Adolescent Social Anxiety and Substance Use: The Role of Susceptibility to Peer Pressure", *Child Development Research*, 2016: 1-8.

B. C. Lagomarsino, M. Gutman, L. Freira, M. L. Lanzalot, M. Lauletta, L. E. Malchik, et al., "Peer Pressure: Experimental Evidence from Restroom Behavior", *Economic Inquiry*, 2017, 55 (3): 1579-1584.

B. T. Murdock and E. M. Anderman, "Motivational Perspectives on Student Cheating: Toward an Integrated Model of Academic Dishonesty", *Educational Psychologist*, 2006, 41 (3): 129-145.

B. V. D. Hooff and J. A. D. Ridder, "Knowledge Sharing in Context: The Influence of Organizational Commitment, Communication Climate and CMC Use on Knowledge Sharing", *Journal of Knowledge Management*, 2004, 8 (6): 117-130.

C. A. Wolters, S. L.Yu, and P. R. Pintrich, "The Relation between Goal Orientation and Students' Motivational Beliefs and Self-Regulated Learning", *Learning and Individual Differences*, 1996, 8 (3): 211-238.

C. Ames, "Classrooms: Goals, Structures, and Student Motivation", *Journal of Educational Psychology*, 1992, 84 (3): 261-271.

C. Dickhauser, S. R. Buch, and O. Dickhauser, "Achievement after Failure: The Role of Achievement Goals and Negative Self-related Thoughts",*Learning and Instruction*, 2011, 21 (1): 152-162.

C. Darnon, F. Butera, and J. M. Harackiewicz, "Achievement Goals in Social Interactions: Learning with Mastery vs. Performance Goals", *Motivation and Emotion*, 2007, 31 (1): 61-70.

C. E. Connelly and E. K. Kelloway, "Predictors of Employees' Perceptions of Knowledge Sharing Cultures",*Leadership & Organization Development Journal*, 2003, 24 (3): 294-301.

C. K. W. De Dreu, B. A. Nijstad, and D. Van Knippenberg, "Motivated Information Processing in Group Judgment and Decision Making", *Personality & Social Psychology Review*, 2008, 12 (1): 22-49.

C. Leung and B. Mohan, "Teacher Formative Assessment and Talk in Classroom Contexts: Assessment as Discourse and Assessment of Discourse",*Language Testing*, 2004, 21 (3): 335-359.

C. M. Ford, "A Theory of Individual Creative Action in Multiple Social Domains", *Academy of Management Review*, 1996, 21 (4): 1112-1142.

C. M. Jagacinski, J. L. Madden, and M. H. Reider, "The Impact of Situational and Dispositional Achievement Goals on Performance", *Human Performance*, 2001, 14 (4): 321-337.

C. Midgley, A. Kaplan, and M. Middleton, "Performance-Approach Goals: Good for What, for Whom, under What Circumstances, and at What Cost?", *Journal of Educational Psychology*, 2001, 93 (1): 77-86.

C. Midgley, M. L. Maehr, L. Z. Hruda, et al., *Manual for the Patterns of Adaptive Learning Scales*, Ann Arbor: University of Michigan, 2000.

C. O. Walker, "Student Perceptions of Classroom Achievement Goals as Predictors of Belonging and Content Instrumentality", *Social Psychology of Education*, 2012, 15 (1): 97-107.

C. S. Crandall, A. Eshleman, and L. O'Brien, "Social Norms and the Expression and Suppression of Prejudice: The Struggle for Internalization", *Journal of Personality and Social Psychology*, 2002, 82 (3): 359-378.

C. S. Dweck and E. L. Leggett, "A Social-Cognitive Approach to Motivation and Personality", *Psychological Review*, 1988, 95 (2): 256-273.

C. Senko and J. M. Harackiewicz, "Performance Goals: The Moderating Roles of Context and Achievement Orientation", *Journal of Experimental Social Psychology*, 2002, 38 (6): 603-610.

C. Toma and F. Butera, "Hidden Profiles and Concealed Information: Strategic Information Sharing and Use in Group Decision Making", *Personality & Social Psychology Bulletin*, 2009, 35 (6): 793-806.

C.Wittrock, "Generative Processes of Comprehension", *Educational Psychologist*, 1989, 24 (4): 345-376.

D. Albert, J. Chein, and L. Steinberg, "The Teenage Brain: Peer Influences on Adolescent Decision Making", *Current Directions in Psychological Science*, 2013, 22 (2): 114-120.

D. F. Cellar, A. F. Stuhlmacher, S. K. Young, et al., "Trait Goal Orientation, Self-Regulation, and Performance: A Meta-Analysis", *Journal of Business & Psychology*, 2011, 26 (4): 467-483.

D. H. Schunk, "Goal and Self-Evaluative Influences During Children's Cognitive Skill Learning", *American Educational Research Journal*,1996, 33: 359-382.

D. Kahneman, J. L. Knetsch, and R. Thaler, "Fairness as a Constraint on Profit Seeking: Entitlements in the Market", *American*

Economic Review, 1986, 76 (4): 728-741.

D. Nunan, *Task-Based Language Teaching*, Cambridge: Cambridge University Press, 2004.

D. Shannon, J. Salisbury-Glennon, and M. Shores, "Examining the Relationships among Classroom Goal Structure, Achievement Goal Orientation, Motivation and Self-Regulated Learning for Ethnically Diverse Learners", *Journal of Research in Education*, 2012, 22 (2): 136-168.

D. VandeWalle, "A Goal Orientation Model of Feedback-Seeking Behavior", *Human Resource Management Review*, 2003, 13 (4): 581-604.

D. VandeWalle, "Development and Validation of a Work Domain Goal Orientation Instrument", *Educational & Psychological Measurement*, 1997, 57 (6): 995-1015.

E. A. Linnenbrink and P. R. Pintrich, "Achievement Goal Theory and Affect: An Asymmetrical Bidirectional Model", *Educational Psychologist*, 2002, 37 (2): 69-78.

E. A. Linnenbrink, "The Dilemma of Performance-Approach Goals: The Use of Multiple Goal Contexts to Promote Students' Motivation and Learning", *Journal of Educational Psychology*, 2005, 97 (2): 197-203.

E. Hong, S. A. Hartzell, and M. T. Greene, "Fostering Creativity in the Classroom: Effects of Teachers' Epistemological Beliefs, Motivation, and Goal Orientation", *Journal of Creative Behavior*, 2009, 43 (3): 192-208.

E. J. Hermans, M. J. Henckens, M. Joëls, et al. "Dynamic Adaptation of Large-Scale Brain Networks in Response to Acute Stressors", *Trends in Neurosciences*, 2014, 37 (6): 304-314.

E. Karlsen, R. Dybdahl, and J. Vittersø, "The Possible Benefits of Difficulty: How Stress Can Increase and Decrease Subjective Well-Being", *Scandinavian Journal of Psychology*, 2010, 47 (5): 411-417.

E. L. Paluck, "Peer Pressure against Prejudice: A High School Field Experiment Examining Social Network Change", *Journal of Experimental Social Psychology*, 2011, 47 (2): 0-358.

E. M. Anderman and M. L. Maehr, "Motivation and Schooling in the Middle Grades", *Review of Educational Research*, 1994, 64 (2): 287-309.

E. M. Anderman, T. Griesinger, and G. Westerfield, "Motivation and Cheating during Early Adolescence", *Journal of Educational Psychology*, 1998, 90 (1): 84-93.

E. M. Anderman and F. Banner, "Achievement Goals and Academic Cheating", *Revue Internationale De Psychologie Sociale*, 2008, 21 (1): 155-180.

E. M. Skaalvik and S. Skaalvik, "School Goal Structure: Associations with Students' Perceptions of Their Teachers as Emotionally Supportive, Academic Self-Concept, Intrinsic Motivation, Effort, and Help Seeking Behavior", *International Journal of Educational Research*, 2013, 61 (5): 5-14.

E. M. Skaalvik, R. A. Federici, A. Wigfield, et al., "Students' Perceptions of Mathematics Classroom Goal Structures: Implications for Perceived Task Values and Study Behavior", *Social Psychology of Education*, 2017, 20 (1): 1-21.

E. S. Elliot and C. S. Dweck, "Goals: An Approach to Motivation and Achievement", *Journal of Personality & Social Psychology*, 1988, 54 (1): 5-12.

E. Siemsen, S. Balasubramanian, and A. V. Roth, "Incentives that Induce Task-Related Effort, Helping, and Knowledge Sharing in Workgroups", *Management Science*, 2007, 53 (10): 1533-1550.

G. B. Moskowitz, ed., *Cognitive Social Psychology: The Princeton Symposium on the Legacy and Future of Social Cognition*, Hillsdale, NJ: Lawrence Erlbaum Associates Publishers, 2001.

G. Hu and J. Lei, "Chinese University Students' Perceptions of Plagiarism", *Ethics & Behavior*, 2015, 25 (3): 233-255.

G. W. Bock, R. W. Zmud, Y. G. Kim, et al., "Behavioral Intention Formation in Knowledge Sharing: Examining the Roles of Extrinsic Motivators, Social-Psychological Forces, and Organizational Climate", *MIS Quarterly*, 2005, 29 (1): 87-111.

G. Park, A. M. Schmidt, C. Scheu, et al., "A Process Model of Goal Orientation and Feedback Seeking", *Human Performance*, 2007, 20 (2): 119-145.

H. F. Lin, "Effects of Extrinsic and Intrinsic Motivation on

Employee Knowledge Sharing Intentions", *Journal of Information Science*, 2007, 33 (2): 135-149.

H. Nouri and A. Shahid, "The Effect of Powerpoint Presentations on Student Learning and Attitudes", *Global Perspectives on Accounting Education*, 2005, 2 (1): 53-73.

H. Patrick, A. Kaplan, and A. M. Ryan, "Positive Classroom Motivational Environments: Convergence between Mastery Goal Structure and Classroom Social Climate", *Journal of Educational Psychology*, 2011, 103 (2): 367-382.

H. Yin and Z. Ke, "Students' Course Experience and Engagement: An Attempt to Bridge Two Lines of Research on the Quality of Undergraduate Education", *Assessment & Evaluation in Higher Education*, 2017, 42 (7): 1145-1158.

I. Ajzen, "From Intentions to Actions: A Theory of Planned Behavior", *Action Control Springer Berlin Heidelberg*, 1985, 22 (8): 11-39.

I. Levy, A. Kaplan, and H. Patrick, "Early Adolescents' Achievement Goals, Social Status, and Attitudes Towards Cooperation with Peers", *Social Psychology of Education*, 2004, 7 (2): 127-159.

I. Reychav and J. Weisberg, "Bridging Intention and Behavior of Knowledge Sharing", *Journal of Knowledge Management*, 2010, 14 (2): 285-300.

J. A. Lepine, "Adaptation of Teams in Response to Unforeseen Change: Effects of Goal Difficulty and Team Composition in Terms of Cognitive Ability and Goal Orientation", *Journal of Applied Psychology*, 2005, 90 (6): 1153-1167.

J. Ehrich and S. J. Howard, "A Comparison of Chinese and Australian University Students' Attitudes towards Plagiarism", *Studies in Higher Education*, 2016, 41 (2): 231-246.

J. G. Nicholls, "Achievement Motivation: Conceptions of Ability, Subjective Experience, Task Choice, and Performance", *Psychological Review*, 1984, 91 (3): 328-346.

J. H. Bolin, Review of the Book *Introduction to Mediation, Moderation, and Conditional Process Analysis* by A. F. Hayes, *Journal of Educational Measurement*, 2013, 51 (3): 335-337.

J. Hart, P. R. Shaver, and J. L. Goldenberg, "Attachment, Self-Esteem, Worldviews, and Terror Management: Evidence for a Tripartite Security System", *Journal of Personality and Social Psychology*, 2005, 88 (6): 999-1013.

J. Hart, "Toward an Integrative Theory of Psychological Defense", *Perspectives on Psychological Science*, 2014, 9 (1): 19-39.

J. L. Meece, E. M. Anderman, and L. H. Anderman, "Classroom Goal Structure, Student Motivation, and Academic Achievement", *Annual Review of Psychology*, 2006, 57 (1): 487-503.

J. L. Meece, P. C. Blumenfeld, and R. H. Hoyle, "Students' Goal Orientations and Cognitive Engagement in Classroom Activities", *Journal of Educational Psychology*, 1988, 80 (4): 514-523.

J. Liontas, ed., *The TESOL Encyclopedia of English Language Teaching*, New Jersey: John Wiley & Sons, 2018.

J. L. Shepherd, D. J. Lane, R. L. Tapscott, et al., "Susceptible to Social Influence: Risky 'Driving' in Response to Peer Pressure", *Journal of Applied Social Psychology*, 2011, 41 (4): 773-797.

J. Lu, X. Xie., M. Wang, and X. Tang, "Double Reference Points: The Effects of Social and Financial Reference Points on Decisions under Risk", *Journal of Behavioral Decision Making*, 2015, 28 (5): 451-463.

J. M. Friedel, S. C. Kai, J. C. Turner, and C. Midgley, "Achievement Goals, Efficacy Beliefs and Coping Strategies in Mathematics: The Roles of Perceived Parent and Teacher Goal Emphases", *Contemporary Educational Psychology*, 2007, 32 (3): 434-458.

J. M. Phillips and S. M. Gully, "Role of Goal Orientation, Ability, Need for Achievement, and Locus of Control in the Self-Efficacy and Goal-Setting Process", *Journal of Applied Psychology*, 1997, 82 (5): 792-802.

J. M. Wilson and M. A. Cronin, "Group Learning", *Academy of Management Review*, 2007, 32 (4): 1041-1059.

J. N. Cleveland, K. R. Murphy, and R. E. Williams, "Multiple Uses of Performance Appraisal: Prevalence and Correlates", *Journal of Applied Psychology*, 1989, 74 (1): 130-135.

J. Patrick and R. M. Smart, "An Empirical Evaluation of Teacher Effectiveness: The Emergence of Three Critical Factors", *Assessment & Evaluation in Higher Education*, 1998, 23 (2): 165-178.

J. P. Lantolf, "Second Language Learning as a Mediated Process", *Language Teaching*, 2000, 33: 79-96.

J. W. Gardner, "The Changing Nature of Leadership", *Nassp Bulletin*, 1989, 517 (73): 94-94.

K. E. Sveiby, *8 Practices of Exceptional Companies—Business Book Summaries*, San Francisco: Berrett-Koehler Publishers, 1997.

K. M. Bartol and A. Srivastava, "Encouraging Knowledge Sharing: The Role of Organizational Reward Systems", *Journal of Leadership & Organizational Studies*, 2002, 9 (1): 64-76.

K. Murayama and A. J. Elliot, "The Joint Influence of Personal Achievement Goals and Classroom Goal Structures on Achievement-Relevant Outcomes", *Journal of Educational Psychology*, 2009, 101 (2): 432-447.

K. R. Murphy, J. N. Cleveland, A. L. Skattebo, et al., "Raters Who Pursue Different Goals Give Different Ratings", *Journal of Applied Psychology*, 2004, 89 (1): 158-164.

K. Schenke, A. C. Lam, A. M. Conley, et al., "Adolescents' Help Seeking in Mathematics Classrooms: Relations between Achievement and Perceived Classroom Environmental Influences over One School Year", *Contemporary Educational Psychology*, 2015, 41 (1): 133-146.

L. D. Molm, G. Peterson, and N. Takahashi, "The Value of Exchange", *Social Forces*, 2001, 80 (1): 159-184.

L. J. Rohling, P. Rohde, J. R. Seeley, et al., "Individual, Family, and Peer Correlates of Adolescent Gambling", *Journal of Gambling Studies*, 2004, 20 (1): 23-46.

L. Li and C. Zhou, "Abstract: Different Faces of Demotivation: A Comparative Study on Chinese and Korean College EFL Learners Demotivators", *Journal of Applied Sciences*, 2013, 13 (6): 800-809.

L. R. James, R. G. Demaree, and G. Wolf, "Rwg: An Assessment of Within-Group Interrater Agreement", *Journal of Applied Psychology*, 1993, 78 (2): 306-309.

L. Li, "Unveiling the Undercurrent in the Mainstream: Investigating Chinese College EFL Learners' Demotivation in WebQuests Contexts", *Journal of Applied Sciences*, 2014, 14 (5): 457-465.

M. A. Musen, "Dimensions of Knowledge Sharing and Reuse", *Computers & Biomedical Research*, 1992, 25 (5): 435-467.

M. A. R. Townsend and L. Hicks, "Classroom Goal Structures, Social Satisfaction and the Perceived Value of Academic Tasks", *British Journal of Educational Psychology*, 2011, 67 (1): 1-12.

M. Bong, "Within-Grade Changes in Korean Girls' Motivation and Perceptions of the Learning Environment across Domains and Achievement Levels", *Journal of Educational Psychology*, 2005, 97 (4): 656-672.

M. D. Johnson, J. R. Hollenbeck, S. E. Humphrey, et al., "Cutthroat Cooperation: Asymmetrical Adaptation to Changes in Team Reward Structures", *Academy of Management Journal*, 2006, 49 (1): 103-119.

M. Deutsch, "An Experimental Study of the Effects of Cooperation and Competition Upon Group Process", *Human Relations*, 1949, 2 (3): 199-232.

M. Devlin and G. Samarawickrema, "The Criteria of Effective Teaching in a Changing Higher Education Context", *Higher Education Research & Development*, 2020, (2): 111-124.

M. Fokkens-Bruinsma, E. C. M. Van Rooij, and E. T. Canrinus, "Perceived Classroom Goal Structures as Predictors of Students' Personal Goals", *Teachers and Teaching*, 2020, 26 (1): 88-102.

M. Ipe, "Knowledge Sharing in Organizations: A Conceptual Framework", *Human Resource Development Review*, 2003, 2 (4): 337-359.

M. J. Pearsall and A. P. J. Ellis, "Thick as Thieves: The Effects of Ethical Orientation and Psychological Safety on Unethical Team Behavior", *Journal of Applied Psychology*, 2011, 96 (2): 401-411.

M. Long, *Second Language Acquisition and Task-Based Language Teaching*, Oxford, England: Wiley-Blackwell, 2015.

M. M. Ghavam, M. Rastegarand, and M. H. Razmi, "Iranian EFL

Learners' Achievement Goals in Relation with Their Metacognitive Reading Strategy Use", *Open Journal of Modern Linguistics*, 2011, 1 (2): 39-44.

M. Norouzi, G. R. Kiany, P. Shayestefar, et al., "The 2 × 2 Standards and Standpoints Measure of EFL Teachers' Achievement Goals: Model Revision and Relations with Affective and Behavioral Outcomes", *Studies in Educational Evaluation*, 2021, 70 (1): 1-12.

M. R. Moradi and Z. Karimpour, "The Effect of Online Peer Feedback on the Academic Writing Ability of Iranian EFL Learners", *International Education Studies*, 2012, 5 (5): 113-117.

M. Saville-Troike and K. Barto, *Introducing Second Language Acquisition*, Cambridge: Cambridge University Press, 2012.

M. Soltaninejad, "Investigating Predictive Role of 2×2 Achievement Goal Orientations on Learning Strategies with Structural Equation Modeling",*Malaysian Online Journal of Educational Sciences*, 2015, 3 (3): 21-30.

M. T. Mckay and J. C. Cole, "The Relationship between Alcohol Use and Peer Pressure Susceptibility, Peer Popularity and General Conformity in Northern Irish School Children",*Drugs: Education, Prevention, and Policy*, 2012, 19 (3): 213-222.

M. X. James, G. J. Miller, and T. W. Wyckoff, "Comprehending the Cultural Causes of English Writing Plagiarism in Chinese Students at a Western-Style University", *Journal of Business Ethics*, 2019, 154 (3): 631-642.

M. Prosser and K. Trigwell, *Understanding Learning and Teaching: The Experience in Higher education*, Beijing: Peking University Press, 2007.

N. Baudoin and B. Galand, "Effects of Classroom Goal Structures on Student Emotions at School", *International Journal of Educational Research*, 2017, (86): 13-22.

N. Ozkal, "The Relationship between Achievement Goal Orientations and Self Regulated Learning Strategies of Secondary School Students in Social Studies Courses", *International Journal of Academic Research*, 2013, 5 (3): 389-396.

N. L. Gall, "Help-Seeking Behavior in Learning", *Review of Research in Education*, 1985, 12 (3): 55-90.

N. Van Deusen-Scholl and S. May, eds., *Second and Foreign Language Education: Encyclopedia of Language and Education*, Cham, Switzerland: Springer, 2016.

N. W. Van Yperen, M. R. W. Hamstra, and V. D. K. Marloes, "To Win, or Not to Lose, at Any Cost: The Impact of Achievement Goals on Cheating", *British Journal of Management*, 2011, 22 (1): 5-15.

O. Janssen and N. W. Van Yperen, "Employees' Goal Orientations, the Quality of Leader-Member Exchange, and the Outcomes of Job Performance and Job Satisfaction", *Academy of Management Journal*, 2004, 47 (3): 368-384.

P. Baruah and B. Bokha, "Positive Peer Pressure and Behavioral Support", *Indian Journal of Positive Psychology*, 2016, 7 (2): 241-243.

P. C. Morrow, *The Theory and Measurement of Work Commitment*, London: JAI Press, 1993.

P. J. D. Drenth, H. Thierry, P. J. Williams et al., eds., *Handbook of Work and Organizational Psychology*, Amsterdam: John Wiley & Sons, Ltd., 1984.

P. M. Poortvliet, F. Anseel, O. Janssen, et al., "Perverse Effects of Other-Referenced Performance Goals in an Information Exchange Context", *Journal of Business Ethics*, 2012, 106 (4): 401-414.

P. M. Poortvliet, O. Janssen, N. W. Van Yperen, et al., "Low Ranks Make the Difference: How Achievement Goals and Ranking Information Affect Cooperation Intentions", *Journal of Experimental Social Psychology*, 2009, 45 (5): 1144-1147.

P. M. Poortvliet, O. Janssen, N. W. Van Yperen, et al., "Achievement Goals and Interpersonal Behavior: How Mastery and Performance Goals Shape Information Exchange", *Personality & Social Psychology Bulletin*, 2007, 33 (10): 1435-1447.

P. M. Poortvliet, O. Janssen, N. W. Van Yperen, et al., "The Joint Impact of Achievement Goals and Performance Feedback on Information Giving", *Basic & Applied Social Psychology*, 2009, 31 (3): 197-209.

P. Pokay and P. C. Blumenfeld, "Predicting Achievement Early and Late in the Semester: The Role of Motivation and Use of Learning Strategies", *Journal of Educational Psychology*, 1990, 82 (1): 41-50.

P. R. Pintrich and E. V. De Groot, "Motivational and Self-Regulated Learning Components of Classroom Academic Performance", *Journal of Educational Psychology*, 1990, 82 (1): 33-40.

P. R. Pintrich, "Multiple Goals, Multiple Pathways: The Role of Goal Orientation in Learning and Achievement", *Journal of Educational Psychology*, 2000, 92 (3): 544-555.

R. Butler and O. Neuman, "Effects of Task and Ego Achievement Goals on Help-Seeking Behaviors and Attitudes", *Journal of Educational Psychology*, 1995, 87 (2): 261-271.

R. Ellis, "Task-Based Language Teaching: Sorting Out the Misunderstandings", *International Journal of Applied Lingus*, 2009, 19 (3): 221-246.

R. G. Meshram, "The Upside of Peer Pressure on Adolescent Behavior", *Indian Journal of Health & Wellbeing*, 2016, 7 (8): 845-847.

R. M. Ryckman, B. Thornton, J. A. Gold and M. A. Burckle, "Romantic Relationships of Hypercompetitive Individuals", *Journal of Social & Clinical Psychology*, 2015, 21 (5): 517-530.

R. M. Yerkes and J. D. Dodson, "The Relation of Strength of Stimulus to Rapidity of Habit-Formation", *Journal of Comparative Neurology and Psychology*, 1908, 18: 459-482.

R. Misra and L. G. Castillo, "Academic Stress among College Students: Comparison of American and International Students", *International Journal of Stress Management*, 2004, 11 (2): 132-148.

R. Pekrun, J. Elliot, and M. A. Maier, "Achievement Goals and Achievement Emotions: Testing a Model of Their Joint Relations with Academic Performance", *Journal of Educational Psychology*, 2009, 101 (1): 115-135.

R. S. Newman, "Adaptive Help Seeking: A Role of Social Interaction in Self-regulated Learning", *Strategic Help Seeking: Implications for Learning and Teaching*, 1998, (9): 13-37.

R. Tyler, R. Gagne, and M. Scriven, eds., *Perspectives of Curriculum Evaluation*, Chicago: Rand McNally, 1967.

S. A. Arabenick and J. R. Knapp, "Relationship of Academic Help Seeking to the Use of Learning Strategies and other Instrumental Achievement Behavior in College Students", *Journal of Educational Psychology*, 1991, 83 (2): 221-230.

S. A. Burt, "How Do We Optimally Conceptualize the Heterogeneity within Antisocial Behavior?: An Argument for Aggressive Versus Non-Aggressive Behavioral Dimensions", *Clinical Psychology Review*, 2012, 32 (4): 263-279.

S. A. Karabenick, "Perceived Achievement Goal Structure and College Student Help Seeking", *Journal of Educational Psychology*, 2004, 96 (3): 569-581.

S. A. Karabenick and J. Berger, *Applications of Self-regulated Learning Across Diverse Disciplines: A Tribute to Barry J. Zimmerman*, Bembenutty: Information Age Publishing, 2013.

S. Allahdadi, S. Jahedizadeh, A. Ghanizadeh, et al., "On the Impact of Achievement Goal-orientations on EFL University Students' Demotivation", *International Journal of Educational Investigations*, 2016, 3 (1): 103-114.

S. Graham, "A Review of Attribution Theory in Achievement Contexts", *Educational Psychology Review*, 1991, 3 (1): 5-39.

S. H. Yong, B. Kim, H. Lee, et al., "The Effects of Individual Motivations and Social Capital on Employees' Tacit and Explicit Knowledge Sharing Intentions", *International Journal of Information Management*, 2013, 33 (2): 356-366.

S. Mohammadi and M. Aliakbari, "Students' Perceived Classroom Climate and Their Achievement Goal Orientations in an Iranian EFL Context", *International Journal of Foreign Language Teaching & Research*, 2018, 6 (23): 129-145.

S. R. Moulik and S. Mazumdar, "Exploring the Relationship Between Perceived Uses of Appraisals and Performance Appraisal Satisfaction in the Indian It Sector: An Empirical Study", *International Journal of Business & Social Research*, 2012, 2 (2): 2145-2155.

S. S. Shim, A. M. Ryan, and C. J. Anderson, "Achievement Goals and Achievement during Early Adolescence: Examining Time-Varying Predictor and Outcome Variables in Growth-Curve Analysis", *Journal of Educational Psychology*, 2015, 100 (3): 655-671.

S. S. Youngcourt, P. I. Leiva, and R. G. Jones, "Perceived Purposes of Performance Appraisal: Correlates of Individual- and Position-Focused Purposes on Attitudinal Outcomes", *Human Resource Development Quarterly*, 2007, 18 (3): 315-343.

S. Shih, "The Role of Motivational Characteristics in Taiwanese Sixth Graders' Avoidance of Help Seeking in the Classroom", *The Elementary School Journal*, 2007, 107 (5): 473-495.

S. Yu and I. Lee, "An Analysis of Chinese EFL Students' Use of First and Second Language in Peer Feedback of L2 Writing", *System*, 2014, 47: 28-38.

T. A. Hanchon, "The Relations between Perfectionism and Achievement Goals", *Personality & Individual Differences*, 2010, 49 (8): 885-890.

T. Chen, P. Wu, and K. Leung, "Individual Performance Appraisal and Appraisee Reactions to Workgroups: The Mediating Role of Goal Interdependence and the Moderating Role of Procedural Justice", *Personnel Review*, 2011, 40 (1): 87-105.

T. D. Roedel and G. Schraw, "Beliefs about Intelligence and Academic Goals", *Contemporary Educational Psychology*, 1995, 20 (4): 464-468.

T. H. Davenport and L. Prusak, "Working Knowledge: How Organizations Manage What They Know", *Human Resource Planning*, 2000 (8): 396-397.

T. Urdan and C. Midgley, "Changes in the Perceived Classroom Goal Structure and Pattern of Adaptive Learning during Early Adolescence", *Contemporary Educational Psychology*, 2003, 28 (4): 524-551.

T. Y. Kim, Y. Gong, D. R. Lee, et al., "A Multilevel Model of Team Goal Orientation, Information Exchange, and Creativity", *Academy of Management Journal*, 2013, 56 (3): 827-851.

V. Ariyabuddhiphongs and P. N. S. Chomnad, "Peer Pressure and

Thai Amateur Golfers' Gambling on Their Games: The Mediating Effect of Golf Self-Efficacy", *Journal of Gambling Studies*, 2014, 30 (3): 685-696.

W. E. Deming, "Out of the Crisis: Quality, Productivity and Competitive Position",*General Information*, 1986, 38 (7): 38-49.

W. J. Mckeachie, "Research on College Teaching: The Historical Background", *Journal of Educational Psychology*, 1990, 82 (7): 189-200.

W. Qian and E. M. Pomerantz, "The Motivational Landscape of Early Adolescence in the United States and China: A Longitudinal Investigation",*Child Development*, 2010, 80 (4): 1272-1287.

W. R. Boswell and J. W. Boudreau, "Employee Satisfaction with Performance Appraisals and Appraisers: The Role of Perceived Appraisal Use",*Human Resource Development Quarterly*, 2000, 11 (3): 283-299.

W. R. Boswell and J. W. Boudreau, "Separating the Developmental and Evaluative Performance Appraisal Uses", *Journal of Business and Psychology*, 2002, 16 (3): 391-412.

W. Wang, "How Proficiency-Pairing Affects Students' Peer-Mediated Revisions of EFL Writing: Three Case Studies", *English Language Teaching*, 2015, 8 (5): 22-32.

Y. Chen and C. Chou, "Are We on the Same Page?: College Students' and Faculty's Perception of Student Plagiarism in Taiwan", *Ethics & Behavior*, 2017, 27 (1): 53-73.

Y. Gong, J. Huang, and J. Farh, "Employee Learning Orientation, Transformational Leadership, and Employee Creativity: The Mediating Role of Employee Creative Self-Efficacy", *Academy of Management Journal*, 2009, 52 (4): 765-778.

Y. Gong, M. Wang, J. C. Huang, et al., "Toward a Goal Orientation-Based Feedback-Seeking Typology: Implications for Employee Performance Outcomes", *Journal of Management*, 2017, 43 (4): 1234-1260.

Y. Gong, S. Y. Cheung, M. Wang, et al., "Unfolding the Proactive Process for Creativity: Integration of the Employee Proactivity, Information Exchange, and Psychological Safety Perspectives", *Journal* of Management, 2012, 38 (5): 1611-1633.

Y. Niiya, R. Ballantyne, M. S. North, et al., "Gender, Contingencies of Self-Worth, and Achievement Goals as Predictors of Academic Cheating in a Controlled Laboratory Setting", *Basic & Applied Social Psychology*, 2008, 30 (1): 76-83.

Y. Y. Lin, B. L. Cherng, H. C. Chen, et al., "The Moderating Effects of Goal Orientations and Goal Structures on Test-Preparation Strategies for Taiwanese Students", *Learning & Individual Differences*, 2017, 56: 68-75.

Y. Zhang, H. Yin, and L. Zheng, "Investigating Academic Dishonesty among Chinese Undergraduate Students: Does Gender Matter?", *Assessment & Evaluation in Higher Education*, 2018 (5): 812-826.

Y. Somuncuoglu and A. Yildirim, "Relationship between Achievement Goal Orientations and Use of Learning Strategies", *Journal of Educational Research*, 1998, 92 (5): 267-277.

后 记

本书是国家社科基金后期资助项目“动机视角下大学生英语学习的品行研究”（20FYYB015）的研究成果。经过了前后四年的研究、撰写、打磨等历程，本书完成之际，笔者十分感慨，特借此向为本书提供帮助的所有人致以笔者最真挚的感谢！

首先，要特别感谢对该项目申报与相关研究表示高度认可的匿名评审专家们，感谢你们的鼓励，是你们的集体认同让我充满学术热情并坚定地沿着自己的方向努力，是你们的专业指导使我得以高效完成了本专著的所有工作。

感谢我的博士后合作导师——山东大学的马文教授。多年前，马老师带我走入语言学界，鼓励我从管理学跨界做语言学研究，鼓励我发表第一篇语言学论文，鼓励我朝着目标一步一个脚印地持续前行。如今，五六年过去了，我终于实现跨界，并从语言学界获得多项国家级与教育部基金的支持，出版多部学术专著、教材并发表近20篇学术论文。可以说，这些收获离不开恩师对我一直以来的鼓励与指导。马老师躬身学术二三十年，以严谨治学及立德树人之风范指导每一位学生，让我时刻意识到，任何成长都不是运气，而是一步一步踏踏实实地走出来的。恩师广博的专业学识与忘我的工作精神使我受益匪浅，而这些财富也将使我受益终生。

感谢我的博士导师——山东财经大学的张体勤教授。十二年前，在学术上，张老师一字一句地教导我如何以敏锐的方式确定选题，以严谨的方式完成学术论文，以坚毅的性格砥砺前行于学术界。可以说，是张老师带我走入学术界，开启了我的学术生涯，使我深深地爱上学术研究。毕业多年，张老师从未停止过对我的指导与帮助，一直以乐观、豁达、独特的人格魅力影响着学生的学术工作与为人处事。在今后的人生道路上，我将始终谨记恩师的谆谆教诲，秉承恩师作风，以严谨的治学态度和谦虚的为人准则在科研工作中继续前行。

感谢山东大学外国语学院的王俊菊教授、王颖教授、卢敏教授，山东大学管理学院的丁荣贵教授以及山东财经大学的庄玉梅教授和李贞副教授等诸位老师在项目申报与论文写作过程中给予的宝贵意见与建议。感谢山东大学泰山学堂的刘振美院长、王蓓老师、潘旭老师在项目准备与拔尖生教育教学改革中提供的所有帮助与支持。

感谢山东大学出版社的各位工作人员，感谢各位在项目申请、专著核校、后续出版系列工作中所提供的重要帮助。在项目申报之初，出版社与本人达成合作出版意向，全力支持本人申报项目，在立项后诸位编辑以专业细致的精神和态度，事无巨细地协助本人完成相关出版工作。本人以十分感恩和感激的心情再度表达肺腑之言，该项目得以如此高效顺利地立项、结项与出版，离不开出版社的全程助力！

感谢我的课题组成员——山东大学的左宁老师、赵鹏老师、陈登峰老师、田庆强老师、李红老师、张维娜老师、张帅同学和王静同学，在整个研究过程中提供了无私帮助，协助本人获得来自全国数十家高校的宝贵数据与资料，使我得以高质量高效地完成系列研究计划。你们的助力是我得以顺利完成本书的坚固保障，你们的支持是我得以持续成长的重要支撑。

最后，感谢我的家人。感谢我的爱人一直以来对我的工作和学习的理解与支持，感谢我的女儿给我无限的力量让我每天坚强又快乐地工作与生活。

谨以此献给关心和帮助过我的老师、同事、朋友及亲人！

周小兰

2022年7月